浙江省社科规划课题成果 ["哲学家乔姆斯基研究" （20NDJC198YB）]

本书出版得到绍兴文理学院出版基金资助

NOAM CHOMSKY THE PHILOSOPHER

哲学家乔姆斯基研究

质疑与反思

胡朋志 著

QUESTIONING AND REFLECTION

ZHEJIANG UNIVERSITY PRESS
浙江大学出版社
·杭州·

图书在版编目（CIP）数据

哲学家乔姆斯基研究：质疑与反思 / 胡朋志著. —
杭州：浙江大学出版社，2022.10（2023.6 重印）
ISBN 978-7-308-23011-7

Ⅰ. ①哲… Ⅱ. ①胡… Ⅲ. ①乔姆斯基（Chomsky，
Noam 1928—）－语言哲学－研究 Ⅳ. ①H0-05

中国版本图书馆 CIP 数据核字（2022）第 165251 号

哲学家乔姆斯基研究：质疑与反思

胡朋志　著

责任编辑	李海燕	
责任校对	孙秀丽	
封面设计	雷建军	
出版发行	浙江大学出版社	
	（杭州市天目山路 148 号　邮政编码 310007）	
	（网址：http://www.zjupress.com）	
排　　版	杭州好友排版工作室	
印　　刷	广东虎彩云印刷有限公司绍兴分公司	
开　　本	710mm×1000mm　1/16	
印　　张	14.5	
字　　数	253 千	
版 印 次	2022 年 10 月第 1 版　2023 年 6 月第 2 次印刷	
书　　号	ISBN 978-7-308-23011-7	
定　　价	50.00 元	

目　　录

绪 论

1. 选题的由来

本书的选题确立经历了一段较长时间的思考。

我对乔姆斯基的关注自硕士学习阶段始。作为主流甚至是最重要的语言学家，乔姆斯基的著作、理论、思想一直是外国语言学与应用语言学专业硕士生的必读内容。对乔姆斯基加以研究则是从 2009 年读博阶段开始。我的博士专业为外国哲学，当时我的导师刚从哈佛大学和麻省理工学院归来，他结合我自己的学科背景（外国语言学）和我的研究兴趣（语言哲学）建议我选择乔姆斯基作为研究对象，于是便有了"乔姆斯基的语言哲学思想研究"这一选题，以及对这选题 10 年来断断续续的坚持。10 年来，我自己的思考大致经历了三个阶段：（1）阅读、梳理、诠释和澄清阶段。这一阶段我是乔姆斯基的忠实"粉丝"，所有讨论均基于乔姆斯基本人的立场，努力诠释他的思想，澄清对他可能的误解，维护他的权威。（2）理论应用阶段。博士论文完成之后几年，随着专著《乔姆斯基的语言哲学思想研究》的出版和多篇论文发表，我自负地认为我已经完成了对乔姆斯基语言哲学思想的梳理、澄清和定位，于是便转向理论的应用，尝试将有关乔姆斯基语言哲学思想的研究发现应用于语言学与翻译研究当中，便有了《翻译能力的构成与习得——生成语言学视角》等两本专著。（3）反思阶段。在应用研究过程中不断遇到的问题构成反思的起点，当我努力对问题进行溯源时逐渐发现乔姆斯基的论述中包含着诸多的不符之处，尤其表现在两个方面：一方面乔姆斯基对其本人思想的来源和性质的论述与我后续的发现不符，另一方面乔姆斯基对他人的评述与实际不符。于是我决心走出乔姆斯基本人的视角，拓展思考的范围和领域，努力还原其语言哲学思想的客观面貌，重新定位其理论贡献。

相对于乔姆斯基的显赫名声，我个人的质疑和反思显得微不足道，重构更像是有些夸夸其谈。这样的想法在选题阶段确实困扰过我，其间还有过多次自我质疑。然而扪心自问，我清楚接下来的研究并不是为了哗众取宠（乔姆斯基的批评者众多，其中不乏著名学者），更算不上是追踪热点（乔姆斯基的语言哲学思想研究只能算是一个相对陈旧的研究主题），于是我便选择了坚持，好在有一年多的时间没有考核压力，也没有行政事务干扰，可以随性地做些阅读和思考。在阅读和思考过程中我越来越觉得，反思乔姆斯基的语言哲学思想以及对其来源、属性等内容可能的重构并不是对乔姆斯基思想的否定，而是对其研究的验证式推进；同时对于我自己而言，这次的反思也并不是对我之前研究发现的否定，而是对其的深入与扩展。基于反思，我将努力走出乔姆斯基自己的视角，结合文本解读和对比分析呈现一个不同于其本人自述的乔姆斯基。当然，选择这一主题还有另外两个更重要的想法：第一，希望通过对乔姆斯基语言哲学思想的客观分析，重新审视其语言哲学思想的理论贡献，更加精确定位其哲学家的身份；第二，希望通过明辨其思想、理论中的错误和不足，减少其对哲学、语言学研究的不当影响。确因乔姆斯基的名声过于显赫，我听到、看到了太多对他的颂扬之辞，这两个想法近年来在内心愈加迫切。

在本书之前，我已经主持并完成了四项相关省部级课题，两项是对乔姆斯基语言哲学思想的解读，分别为"乔姆斯基的语言哲学思想研究"和"哲学家乔姆斯基研究"，另两项是对乔姆斯基语言哲学思想在双语认知与翻译能力研究中的应用研究。这些研究为本选题的开展做了必要的知识、智力、方法和资料上的准备。

"乔姆斯基的语言哲学思想研究"项目以乔姆斯基的语言学研究为切入点，研究内容包括乔姆斯基语言哲学思想的理论渊源、理论成果（天赋语言观、I-语言、原则与参数框架、最简方案）、研究方法（溯因推理、伽利略—牛顿风格、方法论的自然主义）、部分理论应用（心灵自然化和私人语言论证）等。"哲学家乔姆斯基研究"项目对乔姆斯基的哲学思想进行了进一步梳理，研究结合当前的认知科学发展，讨论了乔姆斯基对传统理性主义认识论在当代复兴所作的贡献，包括尝试对笛卡尔的心灵实体设定加以重新思考，对康德的"先验论"进行自然化改造。基于这两项课题，我从乔姆斯基本人的视角回答了以下三个问题。首先，什么是语言？乔姆斯基认为，语言是人类的生理官能，它是内在的、个体的、内涵的。其次，为什么要研究语言？乔姆斯基坚持，语言是人类的认识器官之一，对于语言的研究将会为解开人类认识之谜提供一把钥匙。最后，如何研究语言？乔姆斯基采用了内在化、理想化、形式化的路径，这种研究方法既是理性主义的，同时也是自然主义的。这两项课题对乔姆斯基的语言哲学思想进行了全面的梳理和解读，也为对其展开反思、对比和重构提供了坚实的基础。

　　其间进行的另两项双语认知与翻译能力研究课题以乔姆斯基生成语言学为理论预设,以生物语言学研究发现为具体指导,基于自然化视角,对译者双语认知加工过程进行了相对客观的描述,尝试对译者双语认知能力的构成和习得进行解释,从而为在更广泛的意义上解释知识的构成与习得提供借鉴,为讨论哲学认识论,尤其是自然化的认识论,提供更多依据。这两项研究从语言学和认知科学的角度为推进对乔姆斯基语言哲学的反思和重构提供了跨学科的支持。

　　2.现有研究简述

　　乔姆斯基的重要地位和影响毋庸置疑。20世纪60年代,他就进入了弗兰克·克莫德主编的"冯塔纳现代大师"系列[①](约翰·莱昂斯,1970),与马克思、尼采、弗洛伊德等并列;他位列美国《科学》杂志评选出的20世纪世界最伟大科学家的前10位;他不仅被《纽约时报》评为"至今还健在的、可能是最重要的知识分子",还是艺术与人文引文索引统计出的1980—1992年被引用数最多的健在学者;甚至还有其支持者认为乔姆斯基的贡献之大,在历史上比肩笛卡尔和达尔文,在20世纪堪比爱因斯坦、毕加索和弗洛伊德,"他像弗伊德一样改变了我们对于心智的认识,像爱因斯坦一样将敏锐的科学创造力融入激进的政治活动之中,像毕加索一样一遍遍推翻并重建自己的理论体系"[②]。

　　乔姆斯基是否真的如此伟大?对于这一问题的回答的确也是"仁者见仁、智者见智"。我们之前的论述也使用过"语言学研究的革命者""第二代认知科学的开启者""传统理性主义的复兴者"等表述。以"传统理性主义的复兴者"为例,我们曾通过分析得出结论认为乔姆斯基"对笛卡尔的心灵实体设定加以重新思考,对康德的'先验论'进行自然化改造"。[③] 基本态度是认可乔姆斯基的伟大,并努力对此加以证实。

　　本书的选题视角是质疑和反思。阅读和分析的视野扩展之后,我们看到了更多的不同,听到了更多的声音,这些促使我们更加主动地对乔姆斯基的思想本身加以辨析、思考。以下分两个方面简述。

---

①　LYONS, J. Chomsky[M]. Glasgow：Fontana/Collins, 1970.

②　SMITH, N., N. ALLOTT. Chomsky：Ideas and Ideals[M]. Cambridge, UK：Cambridge University Press, 2016：1.

③　胡朋志.理性的复兴——乔姆斯基的语言哲学思想研究[M].合肥:安徽大学出版社,2014:2.

　　第一,乔姆斯基的哲学家身份问题。

　　研究者对此持有三种不同的观点。第一种观点认为乔姆斯基无疑是一位重要的哲学家,第二种观点认为乔姆斯基算不上是一位哲学家。持这两种观点的主要是乔姆斯基语言学理论的支持者或反对者,以语言学家为主,他们得出这一结论多是基于语言学视角而非专业的哲学分析,因而难以令人信服。第三种观点来自哲学家。哲学界普遍认可乔姆斯基的语言理论具有一定的哲学影响,但是否可以依此判定乔姆斯基是一位哲学家,研究者意见不一。根据我们所做的调查,不少由国内学者撰写的哲学史、哲学词典或年鉴中设专门章节或词条对乔姆斯基及其理论进行了说明,其中影响较大的包括刘放桐主编《现代西方哲学》(1981,第 10 章第 5 节),全增嘏主编《西方哲学史》(1985,第 14 章第 2 节),涂纪亮著《分析哲学及其在美国的发展》(1987,第 11 章第 2 节),涂纪亮主编《当代西方著名哲学家评传》(1996,第 7 章,尹大贻著),陈嘉映著《语言哲学》(2003,第 13 章)等。在部分著作中,乔姆斯基甚至获得了与弗雷格、罗素、维特根斯坦、蒯因等著名哲学家相当的论述篇幅。国外研究者撰写的著作中亦有相似情形,如艾耶尔的《二十世纪哲学》(*Philosophy in the Twentieth Century*)(1982,第 9 章第 1 节),施太格缪勒的《当代哲学主流》(*Main Currents in Conternporary German, British and American Philosophy*)(1986,第 1 章第 1 节)等,更有全面介绍乔姆斯基思想体系的著作,如《乔姆斯基的革命/演变》(*Chomsky, an (R)evolutions*,2010),《乔姆斯基:思想与理论》(第二版)(*Chomsky: Ideas and Ideals*,2016),《剑桥乔姆斯基指南》(第三版)(*Cambridge Companion to Chomsky*,2017)等。这些著作似乎已经赋予了了乔姆斯基哲学家的身份。

　　然而,具体阅读上述论著时,我们发现它们具有以下几个共性的问题。首先,哲学研究者对乔姆斯基论点、思想的论述很多时候滞后于乔姆斯基本人对其思想的变革和发展,这一点在国内尤其明显,国内哲学研究者对乔姆斯基哲学思想的解读多止于其 20 世纪 90 年代及以前的著作,但 90 年代以后乔姆斯基的思想又经历了一系列重要的转变。其次,哲学研究者对是否应该深入研究乔姆斯基的理论体系犹豫不决,他们认为"乔姆斯基的理论虽然富有哲学意趣,但其主要内容是语言科学而不是哲学"①,所以不愿深入,这就会导致对乔姆斯基哲学思想研究的基础性缺陷。最后,虽有部分哲学家较为深入地讨论

---

　　① 陈嘉映.语言哲学[M].北京:北京大学出版社,2003:256.

了乔姆斯基的哲学思想,但他们一般只是选取与自己论点相关的乔姆斯基观点加以论述,研究缺乏系统性,如阿佩尔仅通过批判乔姆斯基对语用的忽视来确立自己的"先验语用学"思想,艾耶尔也只是基于自己对洛克"十分同情"的立场批评了乔姆斯基的"天赋"学说。

第二,乔姆斯基与主流哲学家的论战。

乔姆斯基自称理性主义的复兴者,他引起哲学界普遍关注的一个重要原因是他与当代多位重要哲学家有过反复且激烈的论辩,这些哲学家包括蒯因、古德曼、塞尔、普特南、戴维森等,这在一定程度上让他站到了主流经验主义哲学的对立面。乔姆斯基先后批判了"行为主义""意义不确定性""还原论""公共语言"等 23 条经验主义论点[1],以至于不仅其硕士阶段的语言学导师泽里格·哈里斯对其严厉批判,其硕士之后多年(包括博士论文指导)的哲学导师尼尔森·古德曼也毅然断绝了与其的所有关系。

乔姆斯基的论战对象不仅包括其两位导师在内的众多的经验主义者,还包括他曾经的学生、合作者。仅以乔治·莱考夫和杰瑞德·J.卡茨为例,这两位学者先后通过对语义的关注走向了乔姆斯基的对立面,莱考夫提出"具身认知(embodied cognition)"哲学,并开创了认知语言学研究,卡茨则坚持语言实在论立场,以其"意义的形而上学"批判乔姆斯基的自然主义语言理论与认识论立场。

乔姆斯基参与的论战中最为人们津津乐道的应该是 1971 年他和米歇尔·福柯在荷兰电视台进行的一场辩论[2]。这场辩论之所以让人念念不忘,除了论题敏感、深刻(涉及历史、自由、创造力、政治正义等话题)之外,很重要的一个原因在于两位学者均态度激进,善于论辩,性格好斗。希望看到两位激进学者的交锋正是当时组织这场辩论的初衷。辩论发生于当年的国际哲学规划大会(International Philosophers' Project),这一方面说明乔姆斯基当时就已经受到了哲学界的关注,但另一方面也恰好说明激进、好辩正是他当时留给哲学界的整体印象。

然而,特别值得注意的是,虽然乔姆斯基与当代多位主流哲学家争辩不断,但他却逐渐赢得了对手的尊重。比如,塞尔认为乔姆斯基的著作是"当前

---

① COLLINS, J. Chomsky[EB/OL]. 2012, http://www.uea.ac.uk/~j108/chomsky.htm.

② CHOMSKY, N., M. FOUCAULT. The Chomsky-Foucault Debate: On Human Nature [M]. New York: The New Press, 2006.

世界最为令人称道的智力成就"①;普特南将乔姆斯基视为"一个主流的哲学家与一个伟大的语言学家",并且"最终正确地对蒯因的观点进行了反驳"②;当蒯因被问到在他自己的批评者中谁最值得阅读时,他毫不犹豫地建议"是乔姆斯基的作品"③。

3. 本书的结构

绪论除外,全书包括六章。第一章和第二章重在陈述,以对乔姆斯基著作的阅读和梳理为基础,对乔姆斯基哲学思想的发展历程、主要内容和核心立场进行了梳理和总结,涉及"乔姆斯基革命"的主要内容和乔姆斯基"自述中的哲学立场"——理性主义和自然主义。称之为"自述中的立场"是因为本书并不认可这一立场。第三、四、五章分别质疑了乔姆斯基的理性主义立场、自然主义立场和他的认识论思想。针对第一、二章梳理出的乔姆斯基语言哲学基本立场和主要论点,第三、四、五章尝试走出乔姆斯基本人的文本和论述,将乔姆斯基放置在其所处的学术语境之中展开讨论(20世纪中叶开始,理性主义式微,经验主义盛行,自然主义逐步崛起),澄清其立场和具体论点的实际形态,质疑其自身论述的合理性,并进行必要的反驳。以第三、四、五章的系统质疑为基础,第六章挑选乔姆斯基语言哲学思想中最重要的三个概念"表征""递归性"和"简单性"加以反驳。"表征"是乔姆斯基设定的语言形态,"递归性"是乔姆斯基设定的唯一语言特征,"简单性"是乔姆斯基认定的语言本质。对乔姆斯基有关这三个概念的设定加以反驳,我们相信可以直击乔姆斯基语言哲学思想的核心,增加反馈的力量和可信度。最后一章第七章以乔姆斯基2016年出版的一本专著标题为题,既是对他的致敬,也是对他思想的进一步思考。

本书从乔姆斯基的语言研究理论出发,以其对语言知识的性质、来源与习得问题的深入思考和不断变革为线索,以语言研究的认识论意义为理论导向,综合展开各部分的论述。

(1)梳理:乔姆斯基语言哲学论述中的哲学立场

乔姆斯基掀起了"一场场革命",革命的内容涉及语言学、哲学、认知科学、

---

① SEARLE, J. Chomsky's Revolution in Linguistics[N]. The New York Review of Books, June 1972:29.

② PUTNAM, H. Model Theory and the "Factuality" of Semantics [M]//Alexander G. Reflections on Chomsky. Cambridge:Basil Blackwell,1989:213-232.

③ DENNETT, D. Darwin's Dangerous Idea:Evolution and the Meaning of Life[M]. London: Penguin Group,1995.

政治学等多个学科,革命的步伐也从未停歇,他甚至会一次次自我革命,推翻自己的理论重新构建。但我们同时认为,乔姆斯基哲学思想中的基本立场——理性主义和自然主义——始终没有变化。

乔姆斯基认为语言是心灵的镜子,语言研究可以为解开"认识论之谜"(乔姆斯基称之为"柏拉图的问题")提供钥匙。乔姆斯基对"认识论之谜"的解答遵循了传统理性主义的基本思路,然而,乔姆斯基的理性主义是经过自然化改造的理性主义。具体说来,首先,乔姆斯基将"天赋性"定性为"生理遗传",指的是经过自然进化而来并通过基因世代遗传的生物特征;其次,乔姆斯基对逻辑演绎系统进行了改造,即一方面他将演绎推理的起点设定为理论假说而非绝对真理,另一方面他要求对演绎推理的结论加以经验检验。基于自然化改造之后的理性主义思想,乔姆斯基尝试对"认识论之谜"做出自己的回答。在他看来,人类对于世界的认识是两个方面共同作用的结果:人类进化而来的内在生理机能和接触世界的外在经验。前者决定了认识的形式与内容,后者激发认识活动产生并检验认识结果。这一回答实现了对笛卡尔理性主义思想和康德"先验论"的自然化改造。

(2)反思1:乔姆斯基理论的哲学继承

乔姆斯基认为17世纪以来一些理性主义的优良传统被忽略了太久,现在是该恢复它们的时候了。通过1966年出版的专著《笛卡尔的语言学:理性主义思想史上的一章》,他为自己的语言学理论正名,正式宣告了自己理性主义传统复兴者的身份。但客观上,乔姆斯基与蒯因、古德曼亦有着明确的师承关系,甚至还受到了卡尔纳普的影响。蒯因与古德曼的逻辑经验主义学说在早期对乔姆斯基产生了重要影响,尤其是古德曼的结构系统理论、蒯因与古德曼的建构唯名论等对他的影响非常明显。这也正是促使他放弃结构主义语言学的研究方法、反对语言唯名论以及将语义从句法中分离出去的主要原因。不仅如此,乔姆斯基的形式化研究方法同样受到维也纳学派及卡尔纳普的重要影响。维也纳学派曾从研究逻辑结构本身转至研究逻辑论证中所使用的自然语句的结构,卡尔纳普更是在《语言的逻辑结构》中尝试将逻辑归结为句法,并且将逻辑句法分为组建和转换两种规则,这其中很多观点均在乔姆斯基的转换生成语法中有所体现。

乔姆斯基仅在20世纪50年代最早的几部论著中明确表示自己借鉴了蒯因、古德曼的学术思想并进行了致谢,其后便很少提及;他对自己理性主义复兴者身份的立场一直十分坚定,虽然近几年也曾偶尔表露过自己对笛卡尔语言学传统,尤其是对威廉·冯·洪堡语言观解读中可能存在一些错误。① 通过分析并客观评述乔姆斯基对理性主义传统和分析哲学的双重继承关系,我们将重点讨论乔姆斯基继承理性主义传统过程中存在的曲解和反叛。

(3)反思 2:乔姆斯基的方法论原则

阿佩尔曾指出,"乔姆斯基与传统理性主义的联系有一个不言自明的前提,这个前提始终是:这些关于知识的先天学说本身并非先天为真"②。的确,乔姆斯基始终坚持他的学说只是一个"基于可观察到的大量经验基础形成的一个最佳理论假说",至于这一假说是否成立,最终必须要由自然科学的发展来验证。这便是乔姆斯基的基本方法论原则——"方法论的自然主义"。具体而言,这一方法论原则包含皮尔士"溯因推理(abduction)"逻辑(乔姆斯基自称是皮尔士的当代诠释者)和伽利略—牛顿风格(Galilean-Newtonian style)。

然而,我们通过对乔姆斯基著作细致的文本分析显示,乔姆斯基早在发现皮尔士的溯因推理之前就已经提出了有关儿童语言习得的天赋语言观,并且对比分析发现,无论是作为整体的乔姆斯基的儿童语言习得观还是作为其中核心要素的语言习得装置,两者和各自对应的皮尔士的溯因推理逻辑与猜测本能都存在重大区别,所以乔姆斯基坚持的"儿童语言习得即溯因推理"论点并不成立。同时,乔姆斯基对伽利略、牛顿研究方法的论述中也存在不少误解,比如他反复强调伽利略提出的可以无视反例的论点,但这并没有给他带来他想到的"专注",反倒使他的研究越来越孤立,离科学实证更远。

通过进一步思考我们还发现,乔姆斯基坚定的反辩证法的立场让他对自然实体和抽象形式、天赋与经验、形式与功能等几组重要概念之间关系的理解有失偏颇,直接导致了他后期在有关人类本质、进化等问题上的立场越来越固执。

(4)反思 3:乔姆斯基的核心概论

乔姆斯基提出了很多概念,如语言学上的"表层结构""深层结构""语言习得装置"以及各种句法实体和句法运算原则,其中大部分已经在我们之前的论文或者专著中讨论过了,不再重复。本书中选择了"表征""递归性""简单性"三个概念加以讨论。"表征"是乔姆斯基描述的语言存在状态或者方式,准确

---

① CHOMSKY, N. The Science of Language: Interviews with James McGilvray [M]. New York: Cambridge University Press, 2011: 44.

② 卡尔-奥托·阿佩尔.哲学的改造[M].孙周兴,陆兴华,译.上海:上海译文出版社,2005:207.

地说应该是"形式化表征",即语言是以形式化的方式加以描述,并将此设定为其存在状态。"递归性"是乔姆斯基发现的语言专有属性,是人类语言能力的专属部分。"简单性"是乔姆斯基认定的语言根本特征,他引用伽利略"自然是简单的"论点,认为语言是进化而来的自然实体,是自然选择并优化的结果,所以一定符合简单性的要求。在乔姆斯基的理论中,他将简单性赋予了句法,因此语言简单性在他创立的生成语言学中实指句法简单性。基于这三个特征,乔姆斯基对语言的认识可以被概括为:语言以表征的形式进行递归运算,生成最简的语言表达,因此"语言是完美的"。

乔姆斯基自称从事的是"科学研究",因此我们质疑乔姆斯基上述三个概念时选用了思辨和科学相结合的视角。基于更多的实践观察和科学成果,我们将力图证明乔姆斯基理论中的不合理之处。

(5)对比:乔姆斯基与当代主流哲学家之间的争论

如上文所述,乔姆斯基与当代多位主流哲学家之间论战不断,讨论乔姆斯基当然无法回避他与这些哲学家之间的对比。虽然论战内容庞杂,但如果我们做一些梳理和追踪,就会发现论战中持续性进行的主题主要有两个:语言和政治。政治与本书无涉,我们只关注语言。乔姆斯基认为语言是心智的窗户,因此语言研究可以为解开人类的认识之谜提供答案。以语言和认识论为线索,我们可以形成以下对比研究的内容序列:语言的生物基础(与约翰·塞尔对比)、语言知识的构建方式(与尼尔逊·古德曼对比)、语言知识的习得(与希拉里·普特南对比)、语言研究对认识论问题的解答(与威拉德·冯·奥曼·蒯因对比)。以下为简要说明。

乔姆斯基与塞尔一样坚持心智研究的生物学路径。两位争论的焦点在于对语言等心智现象的性质理解不同,各自采用的研究方法也不同。塞尔认为应该将语言等心智现象视为脑系统的特征和机能,至于这些特征如何凸显、机能如何实现只能等待自然科学来加以解释;乔姆斯基则否定"特征"和"机能"说,他认为语言是独立的大脑官能因而具有明确的生物基础,21世纪以来他甚至还逐步提出了自己的语言进化观,他主张语言等心智研究本身就是科学研究。对乔姆斯基和塞尔加以对比研究,可以深入了解乔姆斯基的自然主义立场。

乔姆斯基与古德曼曾为师徒。在古德曼的理论中,乔姆斯基早期借鉴的至少包括"结构系统理论""建构唯名论""系统简单性"等,我们可以认为乔姆斯基正是利用了古德曼的建构主义理论改造了当时占据主导地位的结构主义语言学理论和方法，从而掀起了一场语言学革命。然而，随着乔姆斯基理性主义立场的日益坚定，他与古德曼经验主义和实用主义立场之间的冲突日益凸显，并最终导致两人关系决裂。研究乔姆斯基与古德曼之间的继承与冲突，对分析乔姆斯基理性主义立场的形成具有特殊意义。

　　乔姆斯基与普特南曾在麻省理工学院共事，彼此十分熟悉，但他们之间的争论却激烈异常。针对乔姆斯基的句法自主说，普特南认为语法仅是语言的属性，不是大脑特有的官能，它很大程度上取决于语义和逻辑演算而不是大脑的构造。针对乔姆斯基的语言天赋观，普特南结合动物认知实验针锋相对地提出了自己的"普遍智力"和"多目标学习策略"学说，来解释儿童的语言习得。对乔姆斯基而言，普特南的批评可谓"釜底抽薪"。就我们现有的阅读内容来看，乔姆斯基对普特南的回应更多只是重复了其一贯的立场，缺乏非常有效的反驳。

　　乔姆斯基的论敌应首推蒯因。乔姆斯基坚持理性主义传统，而蒯因是彻底的经验论者，两人堪称"一生的论敌"，但两人却又似乎"玩着同样的游戏"。[①] 基于我们的梳理，我们发现两人均以语言研究为基本手段，以理想化的儿童语言习得为基本进路，以解决"认识论之谜"为最终研究目标，并且论证过程中两人不约而同地采用了自然主义立场，实现了一定意义上的"殊途同归"。对比研究乔姆斯基和蒯因，我们会明辨两人异同，并以此为基础重新界定乔姆斯基语言哲学思想的认识论贡献。

　　以上四位哲学家对于研究乔姆斯基的哲学思想至关重要。研究中我们还会涉及其他重要哲学家，如与乔姆斯基存在继承关系的笛卡尔、康德、洪堡、皮尔士等，乔姆斯基多次反驳的洛克、休谟等，还有与乔姆乔斯基存在共事关系的卡茨、莱考夫等。在这些哲学家中，除了按主题讨论的需求将乔姆斯基与蒯因做了专题的对比研究之外，其他对比部分均散落在不同章节中。通过对比研究，我们旨在进一步澄清乔姆斯基本人的论点，深入分析其理论的客观形态和合理性。

　　(6)定位：本书对乔姆斯基思想的基本认识

　　基于现在的阅读和思考，我们将乔姆斯基的理论体系描述为图 0-1。

　　完整的理论体系由三个层次构成：哲学理论、元理论、对象理论。前一个

---

① GEORGE, A. Whence and Whither the Debate Between Qnine and Chomsky? [J]. The Journal of Phylosophy，1980(9)：492.

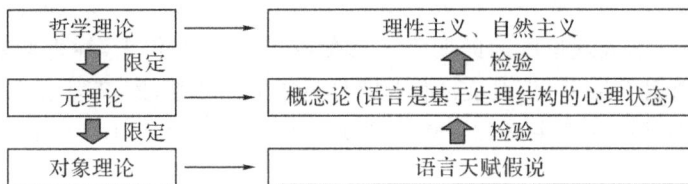

图 0-1　乔姆斯基的理论体系

层次的理论限定着后一个层次理论的形成,而后一个层次的理论一旦形成就会对前一个层次的理论加以检验。乔姆斯基理论体系面临的最大挑战是在语言现象(习得和使用)可以通过其他认知路径得到同等解释的情况下,"语言天赋假说"是否还具有理论优势。构成这一挑战的先有行为主义,以斯金纳和蒯因为代表,后有认知主义,以皮亚杰和普特南为代表。不仅如此,天赋观还面临着来自脑科学、神经科学、认知科学以及语言学内部的挑战。那么,依据图中由下而上的检验链条,如果"语言天赋假说"受到质疑,则"概念论"的合理性成疑,"理性主义"和"自然主义"立场同样难以自保。此时,乔姆斯基的语言思想以及他对哲学认识论的贡献是否还有价值?

本书对这一问题的回答分为以下三个方面。

第一,乔姆斯基语言哲学思想的基本立场——理性主义和自然主义——一直未变,但正如他对"语言天赋假说"的内涵不断改造一样,其哲学思想的具体内涵一直在发展与变革,这就使得其理论体系具有了较大的包容性和延展性,很难被完全否定,也不应该被完全否定。

第二,本书认可乔姆斯基作为重要哲学家的身份,作为语言哲学家,他通过借鉴卡尔纳普、古德曼的建构系统,为自然语言的形式化研究开辟了道路;作为认识论哲学家,他推动了理性主义的当代发展,并在蒯因之外为认识论的自然化提供了另一条路径。

第三,乔姆斯基掀起的反结构主义语言学的革命并不彻底,他对分析哲学的借鉴和批判也都不到位,他有关语言性质、来源和习得的论点尚得不到科学研究成果的有效支持。不仅如此,他反经验主义但却又变相地请回了经验实证,他努力复兴理性主义却又不得不在实际研究中一步步放弃有关知识来源稳固基础的设定,他提倡自然主义但却因为误解和固执而在方法论上日益偏激。

综合以上,本书认为,作为革命先驱和创新典范,乔姆斯基曾经开创了语言学、认知科学和认识论哲学新的研究范式。随着这些领域不断被拓展、深耕，乔姆斯基本人理论中的问题也日益暴露出来。60 年来，乔姆斯基虽一直在做着修补甚至变革，但改变的仅是具体论点和技术手段，其理论根基没有改变。乔姆斯基以理性主义和自然主义为基础设定的理论框架内部已经矛盾重重。

4. 研究的目标

对于乔姆斯基的哲学思想，本书持有两个基本态度：第一，总体而言，乔姆斯基在哲学界并没受到应有的重视，阿卡尔·贝尔戈兰米与吉尔伯特·荷曼就认为"哲学家对乔姆斯基的作品持有一种令人不解的漠视态度"，这不仅"十分尴尬"，而且"代价高昂"①；第二，乔姆斯基的哲学思想历经 60 年的发展，其价值已获证明，但局限也日益暴露，是该深入反思的时候了。基于这两个态度，本书研究的目的在于以下三个方面。

第一，对上述"漠视"的一次补救。研究将基于跨学科的视角，从乔姆斯基的语言研究出发，聚焦其为复兴理性主义传统所做的努力，澄清其哲学立场和哲学贡献。

第二，对乔姆斯基的哲学立场加以全面反思。反思基于多处路径展开，首先是从乔姆斯基本人的哲学论述出发，讨论其立场、论点的合理性；其次是结合语言学、认知科学等研究成果，反思其研究方法、研究过程与研究结论，讨论它们是否与当前科学发现相符合；最后是与其他哲学家的思想做对比研究，进一步思考乔姆斯基在哲学上的贡献和地位。

第三，对乔姆斯基的语言哲学思想进行定位。基于我们现有的思考，我们发现乔姆斯基的诸多哲学论述与其实际形态出入较大，其中包括其哲学继承、理论主义立场、自然主义方法论等核心内容。本书的讨论将走出乔姆斯基本人的论述，综合哲学家对他所做的批评，努力还原其语言哲学思想的客观面貌。

为达到以上目标，本书将完成两次"出/入"论证。第一次，"出"指的是在乔姆斯基的理论体系中突出哲学思想，"入"指的是基于乔姆斯基的哲学思想来重新解读其理论体系；第二次，"出"指的是走出乔姆斯基本人的论述，"入"指的是通过反思和对比研究重新界定其哲学贡献。两次的"出"与"入"论证过

---

① GILBERT HARMAN. Review of Chomsky: New Horizons in the Study of Language and Mind [J]. The Journal of Philosophy, 2001(10): 265-269.

程互逆,我们希望通过这种方式既完成对乔姆斯基哲学思想的解读和澄清,又实现对其思想的反思和重新定位,尽可能全面、客观地评述乔姆斯基的哲学思想,评价其哲学贡献。

为达到以上目标,本书还会重点处理好以下两个问题:

第一,如何分析乔姆斯基思想体系中的"对立"与"统一"? 乔姆斯基自称理性主义的复兴者,但他又明确表明自己与分析哲学存在继承关系,他提出"语言天赋观",却又在方法论上坚持"自然主义",他认为语言是自然实体,却又坚持对其加以形式描述,他甚至一直使用"心智/大脑(mind/brain)"这一"二元"术语。这些看起来对立的立场或者论点在他的理论体系中是否调和? 如何调和? 这些是解读和反思其哲学思想的关键。

第二,如何基于多元视角论证乔姆斯基的哲学贡献? 乔姆斯基的哲学思想涉及面较广,不仅跨越不同哲学主题,还跨越了不同学科(哲学、语言学、认知科学),如何对其系统把握、深入分析、有效论证存在一定的挑战。在研究中,本书均以语言分析为工具,以认识论问题的解决为归宿,尽量做到论证中主题聚焦、线索明确、内容统一。

第一章　乔姆斯基的革命

2020 年 10 月乔姆斯基发表论文《语言学的过去与现在：一些个人思考》，回顾自己的语言学研究生涯。乔姆斯基的父亲是一个杰出的希伯来语研究者，乔姆斯基自述少年时期就读过父亲的博士论文，并对其中闪米特语的历史很感兴趣。其后在大学期间他认识了另一个杰出的语言学家泽里格·哈里斯。哈里斯是布龙菲尔德之后结构主义语言学的代表人物，在哈里斯的影响和指导下，乔姆斯基完成了自己的硕士论文《现代希伯来语形态音位学》（*Morphophonemics of Modern Hebrew*）。[①] 在硕士学习期间，乔姆斯基参与了尼尔森·古德曼组织的研究生讨论会，开始在后者的指导下学习数学和哲学。此时古德曼正致力于撰写《表象的结构》（*The Struture of Appearance*，1951）和《事实、虚构和预测》（*Fact，Fiction and Forecast*，1955）。这两本后来均成为古德曼最经典的著作。

有趣的是，虽然乔姆斯基的硕士论文是在哈里斯的指导下完成的，但他对哈里斯的结构主义研究方法并不满意。

到 20 世纪中叶，在此前重要研究成果的基础上，语言学界达成了一项共识：共时语言学已经被确立为一门科学，一门"分类学"的科学，它有着复杂的数据分析程序。但分类的科学有其限制，它不会问"为什么"，利用计算理论和对解释深度的研究所提供的洞见，寻求解释性理论的时机已经成熟。这一努力便是生物语言学框架下的生成语言学事业。矛盾很快就出现了：解释性理论（生成语法）的元素远远超出了分类学程序的范围。结构主义的原则（即语言是一个训练和习惯的问题，语言通过类推进行扩展）难以再维持下去。更普遍的问题在于，"几乎一切皆知"变成了"几乎什么都不懂"，这是科学史上一个

---

① CHOMKSY，N. Morphophonemics of Modern Hebrew[M]. New York：Garland，1979.

常见的现象,它为一门繁荣的学科开启了一个令人兴奋的新时代。[①]

正是古德曼的影响让乔姆斯基最终放弃"几乎一切皆知"的结构主义分类方法,从而开启了语言学研究的"令人兴奋的新时代"。简单来说,在乔姆斯基看来,结构主义语言学存在两个问题:第一,不会问也无法回答"为什么";第二,越来越繁琐。乔姆斯基自述古德曼的《表象的结构》和他当时对"解释性(explanation)""简单性(simplicity)"的讨论为自己走出结构主义困境提供了建议。事实上,《现代希伯来语形态音位学》的确体现了乔姆斯基尝试采用古德曼的建构主义方法来修补结构主义语言学不足的努力。在这篇硕士论文的开篇,乔姆斯基就讨论了规则的简化问题,在论文的最后,他甚至写道:"经济性要求背后的动机在很多方面与建立某个系统的要求是一样的。"

1951 年,乔姆斯基在古德曼的帮助下进入哈佛大学学习,并结识了莫里斯·哈里(Morris Halle)和埃里克·兰尼伯格(Eric Lenneberg)。前者与其合著了《英语的语音范式》(*The Sound Pattern of English*,1968),后者撰写了《语言的生物学基础》(*Biological Foundations of Language*,1967),被认为最早开启了"生物语言学"研究。同样是在哈佛,乔姆斯基还遇到了蒯因,并得到了蒯因的指导。在乔姆斯基最早的论文和著作中,他均表达了对蒯因、古德曼的感谢。

进入哈佛大学以后,乔姆斯基开始加速脱离结构主义语言学。这首先表现为他对结构主义研究方法的抛弃,其第一篇学术论文《句法分析的系统》[②](1953)发表在逻辑经验主义刊物《符号逻辑学杂志》(*The Journal of Symbolic Logic*)上,表明此时他已开始接受卡尔纳普、蒯因、古德曼等人的逻辑分析方法,尤其是建构主义理论。同时,乔姆斯基进一步批判了结构主义语言学背后的行为主义理论,他不仅批判了布龙菲尔德的行为主义立场,还通过《斯金纳的〈言语行为〉书评》[③]一文对行为主义进行了"摧毁性"打击[④]。这些

① CHOMSKY, N. Linguistics Then and Now: Some Personal Reflections[EB/OL]. Annual Review of Linguistics. [2020-10-21]. https://www. annualreviews. org/doi/10. 1146/annurev-linguistics-081720-111352.

② CHOMSKY, N. Systems of Syntactic Analysis [J]. The Journal of Symbolic Logic, 1953 (9):242-256.

③ CHOMSKY, N. Review of B. F. Skinner's Verbal Behavior [J]. Language, 1957(35):26-58.

④ PALMER, D. On Chomsky's Appraisal of Skinner's Verbal Behavior[J]. The Behavior Analyst,2006(29):253-267.

批判也让他和坚持行为主义立场的蒯因走向决裂，最终成为"一生的论敌"。

　　基于对结构主义语言学从方法到背景理论的批判，乔姆斯基正式开启了语言学研究的"新篇章"——生成语言学。

第一节　乔姆斯基的革命？

　　一般认为，"乔姆斯基革命"（"Chomsky's Revolution" 或者"Chomsky a Revolution"）始于 1957 年《句法结构》（*Syntactic Structures*）的出版。[①] 但这仍是一个争议很大的概念，支持者信念笃定，对乔姆斯基革命的意义大加颂扬，甚至将乔姆斯基与笛卡尔、达尔文、爱因斯坦、毕加索和弗洛伊德等人相提并论。然而质疑或者否认存在"乔姆斯基革命"的人也不在少数，他们观点大致可分为以下三类。

　　第一，认为"革命"从未发生过。

　　持有此类观点的学者中一部分认为，生成语言学虽然有所革新，但仍是美国结构主义语言学或者索绪尔开创的现代语言学的一部分，算不上革命。罗宾斯认为，转换生成语法"不过是老问题的继续，只是因为不同的时代研究者的表现方式不同罢了"[②]。莱考夫认为早期转换生成语法关注的仍然是制约语言表面形式分布的规则，因此是美国结构主义语言学的自然产物。[③] 默里持有相似的论点，认为乔姆斯基的早期研究与其导师哈里斯十分相似，因此其早期的理论基础依然是美国结构主义语言学。[④] 还有更激进的学者，如阿提拉[⑤]和格雷[⑥]等人，甚至认为所谓乔姆斯基革命不过是"社会政变"，是转换生

---

　　① NEWMEYER F. Has There Been a "Chomsky a Revolution" in Linguistics? [J]. Language, 1986, 62(1).

　　② ROBINS, R. H. A Short History of Linguistics [M]. London: Longman Group Ltd. , 1967: 126.

　　③ LAKOFF, G. On Generative Semantics ［M］//D. STEINBERG, L. JAKBOVITS. Semantics: An Interdisciplinary Reader. Cambridge: Cambridge University Press, 1971: 323-396.

　　④ MURRAY, O. Gatekeepers and the "Chomsky a Revolution" [J]. Journal of the History of Behavioral Science, 1980(16): 73-78.

　　⑤ ANTTILA, R. Revelation as Linguistic Revolution [C]// M. ADAM & V. MAKKAI. The First LACUS Forum. Washington: Hornbeam Press, 1975: 168-180.

　　⑥ GRAY, B. Counter-Revolution in the Hierarchy [J]. Forum Linguisticum, 1976(1): 38-50.

成语言学的支持者"成功占据了权力机关",他们还将生成语言学在20世纪六七十年代的迅猛发展归因于当时美国大学的专项基金制度和语言学专业在当时的大幅扩张,以及当时生成语言派的支持者占据了美国语言学协会、《语言》杂志等重要机构。

第二,对是否存在"革命"的认识前后发生变化。

克尔纳早期认为乔姆斯基的理论具备了库恩科学革命的主要特征,算作革命无疑①,但10年之后他认为"经过仔细审查,'革命'还是不太适用于转换生成语法"②,因为转换生成语法过多关注内在语法系统而不是实际话语使用,所以从根本上而言属于"后索绪尔结构主义"③。同样,塞尔曾是最早提出"乔姆斯基革命"这一说法的学者之一④,但时隔30年之后他认为"经过很长时间以后,对革命结果进行评估似乎很有必要……按照最初宣称的目标,革命并不成功,有些东西可能已经成功,或可能最终实现,最初的革命目标已发生改变,甚至某种意义上已放弃。"⑤

第三,认为"革命"尚未完成。

持此观点的学者以卡茨为代表。卡茨1996年论文的标题即为《未完成的乔姆斯基革命》⑥。论文中卡茨坚持了其一贯的立场,认为有关语言使用者"语言知识"的理论无疑是心理学理论,但没有理由认为有关"已知语言"本身的理论是心理学理论。语言只能是抽象事物,这正是当年乔姆斯基批评布龙菲尔德时的立场,他认为后者将语法视为对话语的分类描述的观点忽视了语言作为抽象事物的现实。现在这一批评恰好可以同样适用于乔姆斯基本人,因为自然语言中的句子太多,难以被归结为具体的声学实在、心理实在或者神经实在,所以只有放弃"心理主义"和"生成主义"观念。只有当年乔姆斯基发起的结构主义语言学革命,语言学研究才能最终完成找到稳固的哲学基础。舍恩伯格则提出"二次革命"观,在其题为《与认知主义的分离:乔姆斯基语言

① KOERNER, K. Towards a Historiography of Linguistics: 19th and 20th Century Paradigms [J]. Anthropological Linguistics, 1972(7): 147-280.

②③ KOERNER, K. The Chomskyan "Revolution" and Its Historiography: A Few Critical Remarks [J]. Language & Communication, 1983(2): 147-169, 152.

④ SEARLE, J. 1972. Chomsky's Revolution in Linguistics [J]. The New York Review of Books, 1972(19):16-24.

⑤ SEARLE, J. End of the Revolution [J]. The New York Review of Books, 2002(3): 33-36.

⑥ KATZ, J.J. 1996. The Unfinished Chomsky an Revolution [J]. Mind & Language, 11(3): 270-294.

学理论二次革命的启示》中将"原则与参数理论"和"最简方案"视为乔姆斯基语言学研究继《句法结构》之后的"二次革命",并且这一革命尚未真正完成,仍在继续。①

上述争议存在的一个重要原因是研究者对"革命"的理解不统一,或者说对革命所带来的变化的剧烈程度理解不同。反对使用"乔姆斯基革命"概念的学者并不否认乔姆斯基给研究带来的变化,但认为没有达到"翻天覆地"式革新的程度。同时,研究者们对乔姆斯基变革的效果或影响认识也存在差异,其中反对者认为其没有为语言学、认知科学的发展带来积极的推动作用。本书认为乔姆斯基为语言与心智研究带来的改变及其影响重大且不可否认,因此我们会直接接受"革命"一说。但我们并不准备为"革命"进行任何辩护,只是尽量客观地陈述革命涉及的内容。

我们认为乔姆斯基革命的主要内容包括:在语言学领域他革了美国结构主义的命,主张研究语言不仅要进行细致描述,更要对语言能力进行解释,从而将语言学研究纳入科学研究的轨道;在心智研究领域(不仅是心理学,还包括心智哲学)他革了行为主义的命,主张心智研究应该注重其内在机制而非外在行为,并尝试使用基因变异和生物遗传对传统天赋观念加以改造,从而将心智研究也纳入自然科学的轨道。总而言之,60多年来,乔姆斯基的持续努力及其结果的确改变了(或者说"扩展了")我们对语言和心智的认识。

乔姆斯基革命的目标是将语言和心智研究科学化。乔姆斯基坚定的支持者和诠释者史密斯1994年在《自然》(Nature)杂志发表了有关《语言战争》(The Linguistics Wars, Harris,1993)的书评。在书评中他对乔姆斯基的工作进行了提炼和总结。② 他同时认为一篇有关语言学历史专著的书评可以登上《自然》杂志,这完全是因为"乔姆斯基的研究工作已经将语言研究从人文主义研究的固有印象中剥离出来,并将其纳入了科学研究的领域"。并且,引号内的这句话在书评中以配图的方式被再次呈现,并被置于页面正中央,充分突显了"乔姆斯基革命"的核心内涵。

在具体研究过程中,乔姆斯基通过两个方面来实现并保证生成语言学研

① SCHONEBERGER, T. A Departure from Cognitivism: Implications of Chomsky's Second Revolution in Linguistics [J]. The Analysis of Verbal Behavior, 2000(17): 57-73.

② SMITH N. Chomsky's Revolution (Review of The Linguistics Wars by Randy Allen Harris) [J]. Nature, 1994, 367 (10): 356.

究的科学性。一方面,他将作为研究对象的语言设定为自然实体。乔姆斯基在这一点上倾注了自己不懈的努力,从最初的内在语言设定到最后的生物语言学探索,从语言官能设定到疑似 FOXP2 基因的发现,如此等等,他一直在追求语言官能研究上的实体化。另一方面,乔姆斯基竭力采用自然科学的研究方法,称之为"方法论的自然主义"(methodological naturalism),其核心是"溯因推理逻辑(abduction)"与"伽利略—牛顿风格(Galilean-Newtonian style)"。前者由皮尔士提出,强调人类基于天赋的"猜测本能"解释现象背后原因的能力,后者是两个科学家的工作方法,以"理想化"与"抽象化"为主要原则。乔姆斯基认为方法论的自然主义就是自然科学研究的基本路径。

以下两节分别从语言和心智两个方面来解读"乔姆斯基革命"的主要内容。

第二节 乔姆斯基的语言学革命

让我们先从乔姆斯基语言学革命的对象——结构主义语言学说起。结构主义语言学建立的初衷同样是为了使语言学研究成为一门科学。以建立科学的语言学科为目标,布龙菲尔德在两个方面推动了语言学研究上的重大变革:第一,建立了行为主义语言观。在布龙菲尔德看来,当时制约语言学研究科学化的主要障碍来自心智主义(mentalism)。受当时心理学研究水平的限制,内省方法在心理学研究中占据重要位置,以内省方法为基础对人类心理状态加以设想并以此为基础来解释人类的外在行为是当时心智主义的基本做法。受艾尔伯特·魏斯(1879—1931)的影响,布龙菲尔德认为语言是人类行为区别于其他动物行为的标志,相对于内省法,以行为为基础来观察、分析人类的语言显然更加可靠。基于行为主义心理学,他提出了著名的语言与行为间的传递公式"S—r…s—R"。公式中,字母"S"表示实际刺激,"r"表示语言的替代性反应,"s"表示语言的替代性刺激,"R"表示实际反应。整个公式表现了外在刺激输入引起语言反应,再通过转化形成语言输出,语言输出最终促成外在行为的过程。第二,改造了语言学研究的方法。结构主义之前的语言学主要是历时研究,以历史梳理和对比分析为主要研究方法。布龙菲尔德认为语言是一个共时系统,它是音义结合体,由词汇和语法两部分构成,语言描写要从音位开始,其后上升到语素、词汇直至语法,语言分析和描写就是将语言从使用中的复合形式不断切分为其直接成分，即从语法逆向分解为词汇、语素乃至音位。在具体分析过程中，布龙菲尔德借鉴了数学和逻辑的方法，尤其以莫里茨·石里克(1882—1936)和保罗·鲁道夫·卡尔纳普(1891—1970)为代表的逻辑实证主义方法。布龙菲尔德将语法描述为自然语言的分布结构(distributional structure)。他采用切分和分析程序对自然语言的表达进行分类，从语言使用的表达个例(actual expression tokens)中构建起分类结构(category structures)，以描述被研究语言的所有表达，包括非实际存在的可能表达。最终依据这些分类结构和结构的分布关系总结出对象语言的语法原则。

乔姆斯基对结构主义的挑战同样落实在背景理论和研究方法这两个方面。在背景理论方面，乔姆斯基对行为主义的批判已经因为《斯金纳的〈言语行为〉书评》一文而广为人知，在本书后续会有多处详细讨论，此处暂且搁置。我们的讨论先关注语言研究本身，焦点是语言描写的方法。

令人诧异的是，在语言描写方法上，乔姆斯基与布龙菲尔德、哈里斯等人均借鉴了数学和逻辑的方法，尤其是逻辑经验主义者卡尔纳普等人的系统建构方法。乔姆斯基发表的第一篇论文《句法分析的系统》可被视为其语言学革命的发端，但这篇论文就其核心论点和方法而言仍属于结构主义范畴，表现在三个方面：第一，论文仍基于哈里斯的结构主义分析框架，以建立自动发现程序(discovery procedure)为目标，对建构系统及其方法的借鉴仅处于辅助地位；第二，对结构系统简单性的追求仍停留在古德曼的早期认识阶段，以减少初始元素和关系(算法)为目标；第三，仍采用了自下而上的方法来确定语法原则，在确定语法结构系统的初始元素和初始关系时表现出了明显的经验主义倾向。在该篇论文中，乔姆斯基致谢了哈里斯、古德曼和蒯因三人。

然而，乔姆斯基很快发现了哈里斯以建立发现程序为目标的结构主义语言学研究存在的严重问题。他写道："如我对很多语言学理论发展目标的解释，它们尝试陈述一种分析方法，研究者可以利用这种方法直接从原始语料中构建起该语言的语法。我认为从任何有意义的角度来看，这一目标都成问题，我怀疑类似的尝试都会陷入更加详尽、更加复杂的迷宫，最终无法为语言结构的众多重要问题提供答案。"①于是他决定将语言学研究的目标降低为"给定

① CHOMSKY, N. Syntactic Structures[M]. Netherlands: Mouton & Co, The Hague, 1957: 52-53.

语料,并给定两个语法 G1 和 G2,语言学理论能判断哪一个是可生成这些语料的更好语法。"[1]这被称为"评价程序(evaluation procedure)"。评价程序的核心是选择,而"我们总是会发现在不同语法间进行选择的一个考虑因素是最终生成的语法的简单性"[2]。对于建构系统,尤其是对简单性的强调,表明乔姆斯基已经摆脱了结构主义语言学研究目的和框架的束缚。评价程序的主要操作是改写规则[早期称为"变换(conversion)"],形式为"$X_i \rightarrow Y_i$",表示将每一个更大的句法单元改写为更小的次一级的构成单元,如(S-句子,NP-名词短语,VP-动词短语,T-限定词,N-名词,V-动词)[3]:

S

NP ＋ VP

T ＋ N ＋ VP

T ＋ N ＋ V ＋ NP

T ＋ N ＋ V＋ T ＋ N

The ＋ man ＋ hit ＋ the ＋ ball

　　从研究路径来看,乔姆斯基放弃了结构主义语言学自下而上的语法原则提炼方式,因为语言表达的无限性只会让这一目标陷入"迷宫",他转而提出了自上而下的路径,认为语言学家可以自主设定语法的形式规则系统[4],规则系统基于形式推导生成无限的语句,并接受恰当的经验验证。验证的证据来自母语使用者的直觉判断。换句话说,某个自然语言的语法系统是否正确,取决于它能够在多大程度上全面且简单地预测(推导生成)该语言母语者可能使用的语句。改写规则就是最初的尝试。

　　改写规则并非乔姆斯基的创造,但符合他提出的"评价程序"的初步要求。改写规则通过两个优势强化了语法结构简单性:第一,以抽象方式构建了句法的层级性结构关系;第二,适用于公理—演绎的方法。层级性结构语言学理论的建立实现了复杂语法结构向简单语法结构的还原;公理—演绎方法的运用避免了结构主义语言学研究中归纳方法的不足,有效提升了语言学理论的普

---

① CHOMSKY, N. Syntactic Structures[M]. Netherlands:Mouton & Co, The Hague, 1957:51.

② CHOSMKY, N. The Logical Structure of Linguistic Theory [M]. Cambridge, MA:MIT Press, 1975:114.

③ CHOMSKY, N. Syntactic Structures[M]. Netherlands:Mouton&Co, The Hague, 1957:27.

④ 有关"自主设定"的方法问题书中会有专节讨论。

遍性。

　　然而改写规则无法预测或者描写被动句、疑问句等语句。为了解决这一问题,乔姆斯基在《句法结构》中提出了转换规则(transformational rules),形如:

> 被动选项
> 结构分析:NP—Aux—V—NP
> 结构变化:X_1—X_2—X_3—X_4→X_4—X_2+be+en—X_3—by+X_1

　　基于转换规则,被动句"The ball was hit by the man"是基于其对应的主动句转换而来,不但其与主动句之间的关系得到说明,其生成程序也得以确定。转换规则因此赋予了改写规则更加强大的描写和分析能力。乔姆斯基进一步提出,改写规则生成了语句的核心结构,随后转换规则将这些核心结构转化为具体表达。两个规则的结合便构成了乔姆斯基最初的语言学理论形态"转换生成语法"(Transformational Generative Grammar,TGG),也可简称为转换语法(Transformational Grammar)或生成语法(Generative Grammar)。

　　"生成"在乔姆斯基最初的理论形态中的内涵不是"形成"而是形式运算,即乔姆斯基认为语句是形式运算的结果。乔姆斯基自创了著名的句子"Colorless green ideas sleep furiously",此句结构恰当但却毫无意义,他以此说明句法结构完全可以独立于语义。这正是其影响深远但却备受争议的"句法自主"(autonomy of syntax)论点的由来。也正是因为仅关注句法而放弃语义,以转换生成语法为基础,乔姆斯基的语言学理论以及其他相似语言学研究被统称为形式语言学派(Formal Linguistics)。

　　转换生成语言学自 1957 年《句法结构》的出版正式宣告形成以来,历经60 多年的发展,数度变革,其间主要的发展阶段包括:古典理论时期(或初期理论时期,1957—1965)、标准理论时期(1965—1972)、扩展的标准理论时期(1972—1979)、管辖与约束理论时期(1979—1993)和最简方案时期(1993—)。以下简要回顾这一发展历程。

　　如上所述,古典理论时期以《句法结构》的出版为代表,以形式描述、转换规则和句法自主为主要特征,转换生成语法打破了结构主义语言学的垄断,开启了全新的语言学研究科学化路径。1965 年《句法理论的若干问题》[①]的出

---

① CHOMSKY, N. Aspects of Theory of Syntax[M]. Cambridge, MA:MIT Press, 1965.

版,标志着乔姆斯基的语言学研究进入了标准理论时期。这一时期乔姆斯基在句法描写上并没有太大的转变,但在语言学的研究对象、语言表征层次和研究目标上均提出了全新的观点。

首先,在研究对象上,乔姆斯基提出了语言能力(language competence)和语言使用(language performance)之分。语言能力指的是人类内在的语言知识,语言使用指的是语言知识的实际使用。乔姆斯基的区分带有费尔迪南·德·索绪尔(Ferdinand de Saussure,1857—1913,被视为现代语言学之父)"语言"(langue)和"言语"(parole)之分的痕迹,两者的区分在于,乔姆斯基的语言能力是内在的、心理的,而索绪尔的"语言"指的是某个语言社区中成员共享的知识,它是外在的、社会的。和索绪尔相同的是,乔姆斯基也认为语言学研究的目标是二分中的前者,而非语言使用或者言语。准确来说,乔姆斯基认为"语言学理论主要关注某个同质的语言社区中理想的说话者—听话者,他们完全熟知自己的语言,且不会受到实际语言使用过程中记忆限制、分心、注意力转移、兴趣转换或者错误等语法无关条件的影响。"①从这一句引用中,乔姆斯基后续一直坚持的理想化研究方法初见端倪。

其次,在语言表征层次上,乔姆斯基提出了深层结构(deep structure)和表层结构(surface structure)之分。乔姆斯基认为转换生成语法作为语言学理论由一套规则系统构成,规则可以生成无限数量的语句结构。规则系统应该包含对语音、句法和语义的解释,但三者当中,只有句法是形式化的,即适合于形式运算从而具有生成性,那么句法必须同时负责对语言中的语音和语义进行解释。乔姆斯基的解决方案是"语法中的句法成分必须为每一个语句指定一个深层结构以确定其语义解释,和一个表层结构以确定其语音解释,前者的解释由语义成分完成,后者的解释由语音成分完成"②。

再次,从研究目标来看,乔姆斯基提出了描写充分性(descriptive adequacy)和解释充分性(explanatory adequacy)之分。当一部语法能够正确描写理想的母语使用者所掌握的内在语言知识时,它就达到了描写的充分性。人类的语言各不相同,要达到描写充分性的要求意味着语言学研究者必须为每一种语言描写一部语法。作为语言学研究的目标,这样的要求显得零散且太过具体,缺乏理论的抽象性。乔姆斯基于是在此之外为语言学研究提出了

---

① CHOMSKY, N. Aspects of Theory of Syntax[M]. Cambridge, MA:MIT Press, 1965: 3.

② CHOMSKY, N. Aspects of Theory of Syntax[M]. Cambridge, MA:MIT Press, 1965: 16.

另一个更高的要求——"解释充分性"。对于某个语言而言,达到描写充分性的语法可能不止一个,如果依据某个理论便可以从多个达到描写充分性的语法中成功做出选择的话,那么该理论就达到了解释的充分性。[①] 解释充分性概念为后续儿童语言习得问题的解决做了铺垫。在同一语言社区中,如果基于初始语料儿童各自形成了不同的语法,即便这些语法都达到了描写充分性要求,儿童彼此之间的交流也难以实现。所以乔姆斯基设想在儿童的语言习得过程中,一定存在着某个可以促成解释充分性实现的抽象机制,帮助儿童选择相同的语法体系,从而实现相似的语言习得结果。语言学研究的目标就是要去发现这一抽象语言习得机制。解释充分性目标的设定也表明乔姆斯基开始关注语言的普遍性特征。

最后,标准理论和古典理论在句法运算上最大的区别在于对"词库"(Lexicon)的引入。转换生成语法注重句子的形式推演与句法生成,最初乔姆斯基只注意到词汇的性质(名词、动词、形式词、助词等),但这样无法避免生成诸如"苹果吃了我"等表达。他意识到词汇(包括词汇短语)还具有一定的语法功能(如作为主语、谓语、宾语等),不仅如此,词汇还具有众多的区别性特征(distinctive features,如名词的可数/不可数、抽象/具体,动词的及物/不及物等)。词汇的特征对句法运算至关重要,为了对词汇的成分和特征加以说明,乔姆斯基引入了词库概念。词库是词汇项目的集合,其中的第一个词汇被描写为(D,C)的结合,D 表示语音特征,C 表示句法特征,举例如下:

$$boy, [+N, +Count, +Common, +Animate, +Human]$$
$$look, [+V, +\_\_(Prepositional\text{-}Phrase), +\_\_ Adjective]$$

(说明:*boy* 斜体表示语音特征,中括号内为句法特征,分为表示名词、可数、普通、有生命的、人类;同样,*look* 表示语音特征,中括号内的句法特征依次为动词、加介词构成短语、可加形容词)

词库的引入虽没有改变古典时期语言运算程序的主体结构,但对其进行了延伸和补充,增加了词汇插入环节(图 1-1)。

随着研究的推进,标准理论的问题也不断暴露。其中最大的问题在于语义解释。标准理论中,语义解释基于深层结构完成,经过转换规则实现的表层结构只负责语音解释。但以标准理论时期最令乔姆斯基等人引以为傲的主动

[①]　CHOMSKY, N. Aspects of Theory of Syntax[M]. Cambridge, MA:MIT Press, 1965:24.

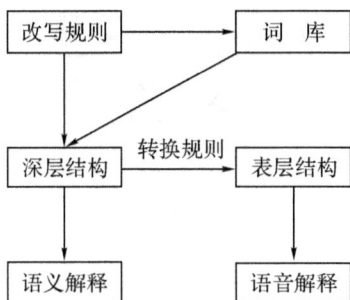

图 1-1　标准理论时期的语言生成

态和被动态转换为例,在语义理解上,无论是英文还是其汉语译文,以下两句均不完全相同。

Everyone loves someone.(每个人都爱着一个人)

Someone is loved by everyone.(一个人被每个人都爱着)

这样的句子并不是特例。再比如以下两句,虽然两句话的语义看似相同,但仔细分析发现它们的主题语义并不一样。前一句的主题是"我吃了什么",后一句的主题是"苹果被谁吃了"。

我吃了苹果。

苹果被我吃了。

为了解决上述语义解释问题,乔姆斯基对标准理论进行了两次修订,前一次被称为"扩展的标准理论"(Extended Standard Theory,EST),集中体现在1972 年出版的《生成语言学中的语义学研究》[①]一书中,后一次也被称为"修正的扩展的标准理论"(Revised Extended Standard Theory),论点集中见于1977 年出版的《形式和解释论文集》[②]中。扩展和修订之后的语言生成过程如图 1-2 所示。图 1-2 与图 1-1 最大的区别在于将语义解释与语音解释共同置于表层结构之下,即认为语义解释同样由表层结构负责。

[①]　CHOMSKY,N. Studies on Semantics in Generative Grammar[M]. The Hague:Mouton,1972.

[②]　CHOMSKY,N. Essays on Form and Interpretation[M]. New York:North Holland,1977.

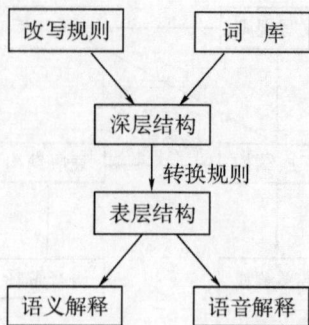

图 1-2　扩展的标准理论时期的语言生成

　　扩展的标准理论时期的另一项发展在于其对语言本质和普遍性的认识进一步具体化。以上提到解释充分性的提出表明乔姆斯基已经开始关注儿童语言习得问题。观察发现即便面对不完全相同的初始语料，儿童也可以习得非常相似（如果不是完全相同的话）的语言，这说明儿童应该具备相同的语言习得基础，或者说相同的语言习得装置。这一相同的基础或者习得装置日后被称为"普遍语法"（Universal Grammar，UG），正是因为儿童天生具有普遍语法，他们才可以在初始语料（语言经验）的激发下"轻易"习得各自的母语。处于母语习得状态的儿童内在拥有的语法叫"具体语法"（Particular Grammar，PG）①。

　　继语言能力与语言使用之分后，乔姆斯基对儿童语言习得的进一步关注已经让其语言学研究带上了更加明显的心理学特征，语言能力和儿童语言习得的初始状态均被设定为心理状态。相应地，人类语言就其本质而言也是一项心理机能，并且这种机能的初始状态在人类之间具有普遍性。对于语言学研究普遍性的追求成了乔姆斯基语言学研究的更高目标。在修正的扩展理论时期，以普遍性为目标，乔姆斯基句法研究的重点逐渐从描写具体语法规则系统转向对语言规则的普遍性及其限定条件的探索。以转换规则为例，乔姆斯基不再去列举一个个具体的转换规则是什么，而是启用了一个新的术语"移动"（move）来替代所有的转换，并采用"移动 α"（move α）来替代所有的转换规则，"移动 α"表示"将任何成分移动到任何位置"。移动 α 规则的提出代表了

---

　　① CHOMSKY, N. Language and Problems of Knowledge：The Managua Lectures［M］. Cambridge, MA；MIT Press, 1988：24-27.

转换生成语言学对普遍性的追求，那么接下来要做的就是进一步明确移动规则使用中的限定性条件。类似的探索直接导致了乔姆斯基的下一次变革——原则与参数框架。

原则与参数框架（Principles and Parameters）是乔姆斯基"管辖与约束理论"（The Government and Binding Theory）时期的基本设定。这一时期的主要论述可见于《规则与表征》①《管辖和约束演讲集》②和《语言知识：其本质、来源和使用》③。

原则与参数框架认为人类的语言包含一些固定不变的原则，每个原则与一些参数相连，通过参数的不同设定最终生成不同的具体语言。该框架解释了两个至关重要的问题：第一，语言的普遍性问题，不同的人类语言共享着相同的语言原则；第二，语言的多样性问题，语言间的差异仅归因于对原则的参数进行了不同的设定。两个问题共同解释了儿童语言习得现象，即儿童天生就拥有了所有的语言原则，语言习得过程实质上仅为语言参数的设定过程，因此每一个人类儿童都可以轻易且快速地学会各自不同的语言。

基于原则与参数框架，语言学研究的主要任务应该是发现普遍的语言原则，这也正是管辖与约束理论的主要内容。管辖与约束理论提出的语言原则子系统包括：题元理论（θ-theory）、管辖理论（Government Theory）、格理论（Case Theory）、约束理论（Binding Theory）、界限理论（Bounding Theory）、控制理论（Control Theory）和 X 杠理论（X-bar Theory）。这些理论中除题元理论之外，其他都在扩展的标准理论时期已经有所讨论，所以管辖与约束理论是对前期理论的进一步发展和补充。

管辖与约束理论时期，乔姆斯基对语言的生成方式再次进行了修改，如图 1-3 所示④。

自上而下，图 1-3 中的"I"表示依据改写规则和词库生成 D-结构，其后依据"II"（移动 α）D-结构被转化为 S-结构；此时生成过程分化为两个分支，一个

①　CHOMSKY，N. Rules and Representatives[M]. Oxford：Bail Blackwell Publisher Ltd.，1980.

②　CHOMSKY，N. Lectures on Government and Binding[M]. Dordrecht：Foris，1981.

③　CHOMSKY，N. Knowledge of Language：Its Nature，Origin，and Use[M]. New York：Praeger，1986.

④　CHOMSKY，N. Knowledge of Language：Its Nature，Origin，and Use[M]. New York：Praeger，1986：68.

```
              │ I
              ↓
            D-结构
              │ II
              ↓
            S-结构
         III╱      ╲IV
      语音式PF      逻辑式LF
```

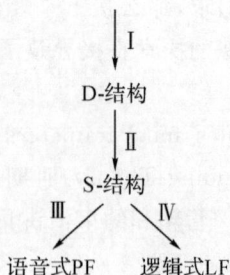

图 1-3　管辖与约束理论时期的语言生成

分支依据音系相关规则将 S-结构转化为语音表达式 PF(phonological form),另一个分支依据语义相关规则将 S-结构转化为逻辑式(logical form)。上述描述中,D-结构和 S-结构分别是原先深层结构和表层结构的替代表达,乔姆斯基希望借此消除误解,因为两者只是心智中语言的两个不同表征层次,并不涉及"深"与"浅"之分。语音式 PF 和逻辑式 LF 处于语言与其他认知系统的"接口"(interface)处,PF 和 LF 分别表示语言运算结果向发音系统和概念系统的输出形式,在两个认知系统中,它们得以被说出或者理解。

　　管辖与约束理论之后,乔姆斯基再次革新了自己的理论,以 1995 年专著《最简方案》[①]的出版为标志,转换生成语言学进入了"最简方案"(The Minimalist Program)时期。在最简方案中乔姆斯基对之前的理论形态进行了大幅的修订,修订主要涉及三个方面:第一,修改先前提出的一些重要概念和原则;第二,放弃了 D-结构、S-结构等语言表征层次;第三,废除了管辖理论、投射原则、空语类原则、移动 α 规则、大部分 X 杠理论等。

　　最简方案本身不是另一个句法理论,而是乔姆斯基对自己前期语言学研究加以改造的纲领性设想。设想中包含了以下几个问题[②]:

　　　　(1)人类语言官能应该满足的一般性条件是什么? (2)在多大程序上,语言官能是由这些条件决定的,且除此之外不存在任何特殊结构? 第一个问题包括两个方面:(A)哪些条件是依据其在心智/大脑认知系统序列中的位置而被加诸语言官能的? (B)哪些条件是因为

---

① CHOMSKY, N. The minimalist Program[M]. Cambridge, MA: MIT Press, 1995.
② CHOMSKY, N. The minimalist Program[M]. Cambridge, MA: MIT Press, 1995:1.

对概念自然性的一般考虑而被加诸语言官能的？需考虑的概念包括简单性、经济性、对称性、非冗余性等。

乔姆斯基对问题(1)的回答是：(A)心智/大脑中其他认知系统施加的接口条件；(B)理性的科学探索对自然对象的一般要求，尤其是方法论上的最简主义等。对问题(2)的回答是：语言在满足外在(语言之外，但仍可以是大脑中的认知系统，如发音系统、概念系统等)条件方面可谓是一个完美系统(a perfect system)。简言之，乔姆斯基在最简方案中要回答的问题就是：作为一个完美实现自身功能且完美满足外在接口条件的自然对象，语言最简可能是什么样的？

到了最简方案时期，乔姆斯基已经明确了自己对语言生物本质的认识，其语言学研究的目标也被确定为人类语言的共性——普遍语法。那么，作为经由遗传而来的生物属性和语言习得的初始状态，普遍语法不可能包含任何的语法细节，简化生成语言学的规则系统势在必行。最先被简化的是语言的表征层次。上述图 1-3 中标示了语言生成过程中的多个表征层次：S-结构、D-结构、语音式 PF、逻辑式 LF，最简方案之前的研究过于重视 S-结构和 D-结构的原则和条件，以致于施加在这两个表征层面上的规则系统越来越庞杂，甚至还不乏规则之间相互掣肘的情况。同时，这两个表征层次远离语言表达实际，几乎无法验证。于是，到了最简方案时期，乔姆斯基直接废除了这两个表征层次。不仅如此，几年以后，乔姆斯基进一步认为语句的运算和生成并非一次完成的，而是分段进行并且多次移交的，这么一来也就没有必要再保留代表完整语句的语音表征形式(语音式)和语义表征形式(逻辑式)，PF 和 LF 也被废除了。在大幅减少语言表征层次的过程中，语言规则系统也同样被大幅消减。

经过大幅简化之后，乔姆斯基认为语言仅包含两部分：词库和运算系统。相比于管辖与约束理论及之前的论述，在最简方案中，词库的地位和功能得到了大幅提升，很多原先由规则完成的运算和限定现在均由词库来实现，所以词库需要明确、细致地规定所有词汇项目的各类特征(音、形、义等)。这些特征在进入句法运算时被提取，进入运算之后这些特征需被核查，要求不同词汇项目的特征之间相互投射以进行匹配，只有当所有特征被核查完成，相应语句的运算才能完全，否则运算失败，语句将无法生成或者生成的是病句。在词库的强势介入之下，语言的运算系统就变得非常简单，在最简方案提出之初，乔姆斯基认为运算操作主要包括选择(select)、合并(merge)、特征核查(feature checking)、移动(move)等，2000 年以后乔姆斯基逐渐认为运算系统仅剩下合并操作，一般的两个词汇项目进行合并被称为"外合并"（external merge），移动操作则被称为"内合并"（internal merge）。

与最简方案相适应，乔姆斯基也对句法运算进行了大幅的修订和简化。[①]他改变了一直以来自上而下的句法运算设想，认为语言运算是自下而上、分段进行的。每次运算时，运算系统并不是一次性完整提取一个语句所需要的所有词汇项目，而是仅提取一部分词汇项目单独运算，运算结果构成一个语段（phase），每个语段生成之后直接被拼读（spell-out）。此时，除了中心语及其指示语之外，其余成分不再进入该语段的运算。语段推导如图 1-4 所示。

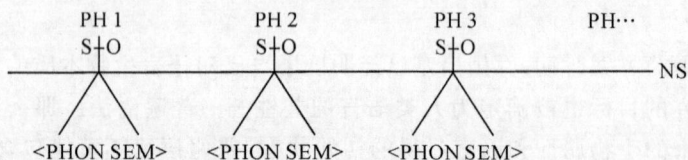

图 1-4　语段推导

图 1-4 中，"PH"表示一个个语段，"S-O"表示拼读，<PHON SEM>表示拼读后形成的语音形式和语义形式，"NS"表示狭式句法。语段推导过程为：NS 从词库中选取部分词汇项目进行句法运算（主要是合并操作）生成语段，语段随即被拼读，在感觉—运动接口（sensory-motor interface）生成语音形式 PHON，在概念—意旨接口（conceptional—intentional interface）生成语义形式 SEM。相比于图 1-3 描述的语言生成过程，语段推导具有以下特征：第一，语言运算分段、依次进行，与实际语言表达更加相似；第二，每个语段直接拼读，有效降低了人类记忆等认识系统的负担，更简单，易操作；第三，语段运算可以持续、循环进行，更易于解释人类语言的层级性结构特征。

第三节　乔姆斯基的认知革命

乔姆斯基列出了语言学家或者研究其他认知系统的科学家需回答的 5 个

---

① 参见 CHOMSKY, N. Minimalist Inquiries：The Framework[M]. Cambridge, MA：MIT Press, 1998. 和 CHOMSKY, N. Derivation by Phase[M]// M. KENSTOWICZ, KEN HALE：A life in Language. Cambridge, MA：MIT Press, 2001：1-52.

问题[①]:(1)语言(视觉、听觉……)能力是什么?(2)这些认知能力如何发展/生长?(3)这些认知能力如何使用?(4)这些能力在大脑中如何被(基因)编码?(5)这些认知能力如何进化而来?

这5个问题包含了任何人类认知系统从生理基础、性质到使用、习得和进化的所有方面,在当前科学研究水平之下,这些问题的提出明显带有一定的前瞻性,更多地表达了对该领域研究内容的设想和对未来研究方向的规划。就语言作为认知系统而言,在这5个问题中,乔姆斯基没有回答第(3)个问题,他说语言使用涉及因素太多,在没有弄清楚语言的本质之前可以先行搁置;他也没有回答第(4)个问题,因为这一问题的回答依赖于认知科学、脑科学、遗传科学等的进一步发展,曾经FOXP2被认为是语言障碍相关基因,这让乔姆斯基等研究者非常兴奋[②],但后续更多的研究证明这种将语言能力与基因相关联的设想应该只是一场误解。2002年以后,尤其是2010年以来,乔姆斯基多次对第(5)个问题——语言进化——提出了自己的看法[③],主要论述如下:250万年前,黑猩猩和倭黑猩猩中有一支分化出来形成了最早的人类祖先,但生理结构上的现代人类大约出现在20万年前,在20万年前到6万年前的某个时期现代人类(智人)才真正出现,这很可能是因为进化意义上"合并(Merge)"出现的结果,合并操作的出现促使层级结构的语言得以生成,它构成了全部句法运算的基础;人类专属能力的获得可能是突发的、新近的事件,合并操作不是源自于缓慢的进化历程,而是"在一个狭小窗口期基因突变的结果"。不仅如此,乔姆斯基还进一步认为语言的进化为人类带来的巨大的认知优势,语言中的合并操作"使人类可以生成包含词汇项目的无限序列的语言表达[词汇项目应该已经存在,至少应该作为概念——意旨系统(conceptual-intentional)的概念

---

① MCGILVRAY, J. (ed.). The Cambridge Companion to Chomsky [C]. Cambridge:Cambridge University Press, 2017:175.

② 依据 Lai et al. (2001), Enard et al. (2002), Marcus & Fisher (2003) 等人的论述,某个 K 家族的多名成员(31人中的16人)患有相同的语言障碍症,表现为对数、性、时态等语法形态的使用出现异常,但他们智力正常,其他多数语言表达也正常。后续研究发现这可能和他们家族特殊的 FOXP2 基因有关。一些研究者当时甚至宣称找到了语言基因,并因此证实了乔姆斯基有关语言具有独立生物基础的猜测。

③ 参见 BERWICH, R., N. Chomsky. Why Only Us: Language and evolution [M]. Cambridge, MA: MIT Press, 2016. 和 CHOMSKY, N. What Kind of Creatures are We? [M]. New York: Columbia University Press, 2016.

原子存在]，并且因此促成了人类思维能力的爆发。"①语言为人类带来的巨大的认知优势还包括促成了规划能力、关键评估能力、构思和幻想能力、探索能力等的形成，正是这些后续能力的运用创造了机制（如政治组织）、经济、文化等人类的主要社会形态。

相对于后 3 个问题，乔姆斯基的主要论述集中在前两个问题上，即语言能力的性质和习得问题。对这两个问题的回答构成了乔姆斯基认知革命的主要内容。至于这次革命的贡献，乔姆斯基最重要的诠释者之一尼尔·史密斯认为，"乔姆斯基改变我们人类对自己的认识，在历史上让我们重新回到了笛卡尔和达尔文的立场"②。本节的讨论将聚焦乔姆斯基对这两个问题的回答。

讨论乔姆斯基的认知革命，需从他对行为主义心理学的批判开始。

约翰·华生(1878—1958)1913 年发表的论文《一个行为主义者所认为的心理学》被认为是行为主义心理学正式诞生的宣言。其后该学派历经多次变革，代表人物众多，对心理学、语言学、哲学等多个学科均产生了重大的影响。建立行为主义心理学的出发点是为了推翻传统的意识心理学，从而建立一个与物理学、生物学等同等重要的心理学学科。以此为目标，行为主义心理学研究反对内省方法，也拒绝使用任何主观的概念和术语，而是将研究严格限定在"可观察"环境下生物体的"可观察"行为范围之内，从而保证了研究的客观性。基于可观察的环境和行为，行为主义者将研究目标设定为解释刺激和反应之间的关系，并以此为基础预测甚至是控制生物体的行为。

伯尔赫斯·弗雷德里克·斯金纳(1904—1990)是继华生之后另一个坚定的行为主义者，他是新行为主义的代表人物，也是操作性行为主义的创始人，提出的"操作性条件刺激"(operant conditioning)概念对动物行为和人类学习均产生了重大影响。《言语行为》③是斯金纳集大成之作，历时 23 年才完成。如书名所示，斯金纳研究中的言语不是语言学家关注的音、形、义的结合，而是视言语为人类的行为本身，研究言语作为行为在刺激、反应和强化过程中的作用和效果。依据其操作性条件刺激概念，人类介入之后的条件作用模式不再是简单、被动的"刺激→反应"，而是复杂且主动的"操作→强化"，因此在社会

---

① CHOMSKY, N. Approaching UG from Below [M]//Uli Sauerland and Hans-Martin Gartner. Interface ＋ Recursion ＝ Language?. New York: Mouton de Gruyter, 2007: 14.

② CHOMSKY, N., N. ALLOTT. Chosmky: Ideas and Ideals[M]. Cambridge: Cambridge University Press, 2016: 1.

③ SKINNER, B. Verbal Behavior[M]. New York: Appleton-Century Crofts, 1957.

语境下,一个人的言语行为可以通过合理的设计被外在强化。这一方面可以解释人类言语行为的发生和儿童语言的习得,另一方面还可以依此来合理地规划和设计教学活动,提升教学效果。以操作性条件刺激和强化理论为基础,斯金纳的确提出了系统的学习理论并进行了教学应用,推动了当时美国"程序教学"运算的兴起。

　　《言语行为》1957 年出版,两年后,乔姆斯基在美国语言学学会会刊《语言》(Language)发表了其著名的《斯金纳的〈言语行为〉书评》。40 多年以后,书评影响依然没有消退,2006 年哈维尔·维如斯-奥特加(Javier Virue's-Ortega)再次对乔姆斯基就当年的书评进行了专访,专访内容发表于《行为分析》杂志。① 在专访中,乔姆斯基仍然坚持了当年的立场,并对当时书评的写作背景做了回顾。他提到,二战之后,物理学、化学和生物学的核心部分已经实现学科基础的统一,但有关人类心智和行为的研究显然还处于主流的自然科学之外。此时美国科学家们期待不再依赖欧洲,而是自己大显身手。以此为背景,极端的行为主义适时切入,将有关人类活动的研究归入行为研究,并称之为行为科学(Behavioral Science),可观察的行为就是研究的证据。但乔姆斯基认为,对人类心智的研究称为行为科学就如同将物理学称为"读米科学"(meter-reading science)一样,因为读米也可以获得数据。但显然我们不可能通过研究这些读数来确定研究对象。乔姆斯基说道:"但这样的学说在 20 世纪 50 年代席卷了知识界,包含心理学、哲学、历史等等领域。(美国马萨诸塞州)剑桥正是其中心,而我正是在此时来到了这一中心。"② 他还进一步指出,依据行为主义,根本没有什么更深入的问题了,一切只是为强化、刺激—反应等添加更多细节而已,"我个人当时认为这太疯狂了……我相信这对研究极具破坏性,破坏其在这些领域进行科学研究的可能性"。

　　通过乔姆斯基本人的回顾可知,乔姆斯基对《言语行为》的批判针对的不仅是斯金纳本人,还包括其所代表的当时风头正劲的整个行为主义学派。所以,从这一角度来看,如果他能成功颠覆这一学派的研究基础,那么说他带来了心理学以及更大范围的认知科学的革命也并不为过。从后续评论中反映的

---

　　① VIRUE's-ORTEGA, J. The Case Against B. F. Skinner 45 Years Later：An encounter with N. Chomsky[J]. The Behavior Analyst,2009,29：243-251.

　　② VIRUE's-ORTEGA, J. The Case Against B. F. Skinner 45 Years Later：An encounter with N. Chomsky[J]. The Behavior Analyst,2009,29：245.

实际影响来看，乔姆斯基在很大程度上成功了。来自语言学界的评论认为"乔姆斯基对斯金纳的书评可能是有史有来最具毁灭性打击的评论，不仅为行为主义敲响了丧钟，还为当前的语言学研究和更大范围内认知科学研究奠定了基础。"①即便在行为主义内部，乔姆斯基的评论也产生了重要的影响，如李基在《心理学史：当前的心理学思想主流》中写道："乔姆斯基的书评可能是华生的行为主义宣言（的论文）之后最有影响力的论文了。"②另据克纳普称，从1972 年到 1990 年间，《言语行为》每被引用两次，其中就会有一次同时引用了乔姆斯基的书评，"这可真是社会科学界图书与其书评之间的一种独特关系"③。在上述 2006 年专访的开头，维如斯-奥特加同样称"乔姆斯基 1959 年的书评对心理学的研究趋势和几代心理学家对待行为主义的态度产生了深远的影响"。

　　乔姆斯基的书评洋洋洒洒 2 万余词，从术语、概论、研究范式等多个方面对斯金纳进行了全方位的批判。术语批判包括"言语行为""言语操作（verbal operant）""指令（mand）""触反（tact）""自我附着（autoclitic）""回音反应（echoic response）""文本反应（textual response）""言内反应（intraverbal response）"等，涉及斯金纳在《言语行为》中用到的主要术语，其中关键术语多是斯金纳的独创。乔姆斯基的主要批评意见是这些术语模糊不清，不符合科学研究的要求。概念批判涉及"刺激""控制""强化"等核心概念。乔姆斯基认为，在言语行为中，面对同一个事物（比如一幅画），我们可以说出很多内容，包括很多听起来并不相关的内容，我们很难为每一句表达找出直接的刺激因素。即便找到了，那也是因为我们在听到了言语之后再去寻求的，即"我们是在听到回应时才能确定什么是其对应的刺激"。这样的例子太多，很明显，"讨论'刺激控制'（stimulus control）只是对诉诸心智主义（mentalistic）心理学的一种简单伪装而已"④。乔姆斯基同时还举例说："我经常使用'艾森豪威尔'和'莫斯科'等词……但我从来没有受到相应对象的'刺激'啊。"乔姆斯基对"强

① SMITH，N，N. ALLOTT. Chomsky：Ideas and Ideals［M］. Cambridge：Cambridge University Press，2016：135.

② LEAHEY，T. A History of Psychology：Main Currents in Psychological Thought［M］. 2nd ed. Englewood Cliffs，NJ：Prentice Hall，1987：347.

③ KNAPP，T. J. Verbal Behavior：The Other Reviews［J］. The Analysis of Verbal Behavior，1992(10)：87.

④ CHOMSKY，N. Review of B. F. Skinner's Verbal Behavior［J］. Language，1959(35)：32.

化"概念的批判是认为斯金纳对该词的解释太过宽泛。"'X 被 Y 强化'是一个总称,可以表示'X 想要 Y''X 喜欢 Y''X 希望 Y 如此'等等。"例如,当我们读到"一个人弹奏他喜欢的音乐,说出他喜欢的东西,想到他喜欢的东西,读他喜欢的书"等等时,我们都可以说他是"被强化着如此的"。这么一来,"强化"一词模糊了概念,没有解释力,无法说明行为的因果关系,根本不适用于严谨、细致的观察和实验研究。①

乔姆斯基书评的核心是对斯金纳研究范式的批判,他认为:"不考虑有机体内在结构的行为主义,无论是其对行为发展的解释,还是对行为因果关系的说明,都无法提供有关心智活动实际过程的理解。"②乔姆斯基写道:"斯金纳的论点是,包含现场刺激和强化史(尤其是强化刺激的频率、设置和保留)的外在因素具有压倒性的优势,实验室里对这些现象的研究中揭示的基本原则为理解言语行为的复杂性提供了基础。他自信地反复宣称自己已经表明说话者的言语贡献微不足道且基础简单,对言语行为的预测仅依赖于他通过低等生物发现的几个外部因素即可做到。"③但乔姆斯基认为,即便如斯金纳动物实验中的老鼠,它对实验中迷宫的认识也是基于它对所处环境所绘制的心理地图而不是以积极条件或者消极条件为基础进行的一次次选择行为。因此,行为主义放弃了对概念、意识、意向、表象、记忆、目标等行为背后的心理状态和机制的考察,这根本无法解释心智对象。

批判的另一项重要内容是儿童的言语行为习得。在《言语行为》中,斯金纳这样来表述儿童的语言习得:"儿童受到父母或他人言语的刺激时,有时就会加以模仿,父母总是会鼓励儿童正确的模仿,不鼓励他们错误的或者对其他无意义的声音的模仿,通过这种区别性强化,儿童得以开展言语行为并最终习得语言能力。"④乔姆斯基完全否定了这一看法,他认为:"真实的情况根本不是儿童仅通过父母的精心照顾就能学会语言,即父母通过区别性强化来改变儿童的言语存储从而教会儿童语言,虽然父母精心照顾儿童的情况在学术研究人员家庭中已经习以为常。然而我们经常可以看到,出生在移民父母家庭的孩子可以在大街上通过其他孩子学习语言,他们不仅习得速度惊人,而且话

① CHOMSKY, N. Review of B. F. Skinner's Verbal Behavior [J]. Language, 1959(35): 38.

② CHOMSKY, N. Review of B. F. Skinner's Verbal Behavior [J]. Language, 1959(35): 44.

③ CHOMSKY, N. Review of B. F. Skinner's Verbal Behavior [J]. Language, 1959(35): 27-28.

④ SKINNER, B. Verbal Behavior[M]. New York: Appleton-Century Crofts, 1957: 62.

语流利，发音也完全准确，但这些所谓儿童的第二本性，其细微之处，他们的父母无论动机多么强烈、练习多么持久也无法达到。"①

批判之余，乔姆斯基也对斯金纳研究中问题出现的原因进行了分析。他认为原因主要不在于斯金纳"将功能分析视为自己的研究问题，或者将自己限定在对'可观察性'（输入—输出关系）的研究"，而在于"他对行为可观察性的研究方式施加了特殊限制，尤其是对'功能'的极其简单本质的认定，即他宣称'功能'描述了行为的因果关系"。在乔姆斯基看来，"功能"分析显然不能解释行为的因果关系，"对一个复杂有机体（或机器）的行为进行预测，我们自然会想到除了需要外在刺激信息，还需要认识该有机体的内在结构，了解其如何加工输入信息，如何组织自己的行为"。此时乔姆斯基自己的观点也呼之欲出，他写道："有机体的特征一般是由天生结构（inborn structure）、基因决定的成熟过程和过往经验共同作用生成的复杂产物。"②同时乔姆斯基指出，即便当前有关内在结构的神经心理学证据不可得，但同等关注外在因素和内在结构的做法才是值得推荐的，这会决定人类言语行为研究或者其他动物行为研究未来的方向。

在 2006 年的专访中，乔姆斯基同时还透露，鉴于斯金纳的著作在上世纪 50 年代已经很流行，"因此，我实际上早在该书出版之前就写好了这篇书评"③。因此，该书评只是乔姆斯基批判斯金纳的一次集中爆发，书评在批判行为主义的同时也展示了乔姆斯基本人对待心智的基本态度。因书评影响巨大，可被视为"乔姆斯基认知革命"开始的标志。

如果"革命"一说成立，那么批判现有理论只是开始，建立新的学说才是关键。现在我们回到本节开头乔姆斯基提出的两个问题：语言能力的性质和习得。在乔姆斯基的理解中，语言是心灵之镜，因此对语言的研究可以为揭开人类心智之谜提供一把钥匙。

我们先看第一个问题——语言能力的性质。

乔姆斯基理解中的语言是心智实体（psychological entity），也是生物实体（biological entity），因此他一直使用"心智/大脑"（mind/brain）这一术语。乔姆斯基虽然主张复兴笛卡尔以来的理性主义传统，但他不可能再是一个传统

---

① CHOMSKY, N. Review of B. F. Skinner's Verbal Behavior [J]. Language, 1959(35)：42.
② CHOMSKY, N. Review of B. F. Skinner's Verbal Behavior [J]. Language, 1959(35)：27.
③ CHOMSKY, N. Review of B. F. Skinner's Verbal Behavior [J]. Language, 1959(35)：246.

的笛卡尔主义者,更不可能支持笛卡尔的心、物二元划分。使用"心智/大脑"概念来指称语言的本质和生理基础,是因为乔姆斯基觉得语言兼具心智和生物两种属性,在其获得自然科学的最终解释之前,我们无法取舍,所以采用这一表达虽是权宜之计,但不无科学道理。

首先,乔姆斯基认为语言具有明确的心智属性。

一般意义上的语言在乔姆斯基的研究中被划分为语言能力和语言使用,这一划分和现代语言学的奠基人索绪尔对"语言"和"言语"的划分存在部分相似之处。熟知的"语法"一词显然更适合于描述索绪尔的语言概念,为了避免混淆和误解,乔姆斯基自创了"I-语言"(I-language)一词来替代"语法"。I-语言中的"I"代表"内在的"(internal)、"个体的"(individual)和"内涵的"(intensional)。"内在的"表示语言是人类的内在状态,而不是外在知识表征体系;"个体的"表示语言能力作为内在状态存在于每一个个体的大脑中,个体之间可以交流是因为他们之间的内在语言状态相同或非常相似;"内涵的"表示"I-语言是一个函数或者生成程序,作为生成程序,I-语言可以生成一系列的内在地表现于心智/大脑之中的结构描写,即语言表达式,这些语言表达式可以被理解为是对心智/大脑中其他系统发出的'指令'(instruction),其他系统'遵循'这些指令于语言使用之中"[①]。

I-语言具有如下几个特征。第一,I-语言是默示知识(tacit knowledge)。I-语言作为语言知识呈现为个体的内在状态,但个体并不一定能够对其加以说明,实际上也不需要这么做。普通语言使用者一般无法说出自己母语的语法规则,但这并不妨碍他们自然流畅地使用该语言。第二,I-语言可以使用形式化的手段加以描述,描述结果为句法规则系统。描写I-语言也正是语言学家的任务所在。第三,I-语言探索过程中可依赖的证据主要是母语者的直觉判断。一个语句是否合乎语法,只能由母语使用者的语言直觉来判断,随后研究者依据判断结果来对该语言的句法规则加以形式化描写。第四,I-语言并非一成不变的,它有自己的发展过程。乔姆斯基称初生婴儿的I-语言状态为S^0,其后在外在语言经验的激发和其他认知系统的必要配合之下不断发展,形成S^1、S^2、S^3……,最终达到语言习得状态S^L。

其次,乔姆斯基认为语言也具有确定的生物属性。

语言作为内在的心智状态一定有其生理基础,乔姆斯基把I-语言的生理

---

① 吴刚. 生成语法研究[M]. 上海:上海外语教育出版社,2006:13-14.

基础称为语言官能(the faculty of language)，它是人类大脑中的一个认知器官。同时，他还认为语言习得的初始状态 S^0 是儿童与生俱来的，是天赋的，并称之为普遍语法(Universal Grammar，UG)。普遍语法是所有人类语言的共同基础，它经由进化而来，并通过基因编码代代相传。限于当前人类自然科学发展水平，我们还无法对语言生理基础的具体形态做出准确界定。乔姆斯基为此还设计了一个思想实验，设想一位火星人科学家(martial scientist)来到地球，其不同于地球人的大脑结构可能会让他轻易看出众多人类语言所共享的普遍结构以及这些普遍结构背后的生理基础。①

需要稍作澄清的是，乔姆斯基并非认定语言兼具心智和生物两种属性才使用"心智/大脑"一词，而是他认为基于现有科学发展水平这两种属性目前均无法完全证实或者完全证伪，所以与其武断地选择其中一个，倒不如先搁置争议，使用"心智/大脑"一词作为权宜之计，留待自然科学充分发展之后再做抉择。乔姆斯基强调这一做法是科学惯例，比如在化学的发展史上，原子、化合价、有机化合的结构公式以及它们之间的化合法则等都被用来描述复杂物质的属性，这在当时也备受争议，因为这些化学相关实体或属性无法得到基础科学(主要是物理学)的证实。然而，最终量子物理学的出现扩展了传统物质概念的内涵，证实了上述实体或属性的存在。相似地，有关磁场、黑洞、引力波等对象的研究也经过了很长时间才获得证实。这些均说明在自然科学发展历程中，依据需要对研究对象进行适度的科学设定非常必要。乔姆斯基认为"心智/大脑"也正是这样的设定。

我们再来看第二个问题——语言能力的习得。

乔姆斯基语言学说中争议最大、批评最多的部分就是其有关语言"天赋观"(innateness)的论述。语言天赋论，简言之，指人类语言具有先天基础。上述 I-语言中提及的 S^0 即普遍语法就是儿童经由遗传先天具有的。所以语言天赋观是乔姆斯基儿童语言习得理论的基础。

语言天赋观源自于乔姆斯基对儿童语言习得现象的观察。他发现儿童在语言学习过程中接触的语言经验不仅有限，还充斥着错误，但他们最终习得的语言知识和能力却是完整的。乔姆斯基称这一现象为"刺激贫乏"现象，即"儿

---

①　CHOMSKY, N. The Golden Age Is in Us：Noam Chomsky Interviewed by Alexander Cockburn[J]. Grand Street，Fall，1994：170-176.

童接收到的语言输入不足以解释他们最终实际掌握的语言知识"①。通过进一步观察,乔姆斯基还发现以下现象:(1)一个儿童无论面对什么语言作为其母语,都可以快速且轻易地习得该语言,但其他动物均做不到;(2)生理正常的儿童,无论出生在什么样的语言环境之中,语言学家家庭或者文盲家庭,其语言习得的过程和结果基本没有差异;(3)儿童在经验和智力上表现出一定的差异,但他们语言习得的时间、进程和结果却相差无几;(4)儿童语言能力的习得与认知能力的发展并不同步,语言能力发展在整体上要领先于其他认知能力的发展;(5)儿童语言表达具有明显的创造性,他们的语言表达不是对成人表达的模仿。观察(1)说明语言系统的人类独特性;观察(2)(3)(4)说明语言系统的认知独特性,它独立于其他认知系统,自主发展;观察(5)说明语言能力自身的独特性——创造性。

　　综合以上观察,乔姆斯基认定语言是天赋的,他认为:"当前,把如此复杂的人类(语言)成就归于几个月(至多几年)的经验,而不归于几百万年来的生物进化或神经组织原则,这是毫无道理的。"②乔姆斯基的语言"天赋观"与笛卡尔观念"天赋论"的区别在于,前者强调了天赋的基础是进化和遗传,后者强调的则是所谓的灵魂或者其他神秘力量。

　　那么作为天赋知识,普遍语法(即 S^0)具体包括什么内容呢? 乔姆斯基对这一问题的认识经历了从无到有、从丰富到单一的曲折历程。

　　在"经典理论"时期,乔姆斯基仅提出语言研究的目标应该是内在的语言能力而不是外在的语言表达,并没有明确语言能力的实体属性和生物特征,只有到了"扩展的标准理论"的后期他才明确语言本质上是由遗传所决定的语言官能,并指出对语言官能的研究形成的理论成果就叫做普遍语法。③ 此时生成语言学的主要工作就是探索并描述普遍语法的具体内容,尤其是找到对具体语法的普遍性条件限制。鉴于人类语言的复杂性,对普遍性限制条件及其规则的探索使普遍语法日益丰富以至无比臃肿,让人很难相信这些繁杂、细碎的条件和规则源自人类遗传所得的生物基础。这也正是推动乔姆斯基及生成语言学进一步革新的直接原因。到了"管辖与约束理论"时期,普遍语法被描

　　① BOECHX, C. Linguistic Minimalism: Origins, Concepts, Methods and Aims[M]. New York: Oxford University Press, 2006: 24.

　　② CHOMKSY, N. Aspects of Theory of Syntax[M]. Cambridge, MA: MIT Press, 1965: 59.

　　③ CHOMSKY, N. Reflections on Language[M]. New York: Pantheon, 1975.

述为一系列复杂的句法原则和待设定的参数,乔姆斯基认为通过"原则与参数概念"他找到了解决儿童语言习得问题(乔姆斯基称之为"柏拉图的问题")的最佳解决办法。① 更重要的是,此时以普遍语法为依据的语言习得状态被认定就是一种心智状态,研究语言就是研究这种心智状态及其生理基础。与此同时,乔姆斯基开始采用"心智/大脑"术语,表示语言既是心智状态也是大脑内的神经生物状态。至"最简方案"阶段,乔姆斯基已经基本放弃了对普遍语法中具体语言规则的描述,此时他认为语言核心系统包括两个部分:词库和运算系统。词库明确了词汇项目的特征,运算系统对这些特征进行推导演算以生成语音和语义接口可处理的结构描写式。其后,豪斯、乔姆斯基、弗奇等人进一步区分了广义的语言官能(faculty of language in the broad sense,FLB)与是狭义的语言官能(faculty of language in the narrow sense,FLN),并认为只有狭义语言官能才是人类专属。狭义语言官能仅包括递归运算机制。

从"标准理论及其扩展"后期将普遍语法描述为日益丰富的普遍性限制条件到狭义语言官能概念的提出,普遍语法的内容不断萎缩,以至部分学者直言乔姆斯基已经事实上放弃了普遍语法。② 然而要看到,普遍语法内容的萎缩并非坏事,至少简化理论设定正是科学研究的一部分。简化普遍语法的内容对生成语言学研究更重要的意义还在于,遗传能力形成的前提是它要获得基因编码,而某项能力越是具体、复杂其被基因编码的可能性就越少,所以简化后的普遍语法获得编码的可能性更大。

为了将语言天赋观和普遍语法的设定具体落实到生物层面,乔姆斯基提出了"语言习得装置"(Language acquisition device)概念,并认为它是所有儿童生来具有的心智系统,包含着人类语言的普遍原则和一些待设定的参数。乔姆斯基特别强调,语言习得装置是真实的"心智/大脑"实体,是"物理世界的部分"(aspects of the physical world)。③

基于以上各设定,乔姆斯基对儿童语言习得进行了以下描述。他认为语

---

① CHOMSKY, N. Knowledge of Language: Its Nature, Origin, and Use[M]. New York: Praeger, 1986: 51-52.

② GOLDBERG, A. Constructions: A New Theoretical Approach to Language[J]. Trends in Cognitive Sciences, 2003(7): 219-224.

③ CHOMSKY, N. Knowledge of Language: Its Nature, Origin, and Use[M]. New York: Praeger, 1986: 26.

言习得是 3 个因素共同作用的结果[①]:(1)儿童个体接触到的语言经验;(2)语言习得的初始状态,即 S^0 或者普遍语法;(3)生物系统的普遍属性,也称为第三因素,包括人类认识系统通用的认知加工方式、过程和基本能力(如记忆)等。3 个因素中,(3)位于语言系统之外,是语言知识习得和使用必需的其他生理基础和辅助因素。(2)是进化的结果,并经由遗传代代相传,儿童生而有之,这也是乔姆斯基语言天赋观的核心内容。(1)是语言习得的环境,它是刺激因素(2)的必要条件,但必须同时接受因素(2)的选择和限定,从而保证语言习得的有效性。

　　依据这 3 个因素,儿童语习得过程就是在生物系统普遍属性的帮助下个体接触到的语言经验对语言初始状态的激活过程。作为心智/大脑的实体,语言官能不断发展、成熟,最终从 S^0 达到 S^L,语言习得完成。乔姆斯基曾断言:"在某种基础性的层面上,我们人类真的不是在学习语言;真实的情况是,语言在心智中自行生长。"[②]

　　乔姆斯基在对心智系统的解释中借鉴了杰里·福多的认知系统模块论(modularity)思想。福多在《心智模块论》[③]中将人类的认知功能分为传感器、输入系统和中心系统,其中输入系统是模块性的,而传感器和中心处理系统是所有认知系统共享的。但乔姆斯基走得更远,他以认知功能为依据对中心系统也进行了模块化划分,比如语言处理模块、视觉处理模块、听觉处理模块等。这些认知模块的初始形态都是经由生理遗传而来的,在后天因素的作用下自然长生、发育、成熟。以视觉系统为例,只需正常的光线刺激它就会正常发育;语言习得也是一样,只需正常的语言环境和语言经验刺激即可促成习得完成。现有研究已经发现,儿童语习得具有自主的发展过程和相对一致的发展阶段,成人的指导和纠正包括有意设计的强化手段对于儿童的母语习得作用甚微。乔姆斯基对认知功能模块化的解释同时意味着各认知系统之间并不必然相关,一个系统出现障碍并不会直接导致其他认知功能受损。乔姆斯基以模块化为基础的认知系统解释还得到了另一项儿童语习得假说的支持——习得关键期假说(Critical Period Hypothesis)。该假说认为受生理发育的影响,

---

　　① CHOMSKY, N. Beyond Explanatory Adequacy[M]//ADRIANA BELLITTI. Stucture and Beyond: the Cartography of Syntactic Structures. Volume 3. Oxford: Oxford University Press, 2004: 104-105.

　　② CHOMSKY, N. Rules and Representations[M]. Oxford: Blackwell, 1980: 134.

　　③ FODOR, J. The Modularity of Mind[M]. Cambridge, MA: MIT Press, 1983.

儿童语言习得需在一定的时期内完成,错过了这一时期(一般认为到青春期之前),儿童语言习得将会变得非常艰难甚至无法完成。虽然受到实验条件的影响,这一假说还无法被证实,但来自个别极端的例证①以及对二语习得的观察发现该假说具有一定的道理。由此我们可以做出两点推论:第一,语言习得的确与人类生长、发育过程密切相关,从而为语言官能的生物属性提供了进一步佐证;第二,语言官能作为认知系统具有相对独立性,在二语学习过程中,虽然学习者的其他认知能力正常,但其语言能力的发展因为错过了习得关键期而使得学习过程变得更加艰难,这为认知系统的模块性提供了进一步证明。

对语言官能的属性和特征做出设定还仅是研究的开始,接下来更重要的任务是对语言官能的内在结构和内容进行探索。除了受卡尔纳普、蒯因、古德曼等的逻辑分析的影响之外,乔姆斯基还直接借鉴于福多的"思维语言"理论②,该理论提出了心智表征(mental representation)与心智计算(mental computation)设想,将人类心智的内在运行设想为内容表征和形式运算。鉴于目前自然科学水平有限,尚无法对包括语言在内的认知系统的属性和内在结构做出充分解释,所以采用相对严谨、成熟的形式化方式对其加以描述不失为恰当之举。福多认为,心智的表征与计算机制是包括语言在内的心智内容和因果性质在低层次(生物层次)上的实现机制,因此,它们具有"第二级的物理性质"。③

恰如逻辑计算,心智计算也由计算原子和计算机制构成。计算原子由不可还原的最基本逻辑因子组成,对于语言来说,乔姆斯基逐渐将其明确为词汇项目,每个词汇项目包含着众多的音、形、义特征,它们作为一个整体进入句法运算;计算机制指的是基本算法,在语言学中,它指句法运算规则,到 2000 年以后,乔姆斯基将其确定为合并操作和由此形成的递归运算机制。在这两者之中,计算机制一定是天赋的,而关于计算因子即词汇项目的来源和性质问题,乔姆斯基一度倾向于认为其也是天赋的,但相关争议非常大。

简要小结:乔姆斯基认为,以语言能力为例,人类各认知系统是彼此独立的,这些系统目前看来兼具心智属性和生物属性,各系统在外在经验的激发下

---

①　因为伦理等原因,研究者不可能设计相关实验来验证这一假说。目前仅有的一个案例来自一个叫"珍妮"(Genie)的小女孩。她自出生不久就被关在一个封闭的环境中直至 13 岁被解救。其后语言学家、心理学家想尽办法也无法让其语言水平达到正常母语者的水平。

②　FODOR, J. The Language of Thought[M]. New York: Crowell, 1975.

③　田平. 自然化的心灵[M]. 长沙:湖南教育出版社,2000:114.

自行生长、成熟。同样以语言为例,人类的心智系统可以采用形式化方法加以描述,描述以表征和计算为主要方式,计算机制提取计算因子并依据一定规则系统对其进行加工,生成认知能力。这些便是乔姆斯基革命的核心内容。乔姆斯基基于语言研究对这些内容进行了具体描述、演示,虽然目前看来,描述和演示都存在很多的问题,不算成功,但无疑推动了我们对人类认知系统的认识。

在语言学革命和认知革命进行的过程中,乔姆斯基不断对自己的研究目标加以变更,以体现更高的追求。上文已经提到描述充分性和解释充分性之分,乔姆斯基认为语言学研究的目标应该从描述充分性上升为解释充分性,即从对语言结构的恰当描述上升为对儿童语言习得的合理解释。2004 年乔姆斯基再次升级了语言和心智研究的目标,提出了"超越解释的充分性"(beyond explanatory adequacy)的要求。[①] 新的要求不再追问"是什么",而是追问"为什么"。乔姆斯基觉得自己之前的研究已经通过表征与计算机制解释了语言的特征和结构,并通过语言习得装置、原则与参数框架等内容解释了儿童语言习得过程,那么接下来要解释的就应该是:语言为什么会具有这些特征? 对这一问题的回答需要更多来自自然科学研究成果的支持。

---

① CHOMSKY, N. Beyond Explanatory Adequacy[M]//ADRIAIVA BELLITTI. Structure and Beyond: the Cartography of Syntactic Structures. Oxford: Oxford University Press, 2004:104-131.

第二章　乔姆斯基自述中的哲学立场

　　乔姆斯基的哲学家身份还存在不少争议,但他产生了"一定的"哲学影响却是即成事实。在上一章综述乔姆斯基革命的基础上,本章继续追寻乔姆斯基哲学影响的源头,为后几章展开反思、对比做好进一步的准备。

　　本章我们将仍然采用乔姆斯基本人的视角,以其文本为线索和依据,梳理出乔姆斯基本人论述中的哲学立场和主要哲学论点。讨论分为两部分。第一部分讨论乔姆斯基的理性主义立场。乔姆斯基自称是传统理性主义的复兴者,并专门著有《笛卡尔的语言学:理性主义思想史上的一章》(1966)来追溯自己语言学思想的理论源头。本章第一节将结合笛卡尔、康德、洪堡的相关论述来细致说明乔姆斯基的理性主义立场和他为复兴传统理性主义所做的努力。第二部分讨论乔姆斯基的自然主义立场。自然主义在此表现为方法论,乔姆斯基称之为"方法论的自然主义",包含"溯因推理"和"伽利略—牛顿风格"两项内容,前者强调假说的形成过程,后者强调理想化设定对于科学研究的重要性。在乔姆斯基看来,两者的结合正是自然科学研究的基本路径。

第一节　理性主义

　　乔姆斯基一直非常明确自己的理性主义立场。在其为自己理论溯源的专著《笛卡尔的语言学:理性主义思想史上的一章》(以下简称《笛卡尔的语言学》)的开篇,他即引用怀特海《科学与现代世界》中的话表明:对欧洲人之前两个多世纪知性生活的一次简洁而足够准确的描述显示,他们一直生活在 17 世纪天才们为他们提供并不断积累下来的思想资产中。[①] 2020 年乔姆斯基回顾

---

① CHOMSKY, N. Cartesian Linguistics: A Chapter in the History of Rationalist Thought [M]. New York: Harper and Row, 1966. 本书中的引用来自该专著的第三版,2009 年由 Cambridge University Press 出版,书前增加了詹姆斯·麦克吉尔弗雷(James McGilvray)撰写的长达 52 页的介绍。

自己的语言学研究生涯时,仍对自己的理性主义立场坚定不移,并为自己对理性主义复兴所作的贡献感到骄傲,他写道:17 世纪伽利略、笛卡尔以后,"一个'理性和普遍语法'的时代确定到来,它富有洞察力,'理性'指它旨在解释,'普遍'指它旨在探索人类心智和语言表示中不变化的元素"。但是"这一传统被20 世纪的结构主义和行为主义思潮扫地出门了,并因此几乎完全被忘却。然而在生成语言学中,它被复活了,虽然可能我们之前还没有意识到,生成语言学借助计算理论获得了对语言更加深入的理解,并因此重新面对当初的挑战"①。

《笛卡尔的语言学》一如乔姆斯基的其他著作一样引起了巨大的争议。争议首先集中在著作的标题。极端的批判者阿尔斯莱夫直接发问"笛卡尔的语言学"到底是"历史"还是"幻想"②,即便是当时温和的支持者莱考夫也认为书中所描述的传统应该可以追溯到笛卡尔之前③。批判者甚至还创造出了"Non-Cartesian Linguistics"和"Un-Cartesian Linguistics"等"非笛卡尔语言学"词汇以表示强烈反对。实际上乔姆斯基本人对该标题也心存疑虑,他写道:"对于语言学理论的发展而言,'笛卡尔语言学'一词可能会受到质疑。首先,相关发展传统可追溯到更早的语言学著作。其次,最活跃的几位贡献者都视自己为笛卡尔原则的反对者。再次,笛卡尔本人对语言研究贡献甚少,并且对其有限的(语言相关)论述也可以做多种解读。"④但乔姆斯基同时认为,与语言本质认识富有成效的结论相关的心智理论源自笛卡尔的革命,这一点确定无疑,所以这一标题本身的恰当性并不重要,重要的是如何确定那段时间以来积累的"思想资本"的准确本质,如何评价其当代重要性,和如何找到借此推动语言研究的路径。

为了回答上述问题,《笛卡尔的语言学》的论述包括 4 个部分,分别为:1. 语言使用的创造性方面;2. 深层和表层结构;3. 语言学研究中的描述与解

①　CHOMSKY, N. Linguistics Then and Now: Some Personal Reflections[J/OL]. Annual Review of Linguistics. [2020-10-21]. https://www. annualreviews. org/doi/10. 1146/annurev-linguistics-081720-111352.

②　AARSLEFF, H. Cartesian Linguistics: History or Fantasy? [J]. Language Sciences, 1971, 26, October Issue, 1-12.

③　LAKOFF, ROBIN. Review of Grammaire Générale et Raisonnée[J]. Language 1969, 45: 343-364.

④　CHOMSKY, N. Cartesian Linguistics: A Chapter in the History of Rationalist Thought [M]. Cambridge: Cambridge University Press, 2009: 58.

释；4. 语言的习得与使用。

　　"语言使用的创造性"指人类语言使用是无限的，不受明确的外在刺激或者内在心理状态的制约。乔姆斯基认为这一想法源自笛卡尔等人将非机械原则归属于心智的论点，也正是依据这一笛卡尔描述的特征，人类与动物的交际系统被彻底区分开来。他引用德国语言学家威廉·冯·洪堡的话，将语言的创造性概括为"对有限手段的无限使用（make an infinite use of finite means）"①，并称洪堡的"语言形式（form of language）"本质上就是当前他自己使用的术语——语言的"生成语法"。在第 1 部分中，乔姆斯基还引述或者提及了科尔德穆瓦（Géraud de Cordemoy）、赫德尔（Johann Gottfried Herder）、施莱格尔（Karl Wilhelm Friedrich Schlegel）、歌德（Johann Wolfgang von Goethe）等 17 世纪以来的重要哲学家、思想家。

　　第 2 部分"表层和深层结构"争议最大。乔姆斯基认为笛卡尔语言学传统中视语言为音和义的组合。"语言具有内在和外在两个方面，语言可以从其如何表达思想的方面或者从其物理形态方面加以研究，即从语义解释或者语音解释两个方面加以研究。使用当前的术语，我们可将一个语句的'深层结构'从其'表层结构'中区分开来，前者就是决定语句语义解释的内在抽象结构，后者则是决定语句语音解释并与实际语言表达的物理形态相关联的语言表层组织。通过这两个术语，我们可以确定笛卡尔语言学的第一个基本结论，即深层结构和表层结构不必一致，与语义解释相关的语句的内在结构非并一定要由其组成部分的实际组织方式来显示。"②既然深层结构可以不同于表层结构，那么，一方面，语言学研究一定要透过"表层结构"去发现"深层结构"，从而探求语言内在的普遍性；另一方面，对深层结构的研究不必拘泥于表层结构，而应该走出表层结构，在更加抽象的层面上进行。

　　乔姆斯基通过大量引用 1660 年出版的《波尔·罗瓦雅尔语法》（*Port-Royal Grammar*），或称《普遍唯理语法》，来对语言的两个层次划分及其关系加以说明。《波尔·罗瓦雅尔语法》显得尤其重要，是因为"非常明确的是，波

---

①　CHOMSKY, N. Cartesian Linguistics：A Chapter in the History of Rationalist Thought [M]. Cambridge：Cambridge University Press，2009：70.

②　CHOMSKY, N. Cartesian Linguistics：A Chapter in the History of Rationalist Thought [M]. Cambridge：Cambridge University Press，2009：79.

尔·罗瓦雅尔语法是笛卡尔语言研究路径首次深刻且精细的发展,"①并且,"将当前研究中的转换生成语法理论视为波尔·罗瓦雅尔理论的现代且更加清晰的版本,这一点在我看来准确无误"②。在《波尔·罗瓦雅尔语法》的前言中,作者将该书的目标确定为"深刻认识其(人类的语言优势)背后的原因",为此,作者"常常寻思那些造成一切语言的共性和某些语言特性的原理"③,这也正是该书也叫作《普遍唯理语法》的原因。同时还因为该语法希望借助对语言普遍性的研究来探索人类的心智,具有明确的哲学意义,因此也被称为"哲学语法"。这些都和乔姆斯基将语言视为"心灵之镜"的研究目标完全吻合。

第 3 部分"语言学研究中的描述与解释"非常简短,在第 3 版中仅占 5 页。乔姆斯基首先引用了尼古拉斯·博泽(Nicolas Beauzée)对"通用语法(general grammar)"和"特殊语法(particular grammar)"的区分。博泽认为,语法就是使用口头或者书面词汇表达思想的方式,它包含两个原则,一个由思想的本质驱动,是恒定正确并普遍适用的,另一个以偶然、任意、变动的规约为基础,仅是假设上正确的。有关前者的理性科学即为通用语法,以后者为研究对象则为特殊语法。通用语法是科学,特殊语法是艺术。乔姆斯基认为,以科学的通用语法为目标,波尔·罗瓦雅尔语法(即哲学语法)就是要反对将语法研究限制在"纯描述"的范围之内。"哲学语法不是要去改进或者提升语言,而是要去发现语言的内在原则并解释观察到的语言现象。"④17、18 世纪追求普遍性的语法家们影响深远的贡献在于,他们明确提出应该将语言研究的导向从"自然历史"转向为"自然哲学",语言研究的重要意义在于"探寻语言内在的普遍原则"和"对语言事实的理性解释"。

第 4 部分"语言的习得与使用"比较了理性主义和经验主义对待语言习得以及理解的态度。"必须要强调 17 世纪理性主义完全打破教条来处理习得问题(尤其是语言习得问题)的方法。理性主义者当时注意到知识来自非常零散

---

① CHOMSKY, N. Cartesian Linguistics: A Chapter in the History of Rationalist Thought [M]. Cambridge: Cambridge University Press, 2009: 79.

② CHOMSKY, N. Cartesian Linguistics: A Chapter in the History of Rationalist Thought [M]. Cambridge: Cambridge University Press, 2009: 83.

③ 阿尔诺·安托尼,朗斯洛·克洛德. 普遍唯理语法[M]. 张学斌,译. 长沙:湖南教育出版社,2001:1.

④ CHOMSKY N. Cartesian Linguistics: A Chapter in the History of Rationalist Thought[M]. Cambridge: Cambridge University Press, 2009: 95.

且不准确的经验数据，但习得的知识却具有一致性，这种一致性不可能完全由经验数据决定。因此，这些属性只能被归功于心智，它们是经验的前提。这也正是对输入—输出数据形成机制的内在结构感兴趣的科学家必须采用的推理方式。"所谓的内在结构，乔姆斯基在随后的论述中将其明确为大脑中存储的"一系列潜在原则"，它们是天赋的，会在经验的作用下被激活（activated），从而促成语言和知识的习得。乔姆斯基认为这样的解释同样适用于对语言的理解与使用，因为理解和使用同样涉及潜在原则的激活，这些激活后的原则可以随时被用于解释经验数据从而实现语言的理解与使用。与理性主义相对，"经验主义者，尤其是现代的经验主义者，接受了某种有关学习本质的先验假设（即必须基于关联或者强化，或者某种基本的归纳程序，如现代语言学采用的分类程序），但未依据观察到的输出的一致性特征对假设加以验证——依据我们所知或者所相信的"学习"情况对其加以验证"①。简言之，乔姆斯基认为经验主义无法解释观察到的语言习得现象，因而需要复兴17世纪以来的理性主义传统。

　　上述4部分内容表现出了内在的一致性：语言的创造性源自语言内在的深层结构，研究语言的深层结构不能仅靠描述，更需要解释，而语言的习得和使用都是内在结构被外在语言经验激活后的产物。如果不考虑《笛卡尔语言学》中引述的内容是否恰当，以及对引述内容的解读是否正确，那么乔姆斯基书写的这一段语言学发展史与其说是对笛卡尔以来理性主义语言学史的梳理，不如说是借着对这段语言学史的梳理和解读为自己的转换生成语法理论找到历史的佐证。对照第一章中对乔姆斯基革命的讨论我们会发现，诸如"创造性""深层结构""解释""天赋性""普遍性""经验激活"等生成语言学的核心概念在《笛卡尔语言学》中悉数通过洪堡、安托尼、克洛德、科尔德穆瓦、赫德尔、施莱格尔等17世纪以来的伟大哲学家、语言学家之口得以重现。这些概念和这些历史人物被置于笛卡尔名义之下，既强调了其理性主义特征，又证实了理性主义传统在17、18世纪蓬勃发展的历史事实，从而和当前占据主流的经验主义研究路径形成鲜明对比，突出复兴理性主义传统的重要意义。正如乔姆斯基本人以及其他批评者所说，笛卡尔本人在《笛卡尔语言学》书中所占篇幅很小，但他对于该书以及乔姆斯基本人的研究作用重大，因为在乔姆斯基

---

　　①　CHOMSKY N. Cartesian Linguistics：A Chapter in the History of Rationalist Thought[M]. Cambridge：Cambridge University Press，2009：102.

的理解中,笛卡尔不仅是真正的语言创造性的首位发现者,更重要的是,他的研究框架和具体研究方法为探究人类心智提供了适当的路径,为揭开人类认识之谜提供了方向。

乔姆斯基将自己语言及心智研究中面对的一个核心问题称为"柏拉图的问题"(Plato's problem),并多次引用伯特兰·罗素的话将柏拉图的问题解释为:"人类与世界的接触短暂、个体化且有限,但却又为何知道的如此之多?"[①]之所以被称为柏拉图的问题,是因为柏拉图发出过相似的追问。实际上,蒯因等经验主义者也曾追问过相似的问题,因为人类的经验输入并不必然会转化为理论输出,所以经验主义者同样要回答"贫乏的经验输入"和"汹涌的理论输出"之间的关系问题。可见,解释柏拉图的问题是认识论研究的基本诉求。

乔姆斯基自称传统理性主义的复兴者,为了验证这一立场,我们有必要先回顾一下理性主义传统对柏拉图问题的解答。为简要起见,同时依据其在理性主义传统和乔姆斯基论述中的重要性,回顾仅包括笛卡尔和康德两位最重要的理性主义哲学家。

《布莱克威尔西方哲学辞典》将理性主义认识论解释为:"理性主义认识论宣称知识是理性或智力运用的结果,感觉经验无法达到确定性。推理之路才是通往真正知识的道路。理性主义将数学视为知识的典范,赞扬公理,并认为哲学方法应该和数学方法相同。理性主义认为所有的知识都和某个不证自明的第一原则相连,或者可以被还原为第一原则。它同时还认可先天知识或理性真理的存在。"[②]依据这一解释,我们可以概括出理性主义认识论的两条基本原则。

原则一:认可先天知识或理性真理的存在,否认知识直接来自经验;
原则二:坚持理性的知识形成路径,并以数学方法为其典范。

依据与知识形成的关系,这两个原则可分别被称为认识的来源和认识的方法。我们就依据这两条原则来回顾笛卡尔、康德的相关论述以及乔姆斯基对他们的继承关系。

"先天知识"是一个古老的论题,至少柏拉图的"回忆说"就已经明确知识

　　① 乔姆斯基多次引用了罗素的这段表述,本文参考了 CHOMSKY, N. Knowledge of Language: Its Nature, Origin, and Use[M]. New York: Praeger, 1986: 25 的表述。

　　② BUNNIN, N. YU JIYUAN. Blackwell Dictionary of Western Philosophy[M]. Malden, MA: Blackwell Publishing, 2004: 587-588.

源自对理念世界的回忆，而非后天的学习。笛卡尔也是知识先天论的支持者。在笛卡尔的理论中，人类对世界的认识被称为"观念"。但是，"仅仅是任意描绘出来的影像，我不把它们称为观念；相反，这些影像，当它们是由肉体任意描绘出来的时候，也就是说，当它们是大脑的某些部分描绘出来的时候，我不把它们称之为观念，而只有当它们通知到大脑的这一个部分的精神本身的时候，我才把它们称之为观念。"①笛卡尔是身心二元论的提出者，所以在他的理论体系中，观念是一种心智属性的存在。随后，笛卡尔将观念分为三种："有些我认为是与我俱生的，有些是外来的，来自外界的，有些是由我自己做成的和捏造的。"捏造的观念当然不可依赖，所以笛卡尔的论述集中于对前两者的可靠性加以分辨。"外来的"观念的可靠性源自其与认识对象之间的关系，当观念和其认识对象一致时，该观念就是可靠的。但在笛卡尔看来这种一致性无法验证。首先是认识的能力问题，笛卡尔指出"也许是我心里有什么功能或能力，专门产生这些观念而不借助于什么外在的东西，但是我对这个功能和能力还一无所知"；其次是验证问题，即便我们可以证明某个观念来自对特定外在对象的认识，"可也不能因此而一定说它们和那些对象一样，相反，在很多事例上我经常看到对象和对象的观念之间有很大的不同"②。简言之，来自外在经验的观念不可靠。

什么是"与我俱生的"呢？笛卡尔在《第一哲学深思录》中做了细致、严谨的推理，在怀疑一切、否定一切之后，他最终认定正在怀疑的自我即精神本身是存在的，并进一步依据"从无不能产生有"的原则推理出上帝的存在。所以在笛卡尔的理论中，"与我俱生"的东西包括两类，一是源自上帝的观念，它们是确定的，二是我思维的工具——理性。两类当中，源自上帝的观念是确定的，于我们而言，这些观念当然也是天赋的、可靠的。

何为认识的方法？笛卡尔认为："方法，就是指确实和简单的规则，如果某人准确地遵从它们，他将绝不会把假的东西当成真的，绝不会把他的精神努力无目的地花费，而将是逐渐地增加他的知识，这样对所有的不超过他的能力的东西得到一个真实的理解。"③笛卡尔在《谈谈方法》中为自己确定的第一条方

① 笛卡尔.第一哲学沉思集[M].庞景仁，译.北京：商务印书馆，1986：160.
② 笛卡尔.第一哲学沉思集[M].庞景仁，译.北京：商务印书馆，1986：39.
③ DESCARES. The Philosophical Works of Descartes[M]. Vol 1. Rendered into English By Elizabeth S. Haldane and G. R. Ross. Cambridge：Cambridge University Press，1973：10.

法论原则便是"绝不把任何我没有明确地认识为真的东西当作真的加以接受，也就是说，小心避免仓促的判断和偏见，只把那些清楚明白地呈现在我的心智之前，使我根本无法怀疑的东西放进我的判断之中"①。这条原则便是"普遍怀疑"，他依据这一原则得出的著名的"我思故我在"成为其认识论上的第一原理。研究方法需要"确定和简单"，并且还要"清楚明白地呈现在我的心智之前"，笛卡尔认为符合这些要求的方法只有"理性的直观和演绎"。理性的直观如此重要是因为，在笛卡尔看来知识只能以"简单本质"为起点，简单本质不可再分，只能依据纯粹心智的直觉来加以把握。一旦通过理性直观获得了知识的起点，接下来要做的就是通过演绎推理形成确定的具体知识了，具体知识是"我们确定认识到的知识的全部必然推论"②。演绎推理必须细致、严谨，数学方法在此不可或缺。笛卡尔不仅熟知当时盛行的几何学，还将几何学与代数相结合，发明了坐标系，并以此为基础创立了解析几何，极大推动了研究方法的进步。

　　同时需要说明的是，在其科学研究的实践中，笛卡尔并没有一味坚守自己在哲学沉思上发现的方法原则，而是使用了更具实践意义的"假言推理模式"(hypothetical mode of reasoning)③。以《气象学》中对彩虹的研究为例，通过观察，笛卡尔提出假说认为彩虹的形成和水滴的作用相关。于是他制作了一个玻璃的水滴模型，然后将其举起对着太阳，多次移动之后彩虹果真形成了。这种"观察—假说—验证"的研究模式在科学研究中已经习以为常。在本书后续的讨论中，我们会发现乔姆斯基强调并借鉴的主要是笛卡尔的这一研究模式。

　　以上分析显示，理性主义两个原则在笛卡尔的研究中得到了充分的贯彻。笛卡尔如此，康德又如何呢？

　　对康德的讨论，我们不妨从认识的方法开始。

　　在康德的论述中，认知的来源和方法并没有截然分开，康德的讨论旨在走出"独断论"和"怀疑论"的对立，并找到一条新的路径，既可以解释现有知识（尤其是数学、逻辑知识）的形成，还可以指导新知识的发现。《纯粹理性批判》

　　①　北京大学哲学系编译.16—18世纪西欧各国哲学[M].北京：商务印书馆，1975：144.

　　②　DESCARTES. The philosophical Works of Descartes[M]. Vol. 1. Rendered into English By Elizabeth S. Haldane and G. R. Ross. Cambridge：Cambridge University Press，1973：8.

　　③　斯蒂芬·高克罗格.笛卡尔：方法论.田平，等译.G. H. R. 帕金森.文艺复兴和17世纪理性主义[M].北京：中国人民大学出版社，2009：204.

正是康德为此努力的结果。我们不妨从康德的三个核心概念开始来了解康德的认识论思想：先天（a priori）、先验（transcendental）、超验（transcendent）。"先天"最好理解，它与"后天"（a posteriori）相对，凡是非后天习得的东西都是先天的，因此先验的和超验的都是先天的，一些具体知识，如数学、逻辑学知识等，也都是先天的。但是，"并非任何一种先天知识都必须称之为先验的，而是只有那种使我们认识到某些表象（直观或概念）只是先天地被运用或只是先天地才可能的、并且认识到何以是这样的先天知识，才必须称之为先验的（这就是知识的先天可能性或知识的先天运用）。因此不论空间，还是空间的任何一个几何学的先天规定，都不是一种先验的表象，而只有关于这些表象根本不具有经验性的来源以及何以它们还是能够先天地与经验对象发生关系的这种可能性的知识，才能称之为先验的。同样，若把空间运用于一般对象，这种运用也会是先验的；但若只是限制于感官对象，这种运用就是经验性的。所以先验性和经验性的这一区别只是属于对知识的批判的，而不涉及知识与对象的关系"①。在《未来形而上学导论》中，康德有更加简化的说明："（先验的）在我这里从来不是指我们的认识对物的关系说的，而仅仅是指我们的认识对认识能力的关系说的。"②综合两段引文，我们可以将康德的先验概念理解为：第一，它是先天的；第二，它不是有关认识对象的知识，而是有关认识能力的知识；第三，它可以被运算于认识实践，并促成知识的形成。在康德的认识论中，先验知识具有双重作用，一方面它自身的先天性保证了它的可靠性；另一方面，它被运用于认识实践从而保证了认识实践结果的可靠性和普遍性。第四，"先验"与"超验"的区别在于：首先，前者会作用于经验，后者则会超越经验；其次，前者的目标在于促成知识的形成，后者的目标在于要求人们超越认识的界限大胆实践；再次，前者的运用可以带来普遍必然的知识，后者的运用则可能生成"先验的幻相"；最后，前者只能具有"经验的运用，而不能具有先验的，即超出经验范围之外的运用"，而后者则是"一些现实的原理，它们鼓励我们拆除所有那些界标，而自以为拥有一个在任何地方都不承认有什么边界的全新的基地"。③

　　所以就知识的获得和证实而言，我们只需关注"先天"和"先验"即可。先

---

①　康德.纯粹理性批判[M].邓晓芒，译.北京：人民出版社，2004：55.

②　康德.未来形而上学导论[M].庞景仁，译.北京：商务印书馆，1978：57.

③　康德.纯粹理性批判[M].邓晓芒，译.北京：人民出版社，2004：506.

天的因素中包含关数学、逻辑学等知识,一般理解它们是人类知识的典范,因此是确定的、普遍的。先验的知识在人类的认识实践中如何起作用的呢？先验指向人类的认识能力,康德将人类的认识能力分为感性和知性两种。康德认为:"我们的知识来自内心的两个基本来源,其中第一个是感受表象的能力(对印象的接受性),第二个是通过这些表象来认识一个对象的能力(概念的自发性);通过第一个来源,一个对象给予我们,通过第二个来源,对象在与那个(作为内心的单纯规定的)表象的关系中被思维。所以直观和概念构成我们一切知识的要素,以至于概念没有以某种方式与之相应的直观,或直观没有概念,都不能产生知识。"①康德的直观与笛卡尔直观的相似之处在于它们都源自心智,认识的基础和框架都是先天的。康德的直观即"先验感性论",其表现形式为时间和空间,时间和空间作为先天形式限定了人类认识活动的最初形态,并保证了作为最初认识结果的"直观表象"的普遍性和必然性。知识的另一个要素"概念"是人类"知性"运用的结果。"知性"指"对感性直观对象进行思维的能力"②。知性能力的运用表现为"判断",在判断形成过程中,不同的表象被加以综合并被赋予统一性,其结果是生成知性的纯概念,即"范畴"(category)。但无论是直观的形式时间和空间,还是知性的形式范畴,它们还都只是"思维的形式",而不是有关认识对象的具体知识。然而,正是这些思维的形式被运用于认识活动才促成了普遍必然知识的产生,它们才是知识可靠性的保证。而就先验知识本身而言,无论是感性的直观还是知性的范畴,它们都是先天的,同时也正是在它们的规定和引导之下,人类的认识活动才会如此富有成效,才会生成普遍必然的知识。

对照上述两条理性主义原则,我们发现康德同样坚持了理性主义认识论的基本立场:在认识来源上,他接受先天知识以及先验认识结构作用下的经验知识,先验认识结构是经验知识普遍必然性的保证;在认识方法上,为了说明自己构建的方法的可靠性,他类比逻辑学、数学建立了直观形式和范畴体系,为所有具体知识的形成提供了认识框架。当然,经过100多年的发展,康德不可能仍是笛卡尔意义上的理性主义者,所以以上讨论中康德与笛卡尔观点上的差异不可避免,我们相信从科学的角度来看,康德对先验认识结构的设定要比笛卡尔的心智实体设定更加合理,同时,康德对待经验的态度也比笛卡尔更

---

① 康德.纯粹理性批判[M].邓晓芒,译.北京:人民出版社,2004:51.
② 康德.纯粹理性批判[M].邓晓芒,译.北京:人民出版社,2004:52.

加温和,更加可取。同理,乔姆斯基也不可能再是笛卡尔或者康德意义上的理性主义者了。接下来我们将要讨论的正是乔姆斯基对传统理性主义思想的扬弃。讨论依旧从认识的来源和方法两个方面展开。

乔姆斯基认为语言是心灵之镜,因此希望能够透过语言研究来为柏拉图问题提供解答。他研究的起点是对语言现象(尤其是语言的创造性使用和儿童语言习得过程)的观察。乔姆斯基认为儿童语言习得过程中刺激贫乏现象普遍存在,这促使他假设儿童最终习得的语言知识不是来自外在的语言经验刺激,而是来自他们内在的语言官能,即天赋的普遍语法。可见,在认识的来源上,乔姆斯基坚持了以笛卡尔、康德为代表的理性主义天赋观。

的确在儿童语言习得问题上,乔姆斯基的语言天赋观可以得到一系列的观察事实的支持。从语音习得来看,每一种语言都有一些相对独特的语音特征,如汉语的声调,这些特征在幼儿的语言习得过程中可以被轻易学会,但二语学习者却很难完全掌握,这说明在语言习得关键期之前他们具有某种天赋的语音习得能力。斯迪芬·平克就此认为婴儿有一套神经系统,可以发出指令移动他的发音器官,造出许多不同的声音来,其中的神奇之处在于,"婴儿等于是在写自己的发音手册,他们学会了移动什么样的肌肉到哪里去,会发出什么样的声音来。这是他们能复制他们父母语音的先决条件"①。从词汇习得来看,据统计,18个月大的幼儿的词汇习得速度已经可以达到每小时一个或者更多,到了3岁,他们已经可以正确使用很多词汇,这说明他们不仅知道了这些词的意义,还熟悉了它们的词汇特征,其后5岁之前他们都处于词汇飞速发展时期,而5岁之前儿童的认知能力还十分有限,不足以帮助他们理解并习得这么多的词汇及其具体特征。所以,儿童的词汇习得亦可能得到了先天因素的帮助。从句法习得来看,从大约1岁半左右幼儿进入两词句(会使用两个词构成语句表达)阶段,他们可以制造出多样的句式结构,如"妈妈拿""抱宝宝""妈妈饭"等,虽然结构并不完整,但很少犯句法结构上的错误。这同样可以被视为支持了句法原则天赋的设想。

乔姆斯基如何解释语言习得过程的天赋因素呢?笛卡尔二元论中的心智实体论早已被斥为"机器的幽灵"而不被接受,康德的先验认识结构虽更加具体且兼具一定的实践性,但其先天的本质让我们仍不得不面对有关其来源的

---

① 斯迪芬·平克.语言本能:探索人类语言进化的奥秘[M].洪兰,译.汕头:汕头大学出版社,2004:285.

追问。乔姆斯基的回答是：语言的天赋性就是经由基因遗传而来的生物性。这就是生物语言学（biolinguistics）研究的缘起。在生成语言学中，语言的生理基础当然不仅指直观中语言的物理部分——语音，也不是指语言中包含的概念和语义，在乔姆斯基看来，前者属于人类的感觉—运动系统，后者属性人类的概念—意旨系统，真正属于语言的仅有句法系统。句法自主（autonomy of syntax）是乔姆斯基语言学研究的基本主张，语言理解与生成的关键在于句法运算，句法运算的结果分别传输至概念—意旨接口和感觉—运动接口，在此句法表征转化为语义表征和语音表征并实现语义理解和语音编码。所以，乔姆斯基要探索的语言生物基础主要是句法的生物属性和生物实现问题。

　　生物语言学概念的提出可追溯到 20 世纪 50 年代，当时乔姆斯基就与莫里斯·哈里（Morris Halle）、埃里克·兰尼伯格（Eric Lenneberg，1921—1975）讨论过语言的生理基础问题。兰尼伯格 1967 年出版的《语言的生物学基础》（*Biological Foundations of Language*）可以被认为是这一领域早期的重要文献。起步虽早，但乔姆斯基对语言生物基础的认识经历了一个较长的探索过程。在"经典理论"时期，乔姆斯基做出了"语言能力"和"语言使用"之分，并认为语言学研究应该以内在的语言能力为目标，此时尚未提及语言的生物属性。到了"扩展的标准理论"时期他才提出语言官能一说，语言官能就是大脑中语言的生理器官，对语言官能加以研究的理论就叫做普遍语法。但随后无论是对语法的普遍性限制条件的研究还是对语言原则与参数的研究都造成了语言规则系统无比繁杂、臃肿的问题，而如此细碎、具体的语法规则不可能以基因编码的方式实现生物遗传。到了"最简方案"时期，乔姆斯基转向最简主义，他引用伽利略的观点认为"自然是完美的"，作为自然物的语言也应该是完美的，完美的主要表现就在于它是满足人类需要和接口条件的最佳设计，所以无论从生物进化角度来说还是从大脑的认知加工角度来说，语言（语言的内在结构和计算）都应该是最简的。依据最简主义设想，豪斯、乔姆斯基和弗奇 2002 年将语言专属的内在结构称为狭义语言官能，并认为它只包含递归运算机制，其内在主要认知操作仅有"合并"。基于这一简化后的设想，语言的生理遗传学说变得可能。乔姆斯基还进一步设想了语言能力的进化，他认为："在我们的祖先中，某一个体（我们不妨称之为'普罗米修斯'）的脑神经系统发生了重组，由此形成了无限'合并'操作的能力，并可被运用于处理复杂的概念……普罗米修斯的语言为他提供了具有内在结构的语言表达的无限序列。"[①]

乔姆斯基认为语言能力的进化和遗传为人类其他认知能力的形成提供了可能，从而实现了从解释语言能力起源到解释人类一般认知能力起源的过渡。乔姆斯基认为经由基因突变而来的合并操作虽然首先出现在语言能力中，但鉴于合并操作的简单性，这种认知加工能力随后便被应用于更广泛的认识加工领域，尤其是复杂概念的生成和处理，这便构成了早期哲学家和其他研究者称为"理性"的能力。理性能力内涵丰富，"可以让我们理解并评估周围的世界、处理眼前或时间上远隔的事物、参与并实施严谨的思考、开展探索、进行想象等等所有实践或理论上的推理活动"[②]。乔姆斯基认为以下两点构成了所有理性思维的基础：第一，组合成无限的层级性结构的能力；第二，在进行组合操作时无需依赖内外情境和直接刺激的能力。这两项能力不仅让人类可以对直接经验进行加工、组合以形成复杂的认识，还可以让人类摆脱空间、情境等具体条件的限制进行抽象思考，从而对经验知识进行深度加工，形成理论化的知识体系。

就理性的这两项能力而言，对比乔姆斯基对语言的论述，我们很快发现它们正是乔姆斯基概括出的语言能力的核心。生成语言学研究将句法结构的特征归结为层级性（hierarchy）、错位性（displacement）、递归性（recursiveness）。层级性指句法结构的嵌套，如"电脑""桌上的电脑""我在使用的桌上的电脑"；错位性指句子成分获得解读的位置和它实际出现的位置不一致，即句子的成分发生了移位，如"Which book do you like（which book）?"括号内的位置为该成分获得解读的位置，但它却出现于句首，错位性可以被理解为变位的层级性，只有错位性得到解释，层级性才能真正成立；递归性指相同结构的重复使用，如"［我知道［你知道［我知道［你会来的］］］］"。这些句法特征的最大优势在于可以"依据有限元素生成潜在的离散无限性的表达序列"[③]。"离散"指句

---

① CHOMSKY, N. Some Simple Evo Devo Theses: How True Might They be for Language? [M]//LARSON R K, DEPREZ V, YAMAKIDO H. R. K. Larson, V. Déprez, H. Yamakido. The Evolution of Human Language. Cambridge: Cambridge University Press, 2010, 45-62, 59.

② MCGILVRAY, J. The Cambridge Companion to Chomsky [C]. Cambridge: Cambridge University Press, 2017: 9-10.

③ HAUSER, M. D., CHOMSKY, N., FITCH, T. The Faculty of Language: What Is It, Who Has It, and How Did It Evolve?"[J]. Science, 2002, 298 (22): 1569-1579, 1571.

子由独立单元构成，"无限性"指独立单元的组合可以无限延伸。依据乔姆斯基的观点，这两点最终把人类语言与动物交际系统区分开来，也同时把人类的思维能力与动物的思维能力区分开来。除"离散无限性"的结构特征之外，乔姆斯基坚持语言能力的专属性和句法自主，即意味着在生成语言学的研究框架中，上述三个特征均需要在句法的范围内得到解释，即便它们的形成受制于其他认知系统施加在接口的条件，但这些特征的形成依然是内在驱动的，句法运算也是内在实施的，并不需要外在情境和刺激的作用。所以，句法运算的内在性为理性思维的内在性提供了基础，或者换句话说，理性思维的内在性是句法运算内在性的延伸和扩展。

至此，乔姆斯基不仅描绘了从语言进化、语言遗传到语言内在认知操作的完整图像，还以语言为基础对人类理性认识能力做了说明，这为在新的科学背景下对理性主义天赋论做出新的解释提供了可能。正如乔姆斯基所说："没有人还可能再是一个传统意义上的理性主义者，正如没有物理学家可以依然是一个牛顿主义者一样。"①乔姆斯基思想中的天赋观不可能还是笛卡尔的心智实体或者康德的先验结构，而是经过进化而来并通过基因得以代代相传的生物属性。乔姆斯基对人类理性认识能力生物属性的认识有两个明显的优点：第一，具有可验证性，天赋能力不再是某个终极神秘力量的赐予（如上帝的恩赐），也不再超越时空，而是构成人类的物理材料所赋予人类的生理机能，可以通过物理学、生物学、脑科学、神经科学来逐步进行探索、验证，即便最终无法被人类清楚认识，那也只是因为人类认识能力有限，而不是因为其源自人类身体之外；第二，使我们可以坦然面对人类认识能力的局限，正如我们能够看到的其他动物具有各自的生理和认知局限一样，基于生物基础的人类认识能力也肯定存在自己的局限，并且某些局限有可能永远无法突破，人类对普遍必然性知识的追求未必总能实现。

如果我们接受乔姆斯基作为传统理性主义复兴者的身份，那么我们也就有理由相信，在认识的来源这一问题上，乔姆斯基对笛卡尔的天赋观念论做了自然科学式解读，对康德的先验认识结构做了经验化改造。

至于理性主义认识论中第二个原则，即认识的方法问题，我们在前一章的乔姆斯基革命中已经有所讨论，主要是乔姆斯基语言分析中对数学和形式逻

①　本句来自本书作者和乔姆斯基的邮件通信中他所做的回答："No one can possibly be a rationalist in the traditional sense, just as no physicist can be a Newtonian."

辑的运用。以下以乔姆斯基设定的语言专属因素"递归运算机制"做进一步
说明。

正如笛卡尔和康德对数学的倚重，乔姆斯基的递归概念也是源自于数学，
形式逻辑的发展让他的认识工具得到极大的优化。递归概念的提出可以被追
溯到19世纪末。20世纪上半叶大数学家库尔特·哥德尔（Kurt Gödel，
1906—1978）提出了递归函数理论（recursive function theory），让这一概念或
者称之为数学逻辑技术（technique）受到更多学者关注的，其中就包括寻找数
学方法描述语法结构的哈里斯（乔姆斯基硕士阶段的导师）。但乔姆斯基对语
言递归特征的认识主要来自数学家埃米尔·波斯特（1897—1954）和逻辑学
家、语言学家巴希勒（1915—1975），前者讨论的递归可枚举集合（recursively
enumerable set）为句法理论研究提供了框架，后者则被认为是首位将数学上
的递归性引入包括语言在内的经验科学的学者。乔姆斯基从波斯特的理论中
借鉴了"生成（generate）"概念及其背后的数学逻辑方法；对于巴希勒，乔姆斯
基提到："一次，巴希勒曾建议说递归解释对语言学理论可能有用；不管这一建
议最终是否成立，我赞同他建议的基本精神。"①

乔姆斯基对递归性的认识经历了三个阶段：句法递归阶段、认知递归阶
段、生物递归阶段。这三个阶段划分的依据是乔姆斯基在各不同时期关注的
焦点，具体为：第一阶段关注的是研究本体——人类语言，第二阶段关注的是
研究目标——解释人类心智，第三阶段关注的是研究证据——语言的生物基
础。划分是相对的，各阶段之间存在一定的重合，并非后者不断替代前者的关
系。从三个阶段的关注焦点可以看出在乔姆斯基的理论体系中，递归运算机
制不仅事关语言研究，更关系到对人类心智的探索。

句法递归阶段主要指乔姆斯基早期在句法研究中对数学、逻辑递归概念
的借鉴以及在自己的句法理论建构过程中的运用，表现为改写规则（短语结构
规则）的提出和扩展。改写规则中递归运算可被表述为（1），表示同一类成分
同时出现在了规则的两端。（1）可以示例如（2），表示句子中同样的成分可以
相互嵌套，如名词短语"NP"包含的从句中还可以再有一个名词短语"NP2"。
这一结构还可以扩展成句子，如（3），表示句子"S"中又包含另一个句子，即一
般语法意义上的主从句结构，举例如"I know what is true"。递归运算机制的

① CHOMSKY, N. 1955. Logical Syntax and Semantics: Their Linguistic Relevance [J].
Language, 31: 36-45, 45.

运算构成了语言"离散无限性"属性。

(1)X→YX

(2)NP→ NP1⌒ who⌒ VP

　　VP→V⌒NP2

(3)S→ N VP

　　VP→V S

到了认知递归阶段,乔姆斯基已经明确语言是心智之镜,语言研究具有普遍的认识论意义,所以语言递归反映了心智运算的递归性本质。在此阶段,乔姆斯基将句法递归运算描写为(4),表示句法实体"K"由两个元素"α"和"β"合并而来,其中γ是K的标注。这样的描写方式不仅适用于句法运算,也适用于人类其他的认知运算。对语言的形式化表征和运算加以描述可以为心智系统的形式化描述提供示例。

(4)K＝{γ {α, β}

从目前来看,为语言找寻生物基础是乔姆斯基语言学研究中的最后一步。豪斯、乔姆斯基和弗奇 2002 发表在《科学》杂志论文以及乔姆斯基等人之后多次提出的语言进化设想都是为此而做出的努力。作为语言最核心的(或许是仅有的)构成要素,递归运算机制被解释为进化的结果,并通过基因编码代际相传。

确定了递归运算机制的生物基础之后,乔姆斯基进一步调整了自己的理论,按照形式逻辑的基本模式重新规划了语言内在结构和加工设想。在新的设想中词库的地位和功能得到了大幅提升,很多原先由规则完成的运算和要求现在均由词库来实现,相应的句法规则系统被大大简化,至语段推导理论提出以后只剩下"合并"操作。语言生成过程被简化为句法系统从词库中提取词汇,基于词汇项目的特征进行(外/内)合并操作。仅此而已!乔姆斯基认为这一设想充分体现了语言系统的生物简单性,更符合生理进化和遗传的要求,同时设想也显示了句法系统是满足语音、语义接口条件的最佳设计。如果乔姆斯基的设想都被证实,他无疑极大推动了生理认知系统的形式化研究。

除了语言和心智系统的形式化研究之外,乔姆斯基对理性主义研究方法的继承和改进还体现在其心智研究的方法论原则"方法论的自然主义"当中。我们将在下节"自然主义"中进行具体讨论。

第二节　自然主义

　　自然主义主要指研究的态度和方法，突出表现为采用自然科学的方法来研究认识论问题。笛卡尔、康德也曾为此做出过各自的努力。

　　笛卡尔采用了直观和演绎的方法。直观源自人类理性的自然之光，采用直观的方法，主体的心智可以直接面对认识对象，无需（也不允许）借助感官，甚至不需要进行思考，所以直观的结果虽然简单但却清楚明了，具有普遍必然性，构成了认识的起点。从起点出发，由于缺少了自然之光的帮助，演绎方法的可靠性需要其他方式来加以保证。在笛卡尔的时代，数学是科学的典范，因此以数学方法为基础来构建知识体系是当时的普遍做法。如笛卡尔所说："除了那些在几何学或抽象数学里被接受的原理之外，在物理学里，我并不接受或希求任何其他原理；因为所有自然现象都是由此解释的，而且可以给出关于它们的必然性论证。"①笛卡尔对研究方法的重要贡献之一在于将代数和几何相结构创立了解析几何。除此之外，他还尝试构建"一般数学"，从而可以依据次序和度量来解释自然世界。笛卡尔的后一努力最终没有成功，根本原因在于数学方法自身的限度，难以解释丰富的自然世界。同时逻辑手段，尤其是形式逻辑手段的缺乏，也是重要的原因之一。笛卡尔拒斥了亚里士多德的三段论，认为其演绎方法只能推导出"贫乏的真理"，无法引导人类走向新的知识。但逻辑手段的贫乏让他的抱负难有进一步的施展。在哲学沉思之外，当笛卡尔进入自然科学研究领域时，他的研究方法发生了适度的转变，直观和演绎虽未被抛弃，但鉴于科学实践所需，观察与验证被引入，具体表现为以观察为基础进行假设推理，然后对假设实行经验验证。这种研究方法叫做"假言推理模式"，它早已是现代科学研究的固定做法。

　　康德在研究方法上借鉴了笛卡尔、培根、莱布尼茨的研究成果，也经历了休谟怀疑论的洗礼，他要努力论证的是"先天综合判断如何可能？"这被称为"先验逻辑"，康德借此希望扩展逻辑的功能，在实现普遍性、必然性之外还能提供真实的知识内容。以先验认识形式为框架的先验逻辑规定了人类可获得

---

　　①　参见笛卡尔《哲学原理》第二部分第 64 条。转引自 G. H. R. 帕金森. 文艺复兴和 17 世纪理性主义［M］. 冯俊，译. 北京：中国人民大学出版社，2009：202.

知识的来源、范围和客观有效性,从而以"人为自然立法"的姿态实现了认识论的"哥白尼革命"。但康德的研究方法存在较多的问题:第一,对先验认识形式的来源未加说明;第二,"人为自然立法"很可能会将认识活动"囿于某种心理主义的层面,而将其所发现的秘密当作障眼的遮蔽物和单纯的'现象',这就堵塞了彻底解决'休谟问题'的唯一通道"①;第三,康德以认识主体的先天观念为依据来确定知识的"普遍必然性",这便为后世非理性主义哲学的产生留下了充足的余地。②

综合笛卡尔和康德对认识方法的讨论,我们可以发现两位先哲存在两个方面的共性问题。第一,认识方法的客观性问题。笛卡尔对理性直观的使用全凭直觉,即便他将其归于自然之光,其主观性特征依然鲜明,而笛卡尔对心智实体的设定更让直观能力的属性变得扑朔迷离;康德也存在同样的问题,即无论是感性直观还是知性判断,它们所依据的先验认识结构的属性无从判断,康德对此也缺乏说明。第二,认识工具的优化问题。在认识活动尤其是演绎阶段推理的过程中,笛卡尔、康德等哲学家的基本选择都以数学和逻辑为工具。但限于数学,更主要是逻辑学的发展水平,两位哲学家对认识工具的使用均无法支撑他们宏大知识体系的构建。

需要指出的是,无论是笛卡尔还是康德,他们都认为自己不仅是在构建形而上的抽象知识系统,同时,正如笛卡尔《谈谈方法》一书的全称《谈谈这种为了更好地指导理性并在各科学中探求真理的方法》所示,他们也是在为自然科学研究寻找可靠的方法。后者在现代视域下更加重要。于是,以当前的科学发展成果为依据,笛卡尔和康德的认识方法都需要被进一步改造。改造应以当前的自然科学发展为背景,对认识的来源、方法和过程做更符合自然科学范式的规划和设定。认识论的这种改造方式我们称之为认识论的自然化。在蒯因之外③,乔姆斯基亦对认识论的自然化研究作出了重要的贡献。

我们将从三个方面来讨论乔姆斯基的自然主义思想:第一,本体论设定,尤其是对乔姆斯基创立的"心智/大脑"概念的解读;第二,学科统一设想,乔姆斯基对自然科学发展的态度和展望;第三,方法论问题,乔姆斯基自称采用了

---

① 邓晓芒.康德哲学诸问题[M].北京:生活·读书·新知三联书店,2006:57.
② 邓晓芒.康德哲学诸问题[M].北京:生活·读书·新知三联书店,2006:55.
③ 本书后续会有章节专门对比乔姆斯基和蒯因的自然论认识论思想,此处暂且搁置对蒯因思想的讨论。

"方法论的自然主义"(methodological monism)。

本体论设定指对研究对象本体属性的设定,在认识论研究中主要指对心智的定位。认识论自然化要求将心智现象纳入自然科学的视野,并采用自然科学方法对其加以探索。以语言为研究对象,自然化的研究路径要求澄清的一个最基本问题就是:语言能力在自然界中应该如何定位? 这一问题包含对语言能力来源、构成和属性的解释。有关语言能力的来源和构成,上文已经讨论过。乔姆斯基认为语言能力来自进化,准确地说来自人类进化过程中的基因突变,再经由基因遗传进行代际传递。探索遗传的内容也就是探索语言能力的构成。乔姆斯基对语言能力构成的认识经历了多次的变革,但有一点没有变化,即他始终坚持认为语言的核心是句法,语音与语义系统通过接口条件与句法相连,但他们自身并不属于认识器官的语言官能。依据豪斯、乔姆斯基和弗奇的解释,狭义的句法仅包括递归运算机制,其中的认知操作也只有合并,结合乔姆斯基的天赋语言观假说,这也就表明递归运算机制是人类天生具有的,因此也是通过遗传而来,它不仅将人类语言和动物交际系统区分开来,还将语言认知系统与其他认知系统区分开来。那么,语言递归运算机制的属性也就决定了语言的属性。

但是,乔姆斯基等人有关递归运算机制源于基因遗传的猜测目前得不到任何支持。曾经一度认为语言相关基因的研究取得了重大进展,因为研究者发现 FOXP2、CNTNAP2、CMIP、ATP2C2 可能属于语言障碍易感基因,但后续对大量失语症患者的研究陆续否定了这些发现。[①] 多数研究者认为现有脑科学、认知科学研究尚未发现有任何具体能力可以通过基因遗传在大脑回路中得以实现的证据,"我们有关语言基因的理解非常贫乏,近期几乎看不到可以将基因与语言加工相关联的希望"[②]。这意味着乔姆斯基的生物语言学研究面临着严重的危机。

---

① 参见:VERNES, S. C., D. F. NEWBURY, B. S. ABRAHAMS. 2008. A Functional Genetic Link Between Distinct Developmental Language Disorders [J]. The New England Journal of Medicine, 2008, 359: 2337-2345. TAKAHASHI, H., K. TAKAHASHI, F. C. Liu. FOXP Genes, Neural Development, Speech and Language Disorders [M]//K. MAIESE. Forkhead Transcription Factors: Vital Elements in Biology and Medicine. Landes Bioscience and Springer Science Business Media, 2009: 117-129. 等论文。

② HAUSER, M. D., C. YANG, R. C. BERWICK, et al. 2014. The Mystery of Language Evolution[J]. Frontiers in Psychology, 2014(5): 1-12, 1.

　　然而,出现危机的只是以递归运算机制为核心内容的语言生理基础设想,而不是乔姆斯基语言学研究的整体框架,包括其普遍语法、语言习得装置、最简主义设想等仍具有很强的解释力。同时,即便未获得证实,乔姆斯基的设想也没有被证伪。这里便出现了一个在科学研究中经常出现的问题:当研究对象的本质属性未明时,我们该如何推进研究? 乔姆斯基的做法是依据现有科学基础和观察事实构建"最佳解释性假说"。所谓"最佳"是相对而言的,"最佳"不代表可以解释全部的观察事实,"最佳解释性假说"的内容甚至可以与部分观察相违背,当这样的反面依据出现时,乔姆斯基引用伽利略的话说道:"注意,如果某一论据驳斥了理论,那么可能这一论据本身就是错误的。"①

　　就语言的本体论属性而言,一般认为无非有两种可能,或者是物质的,或者是心智的。一方面,两者均可以得到观察事实的支持,抛开语言的语音表达和书写形式,语言总需要一定的生理基础,这一点从大脑和神经系统的测试中可以得到证实;另一方面,语言,尤其是句法规则的运用,总是以内在表征和计算的方式运行的,所以具有心智属性。但几乎没有人还可以再是笛卡尔的身心二元论者,如果我们也不是极端的唯物主义者(完全否定心智)或者极端的唯心主义者(完全否定物质)的话,我们也几乎没有什么选择了。应该说,认识身心关系的焦点在于对心智现象的解释。当前解释心智的主要理论包括(强)物理主义、取消论、附随论、功能主义、行为主义、同一论等,各理论均采用了自然主义的路径,只不过分别选取了自然科学的某个视角、某些成果,最终造成了理论解释上的巨大差异。为了便于说明,我们将现有主要理论分为三类:非还原论、还原论和机能论。

　　"非还原论"强调身心不可调和,要么二者存其一,要么二者绝对分立,表现为各种形态的一元论和二元论。笛卡尔的二元论已为人所熟知,无需赘述。一元论的代表之一便是取消主义。"取消主义是这样的一种主张,它认为我们关于心理现象的常识概念是一种完全错误的理论。这种理论具有如此根本的缺陷,它的原则和本体都最终要被最终完成构建的神经科学所取代,而不是被顺利地还原为这样的科学。"②在当前自然科学发展水平上,坚持和反驳取消

---

　　① CHOMSKY, N. On Nature and Language[M]. Cambridge: Cambridge University Press, 2002:98.

　　② GAUKROGER, S. Descartes: Methodology[M]//PARKINSON, G. H. R. The Renaisance and 17th Century Rationalism. Routledge History of Philosophy, Volume Ⅳ. London: Routledge, 1993:170.

主义看似都有理有据,但因为都无法被验证,所以也都仅是对有限证据各取所需式的解读而已,难免片面、武断。

"还原论"的核心是一方面承认心智现象的存在,另一方面又将其解释为它物,如解释成行为,解释为功能,或者解释为生物基础,这些还原后的事物本质上是非心智的,可以进入自然科学研究的范围。因此,还原论可视为一种对心智现象的间接研究。比如"疼痛"作为一种心智感受本身是心智状态,但如何对其加以研究呢?还原论者的研究思想不是去问"什么是疼痛?"而是问"什么是使疼痛之所以是疼痛的共同基础?"对此,"功能主义认为共同的基础是某种功能,物理主义认为是某种物质,而行为主义认为是某些行为"①。还原论之所以受到最多学者的支持不仅是因为它将不可见的心智现象转化为可见的对象,可供科学研究,同时还在于科学史存在多个成功还原的先例,如将温度还原为分子运动,将化合价还原为物理学概念。但是,这两例中的还原均以对基础学科(物理学)认识的拓展为前提,温度的还原以对分子运动的发现为基础,化合价的还原以量子力学的创立为基础。而在当前的自然科学背景下,对于大脑"黑箱"的认识非常有限,缺乏基础学科研究上的突破,短期内我们还看不到将心智现象还原为其他可进行科学观测的事物的希望。不仅如此,心智有可能无法还原为物质的另一个原因在于"感受质"(qualia)的问题。托马斯·内格尔有关"成为一只蝙蝠会怎样"的问题充分说明在物理解释和心灵解释之间存在着鸿沟,即便我们知道研究对象的所有物理特征,我们也可能无法知道由这些物理成分构成的对象拥有什么样的心智状态。所以功能还原、物理还原,抑或是行为还原,对于心智研究而言,只能是延后了问题,但没有解决问题。

在还原和非还原之外,论证的空间已经不大,因为在还原和非还原之外的论点必须做到既承认物质又不否认心智,同时还要求对心智的解释不能超出心智之外。符合这些要求的论点目前有"身心附随论"和"生物学的自然主义",因为两种论点都认为心智状态是大脑神经系统构建的生理机能。我们不妨称似类学说为心智研究的"机能论"。"附随"的意思是心智状态 A 源自于大脑的生理状态 B,并且只要 B 出现,A 就会出现,但是 B 无法解释 A。②"生

---

①　BLOCK, N. Introduction: What is Functionalism? [M]//Readings in the Philosophy of Psychology. Volume 1. Cambridge: Harward University Press, 1980: 172.

②　FODOR, J. Psychosemantics[M]. Cambridge: MIT Press, 1987: 30.

物学的自然主义"的基本主张包括:(1)心智状态真实存在,并处于物质实在世界之外;(2)心智状态由大脑中低层次的神经生物学过程引起;(3)心智状态是大脑的特征,在高于神经元突触的层次上实存;(4)心智可以以因果方式发挥作用。[①] 应该说,机能论对心智状态做了较好的描述,但也仅是描述而已。比如,附随论只描述了如果大脑的生理状态 B 出现,心智状态 A 就出现,但没有解释为什么;再比如"生物学的自然主义"的提出者塞尔解释心智发挥因果作用时举例说,我想要抬起左手,我的左手便抬起来了。这些描述无疑是正确的,但我们期待的对内在机制的解释没有出现。或者,解释的事只能交给更加专业的科学家了。

学科研究有时总是给人以柳暗花明的感觉。上述三类理论看似已经穷尽了身心关系的所有可能,对它们的反驳又似乎浇灭了所有的希望。但是,此时乔姆斯基又另辟蹊径,提出了"心智/大脑"概念。

乔姆斯基提出"心智/大脑"概念的根本缘由是他认为当前基础学科还不够发达,突出表现为对什么是"物质"的认识仍不清晰。杰克·里奇认为可能通过三种方式来定义"物质":采用物理学界的共识,定义为"非心智的事物",或者将其理解为自然科学正在不断推进的研究方案。[②] 前两个定义都非常模糊,首先,物理学是不断发展的,所以其共识也是相对的。随着研究手段的不断提升,从分子、原子到质子、电子,直至夸克,人类对微观世界的认识不断推进;不仅如此,还有诸如力、场、波等虽不可以为肉眼所见,但它们的存在也都得以证实。共识还可能是错误的,这样的例子在科学发展史上比比皆是,比如"燃素"一度被认可,比如"场"一度不被接受,如此等等。所以所谓"共识"并不可靠。同样"非心智的事物"这一定义更不可靠,如果我们连什么是物质都不清楚,又怎么谈论何为"心智",更妄谈何为"非心智的事物"。定义二实在是无奈之举。定义三将物质归入自然科学研究的整体框架,在自然科学的发展进程中确定物质概念的内涵和外延。这样的回答看似无懈可击,但也只是搁置了问题。

在科学研究过程中,搁置尚不明确的问题是常见现象。搁置虽是无奈之

---

① SEARLE, J. Mind:A Brief Introduction[M]. New York:Cambridge University Press,2004:79-80.

② RITCHIE, J. Understanding Naturalism[M]. Stockfield:Acumen Publishing Limited,2008:154.

选,但是更加令人担心的是强行采取不恰当态度而造成误解甚至误导了科学研究。如何合理搁置问题以便继续推进科学研究呢? 乔姆斯基认为,在身心问题中,看似明确的物质概念实际上也模糊不清,那么原本就不明确的心智概念更加难以界定,但心智现象的存在不可否认,所以当前最佳的解决方案就是启用"心智/大脑"一词,将其作为包括语言在内的心智现象背后的实体设定。

"心智/大脑"概念该如何理解呢? 首先两者不是彼此分立的,否则无需费力将它们放在一起。两者是统一的吗? 两者的统一有三种实现的可能:(1)统一于心智,(2)统一于大脑,(3)统一于某个未知的第三者。(1)是唯心主义,不可能是答案;(2)也不是答案,因为目前仅依据大脑的生理基础还解释不了心智现象;(3)当前虽未知,或许未来可以找到这样的第三者也未可知。在现有科学研究水平之上设定这样的第三者只会显得有些荒谬,因此(3)目前还不是我们想要的答案。① 在乔姆斯基的著作中,他并没有对"心智/大脑"加以细致说明,他甚至也没有专门解释过何谓"心智"、何谓"大脑"。

虽然未直接解释"心智/大脑"概念,但是乔姆斯基对这个概念的使用做了如下几点说明。首先,"心智/大脑"概念仅是搁置争议的权宜之计,这么做的目的是避免因误判而造成可能的误解或者不必要的研究限制,比如否认心智的实体性就可能会限制对心智现象的深入探索。在乔姆斯基看来,正如哲学、科学研究史上对原子、场的设定以及当前对暗物质、反物质的设想一样,研究者应该保持开放的态度,在物质和心智均未得到确认之前不贸然做出判断。其次,"心智/大脑"概念不具有任何形而上内涵,不代表任何本体论立场。乔姆斯基的本意只是表明语言既是人类的认识器官,又是人类的生理器官。最后,乔姆斯基认为理解"心智/大脑"概念的关键在于彻底摒弃各种二元论思想的残余。将心智现象设定为实体当然是二元论,但如果因此就否认心智现象作为实体存在的可能,并将其完全解释为大脑的神经元突触等生理现象,这也是一种变相的二元论,因为这种想法保留了"非此即彼"的二元论意识残余。只有彻底摒弃二元论思想的残余,才能将该概念作为一个整体来理解,不对其中的符号"/"做或统一、或对立的解读。

需要特别说明的是,无论是笛卡尔对"心灵"的设定还是乔姆斯基对"心智/大脑"概念的设定,它们与地理学上的"经度""纬度"设定完全不同,前者是

---

① LYCAN, G. Chomsky on the Mind-body Problem[M]//L. M. Antomy and N. Hornstein. Chomsky and His Critics. Blackwell: Blackwell Publishing Ltd., 2003: 12.

对某种客观存在的实体的猜想,而后者仅是出于方便而进行的人为约定,客观上不可能存在。

"心智/大脑"除了难以解释之外,它还可能引起的另一个问题是如何将心智研究与其他"主流学科"相融合。我们知道,科学发展史实际上也是学科分化史,最初只有哲学,后续出现了物理学、数学、逻辑学等,就自然科学而言,从物理学中先后分化出了化学、生物学、脑科学、神经科学等。那么,以学科研究的自然化为目标,对心智现象的研究如何实现与上述已被认可的学科门类相统一呢?

乔姆斯基描述了 4 种学科统一的可能性,分别为:(1)还原(reduction),(2)扩展(expansion),(3)整体修正(modification of all accounts),和(4)无法统一(no successful unification)。① (1)"还原"在前文中已经有所涉及,指的是基于基础学科的原则认识将新兴学科在本体论意义上纳入到当前的学科体系中。这一路径不要求对现有基础学科做出改变,而是依据既有的科学认识对新兴学科的本体属性加以解释。比如当前希望将心智现象解释为神经元的突触等就是属性还原做法。前文已做过分析,这条路径目前还行不通。(2)扩展指的是对基础学科的知识体系进行扩展,尤其是拓展其有关物质属性和基本形态的认识。在科学史上不乏多次成功的先例。比如,在化学学科被认可之前,研究者就开始使用原子、化合物、有机化合的结构公式以及它们之间的化合法则等来描述复杂物质的结构和属性,这在当时受到了作为基础学科的物理学的拒斥甚至嘲讽,因为依据当时物理学理论,这些概念无法获得解释,后来随着物理学不断发展,进入量子物理学之后,传统的物质概念被修正并大大拓展,上述概念得到了有效解释,最终实现了化学与物理学在学科基础上的统一。(3)整体修正要求颠覆现在的科学基础,依据新的认识整体重建学科知识体系。整体修正不仅涉及新兴学科,还涉及基础学科。乔姆斯基提到科学发展史上还没有出现这样的例证。(4)无法统一虽不是科学研究者希望看到的结果,但鉴于人类的认识水平,尤其是受到人类自身生理、心理认识能力的限制,这样的情况很有可能会发生。乔姆斯基将人类尚未了解的领域分为两类,一类称为"问题"(problem),一类称为"谜"(mystery)。前者可以基于人类不断的努力最终被认识,被解决;后者则可能触及人类能力的极限,我们永远

---

① POLAND, J. Chomsky's Challenge to Physicalism[M]//L. M. Antomy and N. Hornstein. Chomsky and His Critics. Blackwell: Blackwell Publishing Ltd. , 2003: 40.

也无法认识。在乔姆斯基看来,心智问题有可能就是这样的"谜",所以他设想如果有一位火星科学家来到地球,因其大脑构造与人类不同,他或许可以轻易看出人类大脑内在的结构和运行方式,从而解决人类的心智问题。

对心智研究而言,(2)和(3)虽然面临着重重的困难,但终究是希望所在。尤其是(2),科学发展史上成功的先例给了我们很大的鼓励。有关学科统一问题,上述化学发展的例子给了我们两点启示:第一,作为基础学科的物理学需要与时俱进,不断发展;第二,作为新兴学科的化学不能因为没有受到认可就自暴自弃,而是要勇于突破。在乔姆斯基看来,这两点启示对心智研究至关重要。心智研究者不能被动等待基础学科如物理学、生理学的发展,而是要主动出击,不妨将语言作为心智研究的突破口,采用内在的、内涵的研究路径,以表征与计算的描述手段,积极对语言的内在结构和运算方式加以探索,期待会有所发现。

讨论至此,我们有必要回到自然主义本身,进一步澄清乔姆斯基的自然主义立场。首先,何为"自然主义"?《布莱克威尔西方哲学辞典》将其定义为"认为一切事物都是自然世界的一部分并且可以基于自然科学方法进行解释"[①]。那么,何为"自然世界"呢?卡尔·波普尔曾划分出三个世界,他称物质世界为世界一,包括物理对象和物理状态;称精神世界为世界二,包括意识状态、主观经验等;称人类精神活动的产物为世界三,包括思想的内容和客观意义上的观念、知识、艺术作品等。波普尔认为这三个世界都是实存的。史蒂文·沙弗斯曼基于波普尔的分类,从自然主义的视角也划分出了三个世界:世界一,物质的、物理的世界,包括物质和能量;世界二,非物质的世界,包括心智、观念、价值、想象、逻辑关系等;世界三,超自然的世界,包括上帝、精神、灵魂等。他认为承认世界一存在、否认世界二和世界三的存在构成了唯物主义(materialism);承认世界一和世界二存在、否认世界三的存在构成了自然主义;承认三个世界都存在构成了超自然主义(supernaturalism)。

无论是波普尔,还是沙弗斯曼,在他们对世界的划分中,自然世界并不等同于物质或者物理世界,自然主义也不等同于唯物主义或者物理主义。自然主义在本体论和方法论上都比唯物主义拥有更加丰富的内涵。对于物质世界,研究者理所当然应该坚持物理主义的研究方法,但对待物质世界之外的自

---

① BUNNIN, N., YU JIYUAN. Blackwell Dictionary of Western Philosophy[Z]. Malden, MA: Blackwell Publishing, 2004: 458.

然世界,主要由各类心智现象构成的世界二,我们应该采用什么样的研究方法呢?乔姆斯基的回答是"方法论的自然主义"。

"方法论的自然主义"的提出具有明确的针对性,针对的目标是蒯因的"认识论的自然主义"。蒯因在研究方法上同样坚持数学的典范作用,他认为"就像数学被还原为逻辑或逻辑加集合论一样,自然科学知识也以某种方式建立在感觉经验的基础之上"。为了让感觉经验可验证,蒯因提出了"观察句"概念,即"当给出相同的伴随刺激时,该语言的全体说话者都会给出同样的决断的句子"[①]。以观察句为"证据的储藏所",蒯因建立了行为主义意义理论。行为主义意义理论恪守行为主义心理学的研究模式,从而将"认识论作为心理学的一章被包含在自然科学之中"[②]。所以,蒯因"认识论的自然主义"带上了非常鲜明的行为主义印记,在这一研究范式中没有心智现象的容身之地。

乔姆斯基对蒯因的"认识论的自然化"进行了深入的批判。首先,他批评蒯因在自然科学认识上模糊不清。蒯因提到"只要自然科学是正确的,世界就像自然科学那样"[③]。但他仅将自然科学解释为"夸克理论和诸如此类的",这远不是严谨的定义。于是,乔姆斯基追问:什么是"诸如此类的"东西呢?在乔姆斯基看来,"在我们被告知什么是'自然科学'之前,这并没有表达些什么"[④]。其次,他批判了蒯因行为主义意义理论。蒯因认为行为主义方法在语言研究中是"强制性的",因为语言习得和理解都只能"严格依靠可观察情景中的明显行为"[⑤]。乔姆斯基反驳说即便在研究昆虫、鸟类等行为时,我们也会尝试去探索它们行为背后的内在状态和机制,蒯因却禁止在人类行为的研究中进行相似探索,这完全不可接受。再次,他还批判了蒯因固步自封的研究态度。以行为主义为基础,蒯因将科学研究严格限定在"可观察事物"和"可重复验证方式"之内,乔姆斯基认为这与自然科学发展史上的实例不符,要知道哥白尼的日心说、牛顿的天体力学理论、爱因斯坦的相对论在提出之初不仅未得

---

① 蒯因."自然化的认识论[A].蒯因著作集:第 2 卷[M].北京:中国人民大学出版社,2007:400-401.

② 蒯因.自然化的认识论[A].蒯因著作集:第 2 卷[M].北京:中国人民大学出版社,2007:410.

③ QUINE, W. V. Structure and Nature [J]. The Journal of Philosophy, 1992,89(1):9.

④ CHOMSKY, N. New Horizons in the Study of Language and Mind[M]. Beijing: Foreign Language Teaching and Research Press, 2002:92.

⑤ QUINE, W. V. Pursuit of Truth[M]. Cambridge, MA: Harvard University Press, 1990:37.

到足够多观察事实的支持,反而与众多直接观察相违背。

　　综合以上批判,乔姆斯基将蒯因的研究斥为"方法论上的二元论",表现为以客观性为借口,将所有"脖子以上(above the neck)"的问题(即心智问题)排斥在自然科学研究之外。乔姆斯基认为科学研究不应该受到如此之多的限定,科学研究中的证据来源也不应该被限定在"可观察"的狭隘范围之内。当前科学观测的手段在不断改进,以语言为例,我们完全可以通过大脑的电流活动、多语种对比研究等方式获得证据,并依据这些证据对人类语言官能的内在结构和运作方式做出猜想。

　　批判蒯因的"方法论的二元论"的同时,乔姆斯基对笛卡尔的身心二元论思想进行了辩护。在他看来,笛卡尔是哲学家,更是科学家,他在数学、光学、力学等多个科学领域均作出了重要的贡献。在哲学和科学还没有明确分离的17世纪,笛卡尔努力的目标是建立完整的人类知识体系,为此他曾希望以数学为基础将世界描述为次序和度量的结合,也曾希望通过机械力学来解释事物间的一切作用关系。但当他发现心智可以作用于身体,但却不可以如物理事物一样基于机械力学来加以解释时,他便猜想心智可能是不同于身体的独立实体。在乔姆斯基看来,笛卡尔的心智实体设定完全是基于当时科学发展水平做出的合理假设。虽然现在看来确有不合理之处,但在笛卡尔的时代非常必要,有利于推动当时对心智现象的研究。即便后来牛顿力学的提出摧毁了笛卡尔以接触为基础的力学理论,但笛卡尔的"机器"被毁,"机器中的幽灵"依然存在[①],对心智问题的研究仍需继续。

　　基于对笛卡尔心智实体设定的重新解读,乔姆斯基倡导回归17、18世纪的理性主义传统。在他看来,17、18世纪的理性主义者才是科学精神的真正坚守者。乔姆斯基认为当时哲学和科学尚未分化,因此在科学研究过程中并没有太多的形而上设定,也不会对研究对象做先入为主的判断和筛选。在当时"心智的"概念只是基于观察事实进行的一次研究设定,它与最初提出"化学的""原子的""场的"的情形没有什么两样,我们只是使用它们来表达我们对世界不同方面的理解,不应该被冠以本体论头衔。但后来随着科学与哲学的分离,哲学研究者对本体论的强调使得"心智"一词具有了形而上学的含义,并因其看似与物质对立才被排斥在了自然科学研究之外。所以,乔姆斯基认为,唯

---

　　① CHOMSKY, N. New Horizons in the Study of Language and Mind[M]. Beijing: Foreign Language Teaching and Research Press,2002:103.

有将心智概念置于人类科学发展历程中而不是仅将其作为哲学本体论概念来看待，我们才能真正摆脱哲学二元论的影响，才能理解"心智/大脑"概念设定的原因并勇于创造条件去探索心智的奥秘。

与"方法论的二元论"相对，乔姆斯基称自己提出的"方法论的自然主义"才是认识论自然化的正确道路，相应地，其"方法论的自然主义"才是真正的"方法论上的一元论"。蒯因在《经验主义的五个里程碑》中提到，经验主义发展历程中的第三个转折带来了整体论，第四个转折带来了方法论的一元论，两者分别构成了"自然化的认识论"的知识观和方法论。但蒯因的"方法论的一元论"指的是放弃综合与分析二分后的经验主义研究方法，在对待心智问题时，蒯因仍然以其缺乏观察事实的支撑为由而拒绝讨论。乔姆斯基则坚持应该将自然科学的研究方法贯彻到底，不应在物质研究和心智研究之间做出人为的区分。

那么，自然科学的研究方法是什么呢？乔姆斯基将其概括为"假说—验证"模式。在传统学科中，如物理学、化学中，研究者总是基于观察事实对事件发生的原因或者事物背后的机理做出大胆猜想并形成理论假说，随后采用进一步的观察或者实验研究对假说进行反复验证，如最终被证实则形成真理性认识，如被证伪则又需要构建新的假说，研究过程重复进行。乔姆斯基认为心智研究应该类比自然科学，对心智的研究也应该类比对人体其他器官的研究，"我们对这些问题有限的了解显示，如同我们的身体，心智实际上是由器官组成的一个系统——我们可以用类比的方法把这些器官称之为'心智器官'——也就是说，它们是很具体的，根据遗传规则（genetic program）组织起来的系统，遗传规则详细地规定了它们的功能、结构及发展过程；这些基本原则的具体实现则依赖于与环境的相互作用，正如视觉系统。"[1] 遵循相同的研究路径，我们可以对心智的来源、构成和属性做出大胆的猜想，再依据新的观察事实或者设计认知实验来对其加以验证。在乔姆斯基看来，这样的研究完全是自然科学通用的作法，作为研究者应该对一切研究领域，尤其是对未知的研究领域，保持开放心态，而不是自设堡垒，自我封闭。

"假设—验证"研究模式的目标是寻求理论的解释性。传统认识论研究是规范性的，蒯因自然化的认识论部分走出了这种规范性要求，在其看来，认识论的合理性应该源自自然科学内部，因此应该基于主体间的可观察性来描述

---

① CHOMSKY, N. Language and Responsibility[M]. New York: Pantheon, 1977: 80.

从刺激经验到理论知识的上升过程。但乔姆斯基认为这还不够,他认为研究的目的不是描述"是什么",而是解释"为什么",因此必须从对现象和过程的描述转向对原因和内在机制的解释。正因为此,他在语言学研究中主动从"描述的充分性"转向了更高要求的"解释的充分性"。

第三章　乔姆斯基的哲学立场:质疑与反思

第二章从认识的来源和认识的方法两个方面详细阐述了乔姆斯基的理性主义立场,并且梳理了乔姆斯基对笛卡尔以来理性主义的传承与发展情况。简单来说,在认识的来源上,乔姆斯基坚持知识的天赋性;在认识的方法上,他坚持了内在化的形式演算方法,这两点均与传统理性主义一脉相承。但是,乔姆斯基坚持的是自然化改造之后的理性主义,他将知识天赋性解释为生物遗传性,将内在化的形式演算描述为"观察—假说—演绎—验证"的科学研究方法。乔姆斯基希望通过自然化的改造来复兴理性主义传统。

本章将会对乔姆斯基的理性主义立场及其自然化改造加以质疑,并以此为基础,反思乔姆斯基理性主义立场的合理性和其改造的可行性。

第一节　乔姆斯基对笛卡尔思想的偏离

身为 3 个世纪后的学者,乔姆斯基虽然极力维护笛卡尔的思想传统,但不可能还是一个完全的笛卡尔主义者,所以对比乔姆斯基与笛卡尔的立场,我们会发现,他们之间存在着一些主要的差异,突出表现在对"天赋性"的认识上。

首先,提出天赋观念/语言的目的不同。笛卡尔提出天赋观念论是为了给统一物理学提供确定性承诺,而乔姆斯基提出天赋语言观却是为了给谜一样的语言能力提供最佳解释。

一般认为,笛卡尔是近代哲学认识论转向的开启者,有"近代哲学之父"之称。但就其个人研究历程而言,笛卡尔首先应是一位实践科学家。随着科学实践的深入,尤其是以 1629 年施因奈尔(Christopher Scheiner)在罗马附近观察到假日(幻日)现象为契机,笛卡尔开始关注复杂自然现象背后的普遍的理论解释,并着手建立统一的物理学,以解释所有的自然现象。笛卡尔的研究规划最终以著作《论世界》(The World)的形式面世。该书包括三个部分:论光、论人、论心灵。正是从该书开始的几本著作中,笛卡尔完成了从物理学到形而上学的转变。这一转变对于笛卡尔来说是必须的,因为他发现,要构建一幅有关宏大世界景象的统一物理学的确定知识体系,我们必须要找到一个绝对稳固的根基,而这一根基在他当时看来"只有那些从永恒真理必然推导出来的东西"才能构成。这样的"永恒真理"只可能是先天的,因为笛卡尔认为,上帝为一切事物设置了数量、重量及尺度。我们可以将笛卡尔的推论路径简单描述如图 3-1。图 3-1 中可见在笛卡尔的统一物理学知识体系中,源自上帝的天赋观念是所有知识的来源,也为所有的具体科学知识提供了稳固的基础。

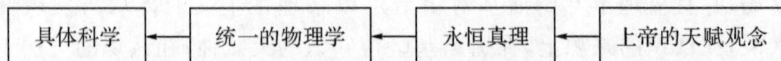

具体科学 ← 统一的物理学 ← 永恒真理 ← 上帝的天赋观念

图 3-1   笛卡尔的推理路径

作为笛卡尔的后继者,乔姆斯基坚持了笛卡尔的科学导向,但放弃了其不切实际的对于"永恒真理"和"稳固知识体系"的追求,转而寻求在当前阶段可能构建的最佳理论解释。在语言研究过程中,乔姆斯基最期待可以得到解释的两个现象是语言的创造性使用和儿童语言习得,前一个指语言何以做到"有限手段无限使用",后一个指面对贫瘠的语言输入,儿童何以"轻易"习得语言并形成汹涌的语言输出。为了解释这两个现象,乔姆斯基提出了"天赋语言观"假说,认为只有人类天生具有诸如普遍语法之类的语言专有生物机能才有可能轻易习得语言并进行创造性的使用。与笛卡尔天赋观念不同的是,乔姆斯基将自己的天赋语言观明确定位为理论假说,需要更多观察事实和进一步科学研究来加以检验。我们可以将乔姆斯基的推理路径简单描述如图 3-2。

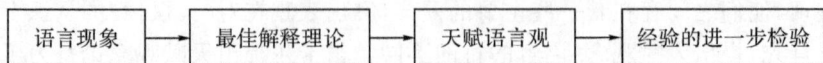

语言现象 → 最佳解释理论 → 天赋语言观 → 经验的进一步检验

图 3-2   乔姆斯基的推理路径

其次,形成天赋观念论/语言观的方法不同。笛卡尔提出天赋观念论的方法是理性的直观和演绎,而乔姆斯基提出天赋语言观的方法是溯因推理。

笛卡尔一直从事着具体科学的研究,研究的具体方法也是其关注的焦点之一,并构成了他中后期研究的主要内容,相关研究成果见于《指导心灵的规则》(1628)、《方法谈》(1637)与《哲学原理》(1644)等著作中。高克罗格

(Stephen Gaukroger)将笛卡尔自然哲学的研究方法概括为①：

（1）一种假言推理模式（hypothetical mode of reasoning）

（2）对大量经验的、实验性的工作深信不疑

（3）轻视演绎推理

单从这三点来看，笛卡尔与多数实验科学家没有什么区别。"假言推理"指的是基于经验观察提出假说的推理过程；"经验的、实验性的工作"对假说的检验具有基础性作用，笛卡尔对此"深信不疑"表明他的研究对经验、实验的依赖；"轻视演绎推理"进一步表明了笛卡尔对归纳的重视，实际上，他在力学、光学等研究中也的确运用了归纳的方法。但是，天赋观念论不是笛卡尔的科学研究发现，而是其构建"统一物理学"理想所需。在笛卡尔学术生涯的中后期，基于统一物理学的设想与追求，笛卡尔的研究工作开始出现形而上学转向。笛卡尔认为，假言推理固然是获得新知识、新理论的必要途径，但这些新知识、理论的可靠性无法得到保证，不足以支撑统一物理学的构建。笛卡尔要求在推理过程中，凡是我没有明确认识到的东西，我决不真正地接受它。要实现这一点假言推理做不到，归纳也做不到，只能由"纯粹的理性直观"来完成了。理性直观方法的引入，统一物理学的根基就不再是经验或者实验研究本身，而是形而上学分析，他后期甚至直接表明科学探索的唯一方式就是理性直观或演绎。我们可以认为，笛卡尔虽然在自然哲学探索中轻视了演绎推理，但在形而上学的认证中他又把它重新拾了回来。"理性直观"要求对研究对象的认识必须"清楚、明白"，如何做到这一点只能求助于心智，求助于上帝，求助于上帝赐予人类的天赋观念。

乔姆斯基建立天赋语言观的方法是皮尔士的溯因推理，对此前文和后面第四章都会有更加细致的讨论，此处不再赘述。不同于笛卡尔的是，300年后的乔姆斯基在研究方法上没有再次走向形而上学，他一直坚持着笛卡尔早期的方法，并将"假说—验证"这样的科学研究模式贯穿到底。他认为语言学等涉及心智的研究属于心理学，并最终属于自然科学，因而无疑是一门经验科学（empirical science）。

最后，天赋观念/语言的性质根本不同。笛卡尔的天赋观念是一切知识的来源，因此是其理论体系的基石，具有确证性；乔姆斯基的天赋语言虽也是语

① GAUKROGER, S. Descartes：Methodology[M]//PARKINSON G. H. R. and SHANKER S. G. Routledge History of Philosophy. Volume Ⅳ. New York：Routledge, 1993：184-246, 170-171.

言知识的来源,但它只是理论假说,有待证实。

在笛卡尔的认识论体系中,天赋观念是其理论确证的基础与体系构建的基石,它决定着经验的形式、内容与获取方式。不仅如此,天赋观念同时也是"真"观念的唯一来源,笛卡尔认为,在认识过程中,如果不把这些观念牵涉到别的外在的东西上去,它们当然不会使我们有犯错的机会。因此所有错误认识的形成都是因为天赋观念受到了干扰。从经验中人们只能获得一种意见,唯有天赋的理智才会产生科学知识①。相比于笛卡尔,乔姆斯基的天赋观念只是对语言能力的一种理论假说。在此假说之下,天赋语言也的确决定了人类语言知识的内在结构和人类语言能力的最终形态,但作为假说,乔姆斯基一直明确它是可错的(falsifiable)。此外,在乔姆斯基的理论中,经验对认识的作用不仅在于激发天赋因素"生长"以形成知识,它还是对形成的知识加以检验的唯一标准。

从性质上来看,乔姆斯基放弃了笛卡尔对本体性特征的形而上追求。为了实现统一物理学的构想,笛卡尔必须将一切知识都建立在稳固的基础之上,但在具体科学的范围之内,他无法找到这样的基础,不仅如此,以寻找推理终点为目标的认识追求只会陷入无限倒退的境地。笛卡尔所面临的迫切任务就是要找到"某种无须证明便可以直接信赖的东西"②。为此,笛卡尔首先采用了普遍怀疑的方法,以便彻底摧毁一切认识从头开始。基于理性直观,他形成了"我思故我在"的第一原理,并从中推断出上帝的存在。在笛卡尔的年代,上帝足以构成所有知识的绝对起点,上帝赋予我们人类以天赋观念也顺理成章。与天赋观念相伴而生的还有笛卡尔的"心灵实体"设定。心灵实体是天赋观念的载体。心灵实体的提出帮助笛卡尔完成了其以二元本体为基础的哲学体系的构建。可以说,"天赋观念实质上为笛卡尔阐述其根本哲学问题提供了本体论基础"③(Bracken,1970:185)。

---

① 笛卡尔对于天赋观念与经验的关系在后期也有所变化,主要是承认了经验提供了一种"偶因"或"机缘",从而促成了潜在观/能力的最终形成。但需指出的是,这一变化并没有改变经验在笛卡尔哲学体系中的从属地位。

② COTTINGHAM, J. Descartes: Metaphysics and the Philosophy of Mind[M]//PARKINSON G. H. R. and SHANKER S. G. Routledge History of Philosophy Ⅳ. Volume New York: Routledge, 1993: 239.

③ BRACKEN, H. Chomsky's Variations on a Theme by Descartes[J]. Journal of the History of Philosophy, 1970(8): 185.

乔姆斯基也尝试赋予天赋语言以本体论内涵,但他采用的是自然科学视角,即将天赋语言视为人类生物进化和遗传的结果,而不是为其寻找形而上的依据。他明确表示:"当我使用'心灵(mind)'或'心理表象(mental representation)''心理计算(mental computation)'等表达时,我是在对某种物理机制的属性进行抽象层面的表达,而对这一机制,当前我们却几乎一无所知。但在这些(词语)指称中,没有任何进一步的本体论含义……我采用的术语,绝不指涉任何物理世界之外的实体。"[①]同时,对于二元论,乔姆斯基虽然不会接受,但也坚持为笛卡尔辩护,辩护中他沿用了自己的自然科学视角,将笛卡尔的心智实体设定解释为当时科学水平不及的情况下笛卡尔不得已的选择,并认为这一设定推进了科学研究的发展。

乔姆斯基天赋语言观对笛卡尔天赋观念论的偏离在其对笛卡尔语言学史(17 至 19 世纪)的梳理过程中表现得十分明显。

1629 年 11 月 20 日笛卡尔在一封书信中首次提出普遍语言构想。笛卡尔认为自然语言具有歧义且表达模糊,语法规则又不统一,因而设想类比几何和代数学建立一种精确的具有普遍适用性的语言。这种语言由为数不多的原始语词及一些辅助符号组成,并具有无限的生成能力。笛卡尔的"普遍适用性"语言可能就是乔姆斯基普遍语法最初的原型。然而,稍作分析不难发现,其实两者差别巨大,尤其是在对语言本质的认识上更是如此。笛卡尔理解的自然语言是有明显缺陷的:歧义丛生、表达模糊、规则混乱;与之相对,乔姆斯基理解的自然语言却是一个"完美系统"。同时,笛卡尔坚持认为语言应以"真正哲学"为前提,因为没有精确的哲学,人们便难以正确把握思想,对思想进行分类、安排以形成精确语言更是不可能;而乔姆斯基则认为"语言是心灵的镜子"[②],对语言的研究是探索心智与大脑的有效途径,语言研究是自然科学的一部分,无需基于"真正哲学"来建立。可以说,在笛卡尔的认识中,自然语言是完全经验的,因而也是不完善的;但在乔姆斯基的理论中,自然语言包含着普遍性,并且这一普遍性是天赋的。

在乔姆斯基的论述中,笛卡尔语言学并不单指笛卡尔本人的语言学思想,而更多地是指笛卡尔影响之下形成的理性主义语言研究传统。17 世纪时,这一传统主要表现在《普遍唯理语法》,或曰《波尔·罗瓦雅尔语法》(Port-Royal

---

① CHOMSKY，N. Rules and Representatives[M]. Oxford：Bail Blackwell Publisher Ltd.，1980：5.

② CHOMSKY，N. Reflections on Language[M]. New York：Pantheon，1975：4.

Grammar)中。《普遍唯理语法》出版于 1660 年,是笛卡尔理性主义影响之下的语言研究成果①。乔姆斯基明确表达了自己对《波尔·罗瓦雅尔语法》的继承关系,他说:"这一点对我来说完全正确,即在很多方面可将当前的转换生成语法本质上视作是波尔·罗瓦雅尔语法的现代且更加明确的发展。"②因而,相对于笛卡尔本人的普遍语言构想而言,事实上,乔姆斯基对波尔·罗瓦雅尔语法的继承关系更加明显。因而,考察笛卡尔语言构想与波尔·罗瓦雅尔语法之间的关系对厘清乔姆斯基语言理论中的天赋语言观十分必要。

在《普遍唯理语法》前言中,作者表达了该书的写作目的,即力求"深刻认识其(人类的语言优势)背后的原因"。为实现此目的,作者"常常寻思那些造成一切语言的共性和某些语言特性的原理""并用科学的方法进行分析"③。所谓"科学的方法"在书中体现为通过考察尽可能多的语言来分析比较从而得出语言的共性。虽然该书中作者只考察了七八种语言,但其"科学"的方法已十分明显。不难看出,这一"科学方法"显然不同于笛卡尔纯理性主义的思辨或普遍怀疑,而明显表现出了经验主义的迹象。同时,不同于笛卡尔认为精神是无法通过经验获知的,《普遍唯理语法》作者之一阿尔诺认为虽然普遍的理性精神是天赋的,但以具体语言经验为基础并通过科学方法研究得来的语法却是了解精神的一把钥匙。

阿尔诺的普遍语法也被通称为哲学语法。④ 正是在追溯哲学语法的过程中,乔姆斯基发现了语言创造性、表层与深层语法以及语言普遍性等普遍唯理语法的主要特征,并视这几个语言基本特征为自己天赋语言观的来源和基础。所以,这也就部分解释了乔姆斯基天赋语言观与笛卡尔天赋观念差异的原因,即乔姆斯基天赋语言观对笛卡尔天赋观念论的偏离部分源自于普遍唯理语法对笛卡尔普遍语言理论的偏离。

虽然普遍唯理语法已经表现出了与笛卡尔本人语言观的重大不同,然而

---

① 对此,汉斯·阿尔斯莱夫(Hans Aarsleff)曾提出过不同意见,认为笛卡尔对波尔·罗瓦雅心(Port-Royal)影响并不明显。可参见其论文 The History of Linguistics and Professor Chomsky[J]. Language, 1970, 46(3): 570-585.

② CHOMSKY, N. Cartesian Linguistics[M]. New York: Harper&Row, 1966: 38-39.

③ 阿尔诺·安托尼,朗斯洛·克洛德.普遍唯理语法[M].张学斌,译.长沙:湖南教育出版社,2001:1.

④ BRACKEN, H. Chomsky's Variations on a Theme by Descartes[J]. Journal of the History of Philosophy,1970,(8): 180-192, 88.

他们的根本旨趣却是相同的,即为绝对真理的存在提供本体论证明。但到了18世纪,随着普通语言学、通用语法及语言起源等语言研究领域的兴起,语言研究视野不断扩大。同时,经验主义与理性主义的长期论辩也在客观上促使经验主义得到了有效的传播,且这一传播随着科学的重大发展而不断扩大,甚至深入人心。18世纪语言研究中的本体论倾向被不断抛弃,波尔·罗瓦雅尔语法也就随之衰落。在此过程中,天赋语言观经过合乎经验主义与科学精神的改造而得以部分保留。18、19世纪的天赋语言观不再寻求本体论证明,也不再追求普遍必然的真理;此时的"天赋观念支持者转而力求为某种先验领域做出解释,但这一先验领域与绝对真理无关,而与历史的某一特殊阶段或动物体的进化进程有关"[①]。

经过这一改造,天赋观愈加接近乔姆斯基的天赋语言观了。与此同时,除了形式上的相似之外,这一新的天赋观愈加偏离了笛卡尔原本对统一物理学的形而上追求。

第二节　乔姆斯基语言哲学思想的分析哲学特征

乔姆斯基对笛卡尔传统的偏离是认识发展的必然,他在回复本文作者的电子邮件提问时说道:"没有人还可能再是一个传统意义上的理性主义者,正如没有物理学家可以依然是一个牛顿主义者一样(No one can possibly be a rationalist in the traditional sense, just as no physicist can be a Newtonian)。"乔姆斯基对笛卡尔的偏离一方面源自科学发展带来的冲突,另一方面也源自他对分析哲学研究方法的借鉴。本节将就后一点展开讨论。

20世纪初,随着自然科学的蓬勃发展,尤其是随着一系列重大科学发现和重要科学理论的创立(以相对论与量子力学为主要代表),形而上的哲学研究传统受到前所未有的置疑。于是分析哲学应运而生。分析哲学以其理性的分解、严密的逻辑论证与实证式的自然科学模式而著称,它反对传统理性主义的独断,反对休谟式的怀疑,也反对康德的先验认知结构。简单而言,分析哲学希望通过对心理因素的彻底抛弃来实现知识的完全确定性。从这一角度来

---

① BRACKEN, H. Chomsky's Variations on a Theme by Descartes[J]. Journal of the History of Philosophy,1970,(8):180-192,191.

说,分析哲学也是对于传统认识论的延续——追求确定性的知识。

　　作为分析哲学的一个典型理论形态,逻辑经验主义(或称逻辑实证主义)反对传统认识论,主张知识最终只能来自经验。以此为基础,有关经验事实的问题只能交给自然科学来解决,而"那些不必诉诸经验就可能解决的问题或是数学的问题,或是语言的问题"[①],应当运用语言分析的方法来加以澄清。在逻辑经验主义者看来,哲学的任务就是对语言进行逻辑分析,以此来清除一切毫无意义的形而上学伪命题,从而避免由于语言的误用而带来的无谓争论。

　　自笛卡尔以来,对于知识合理性的证明已经随着自然科学的不断发展而逐渐转变为对科学的合理性的证明。康德在其《纯粹理性批判》中提出的问题首先是"数学何以可能"与"自然科学何以可能",最后才是"形而上学何以可能"。为回答这些问题,康德找到了先验逻辑,证明了先天综合判断何以可能,从而赋予了人类以先天的认识结构与认识能力。但显然康德的这一论断超越了自然科学发展所可能提供的认识论证据。不仅如此,从自然科学外部为科学知识寻找依据的做法也很难获得深受自然科学发展影响的现代哲学家们的认可。于是,为摆脱传统哲学的束缚,力图从科学内部为知识寻找一个新的基础成为逻辑经验主义的合理选择。这一新的基础应能够摆脱传统哲学因诉诸心理而产生的独断或怀疑,应具有明确的可证实性与主体间性。简单而言,这一新的基础应该是科学的。逻辑主义者克拉夫特(Victor Kraft)就认为:"(逻辑经验主义者)有一个共同的信条:哲学应当科学化。对科学思维的那种严格要求用来作为哲学的先决条件。毫不含糊的明晰、逻辑上的严密和无可反驳的论证对其他科学一样都是不可缺少的。那种仍然充斥于今日之哲学中的独断和无从检验的思辨,在哲学中是没有地位的。这些先决条件隐含着对一切独断——思辨形而上学的反对。"[②]

　　逻辑经验主义主张取消一切形式的形而上学,而造成哲学上充斥着形而上学式无谓争论的原因主要在于自然语言自身的逻辑缺陷。所以,要取消形而上学,首先要做的应该是建立一套科学的语言系统。莱布尼茨首先提出这一理想,他提出建立"通用语言"与"普遍科学",从而使一切有关哲学与科学的争论可能通过语言分析与逻辑计算来解决。为推动这一理想的实现,后世众多哲学家与逻辑学家(这些人也多是现代意义上的科学家)为此做出了艰辛的

　　① 罗素.逻辑与知识[M].苑莉均,译.北京:商务印书馆,1996:445.
　　② 克拉夫特.维也纳学派[M].李步楼,等译.北京:商务印书馆,1998:20.

努力，这其中最为重要的人物包括弗雷格、罗素、怀特海、希尔伯特等。但真正将这一理想付诸实践的是卡尔纳普。

卡尔纳普在其首部出版著作《世界的逻辑构造》中即表明了自己要运用逻辑手段来构建统一的科学知识体系的理想。深受罗素与怀特海《数学原则》的影响，卡尔纳普一心要建立一套"结构系统（constructional system）"，这套系统与概念系统（conceptual system）不同，它"不仅将概念分成不同种类并探索这些不同种类概念之间的差异与相互关系，而且试图形成一个渐进式的推导或建构程序，这一程序使得从一些基础概念推演出所有概念成为可能，并由此建立一个概念系统，在这个系统中每一个概念都有一个固定的位置"[①]。卡尔纳普希望建立的结构系统由两部分组成：一些基础概念与一些基本关系。借助这些概念与关系我们就可以推演出所有其他事物，同时只要保证这些基本概念与关系的确定性，我们便可以保证整个系统的确定性。在同一本著作中，卡尔纳普进一步为我们描述了建立这一系统的具体步骤，其中包括：（1）选定一个基础，作为所有其他内容建立的最终依据；（2）确定几个可重复的运作形式（recurrent forms），通过这些形式，我们便可以从系统内的一个层次上升到另一个的层次；（3）探索不同的事物是如何经过不断运用"上升形式（ascension forms）"而构成的；（4）关注整个系统是如何由不同种类的事物分层组合而成的。[②]

卡尔纳普将以上结构系统具体实现在其逻辑句法中。卡尔纳普早期坚持"直接经验证实"的原则，后来他逐渐接受了石里克与纽拉特的观点，认为直接经验也是具有主观性与私人性的，因而只有使用语言表述或语言约定的证实来替代直接经验的证实才能实现证实的主体间性与客观性。卡尔纳普所构建的科学语言表述与约定系统就是"逻辑句法"。逻辑句法是一种关于语言形式的理论。在《语言的逻辑句法》中，卡尔纳普指出语言是一种演算，逻辑是演算的规则。基于结构系统的构建要求，卡尔纳卡将语言系统分为符号库与句法规则，从广义上来说，句法规则可以再分为"形成规则（rules of formation）"与"转换规则（rules of transformation）"。形成规则类似于一种语言的语法，它

---

① CARNAP, R. The Logical Structure of the World: Pseudoproblems in Philosophy[M]. Trans. By R. A. GEORGE. London: Routledge&Kegan Paul, 1967(1928): 5.

② CARNAP, R. The Logical Structure of the World: Pseudoproblems in Philosophy[M]. Trans. By R. A. GEORGE. London: Routledge&Kegan Paul, 1967(1928): 47.

规定着在该语言系统中各种不同的符号是如何构造出恰当的句子的，例如它规定一个合格的句子需由一个主词符号（S）加上一个谓词符号（P）组成。转换规则主要指逻辑的推理规则，它规定着如何从给定的句子推演出其他的句子，例如从"所有 a 都是 b"和"所有的 b 都是 c"可以推演出"a 都是 c"。这两个规则均采用句法词项加以描述，因此只表现为外在的或抽象的形式，它们只是对有意义的句子加以规定，但本身并不涉及句子的具体含义。基于卡尔纳普的逻辑句法，一旦我们确定可观察的原始谓词作为最基础的词项，那么通过这两个规则，我们便可以构造一个语言体系内所有可能的有意义的句子，而任何非由此构成的句子均是无意义的。这样一来，卡尔纳普为他的综合命题找到了明确的检验标准。

至少在两个方面，乔姆斯基表现出了与卡尔纳普的相似之处（如果不是直接继承的话①）。第一，乔姆斯基采用了类似的形式句法描述系统。乔姆斯基的第一本著作《语言学理论的逻辑结构》（*The Logical Structure of Linguistic Theory*）与卡尔纳普的第一本著作《世界的逻辑结构》在名称上就很相似。不仅如此，在乔姆斯基的第一篇发表论文《句法分析的系统》（Systems of Syntactic Analysis）中，乔姆斯基指出：

> 对语言学方法形式化特征以及这一方法的哪些部分可以实现完全形式化研究，并检验这一方法在更大范围内运用的可能性，这是非常有益的。要实现这一目标，首先必须要建立一个恰当的程序，通过这一程序，语言学家可以从语言使用者的行为中获取语法概念，这些语法概念作为结构系统中的被定义项，不仅在形式与经验上有明显区分，而且均可以从某一通过经验定义原始项的语言系统中形式化地推演出来。②

这段引文说明早期的乔姆斯基在方法上十分接近逻辑经验主义，具体体现在两个方面：（1）乔姆斯基认可语言结构系统的原始项目应该由经验而来；（2）语言结构系统的计算应该是完全形式化的。这两点也正是卡尔纳普逻辑句法的基本观点。

第二，卡尔纳普的形成规则与转换规则几乎就是乔姆斯基"转换生成语

---

① 这是有可能的，因为乔姆斯基主要是通过蒯因与古德曼了解卡尔纳普思想的，因此他对后者的继承很可能是间接的。下文将对此进行具体论述。

② CHOMSKY, N. Systems of Syntactic Analysis [J]. The Journal of Symbolic Logic, 1953 (9)：242.

法"的早期雏形。施太格缪勒就曾指出："诺姆·乔姆斯基的转换语法在 1957 年发表时，轰动一时并受到热烈欢迎，但正如语言学家巴希拉尔(Barhillel)曾经说过，卡尔纳普早在 25 年前就已经预见了这种新的语言理论的主要观点。"①

　　然而，在乔姆斯基的论著中，我们找不到他对卡尔纳普的直接引用，甚至连间接提及卡尔纳普的地方也很难找到。其实这其中的原因并不难理解。首先，乔姆斯基主要是通过蒯因与古德曼间接接触到卡尔纳普及其主要思想的。在《句法分析的结构》这篇论文首页的注脚中，乔姆斯基透露自己在文中的观点主要源于哈里斯的《结构语言学的研究方法》(*Methods in Structural Linguistics*，1951)，古德曼的《现象的结构》(*The Structure of Appearance*，1951)以及古德曼与蒯因合著的论文《通向建构唯名论的步骤》("Steps Towards a Constructive Nominalism"，1947)，并没有提及卡尔纳普，但我们知道，乔姆斯基所提及的后两个作品均明显受到了卡尔纳普的影响。其次，乔姆斯基在随后的著作中(至少从 1957 年的《句法结构》开始)对经验的态度明显发生了转变，他开始系统批判经验主义认识论，并不遗余力地为复兴理性主义传统而努力。也正因为这一点，古德曼与乔姆斯基断绝了交往，蒯因与乔姆斯基成为了一生的论敌。所以，乔姆斯基在其著作中自然也就不会提及他没有直接继承关系的经验主义者卡尔纳普了。

　　乔姆斯基与古德曼、蒯因存在明显师生关系却是事实。早在 20 世纪 40 年代后期乔姆斯基还在宾夕法尼亚大学攻读硕士学位期间，他便在古德曼的指导下开始了自己的哲学学习。1951 年乔姆斯基获得了硕士学位之后，在古德曼的鼓励与推荐下获得哈佛大学研究奖学金，入哈佛大学学习哲学直到 1955 年。在哈佛的 5 年间，乔姆斯基与古德曼、蒯因以及其他哈佛学者们有了频繁、深入的接触。20 世纪 50 年代初，古德曼已经出任美国符号逻辑协会副主席，蒯因更是声名斐然，他当时已被任命为哈佛大学哲学系主任，并于 1954 年接替 C. L. 刘易斯成为哈佛大学哲学系埃德加·皮尔士讲座教授。作为研究者，要探究乔姆斯基的思想渊源我们十分有必要先了解古德曼与蒯因的逻辑句法理论。

　　蒯因自称是卡尔纳普的学生，他认为在所有哲学家中，卡尔纳普对他自己的影响最大。1933 年，在游学欧洲期间，蒯因第一次见到了卡尔纳普，并从此

---

① 　施太格缪勒.卡尔纳普的哲学简述[M].洪汉鼎，译.北京：商务印书馆，1982.

建立了"持续的智力联系"。在此期间，蒯因旁听了卡尔纳普的讲座，而讲座的内容正是当时尚未出版的《语言的逻辑句法》。回到哈佛以后，蒯国开设讲座，专题讲授卡尔纳普的最新哲学思想，同时他还举办了专题讨论，主题便是卡尔纳普的《语言的逻辑句法》。参加讨论的人员中就包括当时在哈佛读研究生的古德曼。1935 年 12 月，卡尔纳普亲赴哈佛，在哈佛期间，他不仅参加了蒯因组织的讨论，还就《语言的逻辑句法》开设了专题讲座。正是在这一系列的交往与深入交流中，卡尔纳普的逻辑句法问题成为蒯因与古德曼在当时以及其后一段时间中研究的重点，也正是在此期间，蒯因与古德曼成了研究中的合作者。

卡尔纳普对于古德曼的影响也同样显而易见。古德曼的博士论文《质量研究》(*A Study of Qualities*，1941)包含着他对改进卡尔纳普《世界的逻辑结构》中所建立的结构系统的尝试。而且，蒯因认为，《现象的结构》也正是古德曼进一步研究卡尔纳普《世界的逻辑结构》的结果。但相对于蒯因而言，古德曼对卡尔纳普的逻辑句法理论带有更多的批判与改进。古德曼在《理解的结构》中就曾指出，"我批判性研究的目的并不是要去诋毁卡尔纳普的成就，而是要确定问题所在，并力求为其解决铺设道路"。[①]

蒯因与古德曼对卡尔纳普逻辑句法思想的批判式继承主要表现在两个方面：现代唯名论立场与结构系统的简单性。而这两个方面的思想均对乔姆斯基转换生成语言学的创立做了重要的理论与技术铺垫。

卡尔纳普曾回忆自己在哈佛的学术生活(1940—1941)，他写道：

我对于这些问题(逻辑句法)的思考受到了我与塔斯基、蒯因等人系列交谈的很大启发……后来古德曼也加入了相关讨论。我们尤其认为关于什么可以构成基础语言的问题，即观察语句的问题，必须要能够实现完全的可理解性。我们一致同意，语言必须是唯名论的，也就是说，语言中的项目一定不能指向抽象事物而必须指向可观察的事物与事件。[②]

为了追求基础语言"完全的可理解性"，卡尔纳普诉诸物理语言，并严格区分了元语言与对象语言，但他并没有真正构建起有效的唯名论语言体系。相

---

① GOODMAN, N. The Structure of Appearance[M]. 114. 转引自 M. TOMALIN. Goodman, Quine, and Chomsky：From a Grammatical Point of View [J]. Lingua, 2003, 113：1229.

② SCHILPP, P. A. The Philosophy of Rudolf Carnap[M]. La Salle：The Open Court, 1963：79. 转引自 M. TOMALIN. Goodman, Quine, and Chomsky：From a Grammatical Point of View [J]. Lingua, 2003, 113：1234.

对而言，倒是蒯因与古德曼将唯名论的要求贯彻了到底。

1947 年，古德曼与蒯因合作发表了论文《通向建构唯名论的步骤》，全面阐述了他们的现代唯名论思想。现代唯名论又可被称为"结构唯名论"或"建构唯名论"，它与传统唯名论者的区别在于它试图运用现代逻辑手段，建立一套科学的人工语言以消除"类"的概念。《通向建构唯名论的步骤》以这样一句话开头："我们决不相信抽象实体。"①两位作者相信通过拒斥抽象实体，20 世纪初很多由于使数学成为稳固基础的企图所带来的声名狼藉的悖论都将可以避免。在文中，两位作者还区分了柏拉图式的表述与唯名论表述，并在第一部分中指出了将柏拉图式表述转换为唯名论表述时必须要运用到的策略。

在两位作者中，古德曼可谓是一位彻底的唯名论者。古德曼将自己工作定位为是解释性的，并为此设定了严格的规范。根据这一规范，任何抽象的概念如"意义""属性""类""可能性"等均不能进入科学的语言系统。但整体而论，到底什么才是判定概念是否抽象的标准呢？古德曼认为没有一个统一的客观标准，因为这不是一个逻辑问题，而是一个哲学上的道德问题。古德曼给自己设定的标准是"在我的哲学中所臆想的东西不应该比存在于天地间的东西更多"②。为了达到自己的标准，他选取了现象主义的概念系统来构建自己的科学体系。这一点明显与卡尔纳普不同。卡尔纳普排斥本体论上的唯物主义，但却坚持方法论上的唯物主义，坚持用物理语言来实现描述世界的科学语言的统一，甚至为了实现这一点，他引入了行为主义立场以消除心理学语言存在的可能。同样是出于客观描述世界的目的，古德曼采用了现象主义的概念系统作为其解释理论构建的基础。因为相比于物理主义，现象主义更适合人类的认识能力，所以也就更易于实现语言的主体间性。古德曼说："一个既是现象主义的又是唯名论的系统，只能有一个有限的本体论。在范围或分辨性方面，我们感觉能力不是无限的，换句话说，只存在有限多个最小的现象个体。一种柏拉图主义式的现象主义系统会承认一个无限的等级分类秩序，但是唯名论式的现象主义系统的论域至多包含有限多个由一个或多个现象个体组成的总和。无论如何，在这样一个显然同无限相关的系统中，解释非个体的或物

①　GOODMAN，N. W. V. O. Quine. Steps towards a Constructive Nominalism [J]. The Journal of Symbolic Logic，1947(12)：105.

②　转引自李小兵.古德曼的现代唯名论[J].北京社会科学，1996(4)：36.

理的事物时,必须同这样一个有限的本体论相容。"①

蒯因与古德曼的现代唯名论思想对乔姆斯基早期句法理论的形成影响显著,不仅表现为乔姆斯基对形式句法系统的继承,更具体表现为乔姆斯基对唯名论思想的具体运用。在《句法分析系统》中乔姆斯基提出一种"铭刻式唯名论框架(inscriptional nominalistic framework)"。他认为:

这一铭刻式的方法运用于语言学研究十分自然,尤其是当我们考虑到这一事实,即本文的研究成果将会被恰当地运用到对同形异义现象的分析中去……以下将会看到,对于个体算法的运用可以轻易解决原本表面看起来需要集合理论来解决的结构问题,而且如此一来,还可清除种类分层的必要性从而提升整个系统的处理能力。②

乔姆斯基在此处已经明确表达了他拒斥抽象或集体概念的态度。不仅如此,在同一篇论文的第 2、3 两部分中,乔姆斯基所做的工作仅是将古德曼在《现象的结构》中构建的结构系统运用于句法分析当中。

由此,我们也更加容易理解为什么乔姆斯基会在《句法分析系统》之后逐渐放弃其学术启蒙导师哈里斯的结构主义语言学方法。乔姆斯基在接触了卡尔纳普、蒯因与古德曼的逻辑句法理论之后,发现相比于结构主义语言学机械分析式的研究方法,逻辑句法明显具有更为强大的解释能力与生成能力,而这正是他所关注的语言能力的主要特征。

蒯因与古德曼对卡尔纳普逻辑句法理论的另一个发展体现在他们对结构系统简单性(或称之为"经济性")的强调。追求最大的解释能力和最简的结构体系是任何一个逻辑句法系统均应遵守的基本原则。但所谓的"最大"与"最简"却又都是一些相对主观的概念,具体到每一个理论构建者而言,在多大程度上实现"最大"与"最简"可能真的"不是一个逻辑问题,而是一个道德问题"。古德曼深刻地认识到这一点,所以他认为应该为结构系统的"简单性"确定一个广泛认可的定义。他认为,从结构系统自身而言,如果一个结构系统的基础(basis)比另一个结构系统的基础更加经济、简洁,那么我们就认为这一个结构系统更加简单,也更加优越。而判定两个基础哪一个更经济更易操作的方法就是计算一下这两个基础各自所包含的逻辑外原始项目(extralogical

---

① 转引自李小兵.古德曼的现代唯名论[J].北京社会科学,1996(4):37.

② CHOMSKY, N. Systems of Syntactic Analysis [J]. The Journal of Symbolic Logic, 1953, 18: 243.

primitive)的数量,数量越少的越经济。基于这样的考虑,古德曼开始研究减少原始项目的方法。这一研究成果首先呈现于 1940 年发表的论文《论逻辑外假定的消除》("Elimination of Extra-Logical Postulates")。这篇论文同样是与蒯因合作的成果。在这篇合作完成的论文中,古德曼与蒯因提出消除基础关系项目的具体方法。如他们提出一个新的关系词项"O",即"空间相交(spatial overlapping)",表示两个个体具有某些共同的内容。设立了 O 之后,一些原有的关系词项就可以被消除,如"部分"就可以被定义为"一事物是另一事物的部分,当且仅当所有与前者相交的东西也与后者相交"①。基于同样的方法,使用 O 还可以定义离散、真部分、积、否定和集合等词项。在其后的研究中,古德曼还提出了为结构系统选择个体单位,即系统原子的具体方法。

　　为了更加明确地定义"简单性",在《论逻辑外假定的消除》中,两位作者提出应区分"真实经济性"与"表面经济性"(real and apparent economy),而区分的依据在于所讨论系统的综合完善程度(synthetic completeness)。在随后的论述中,古德曼与蒯因分别对这两种经济性做出了具体的论述。古德曼 1943 年发表的论文《论观念的简单性》("On the Simplicity of Ideas")中指出,"仅仅数一数原始词项的数目并不是一个令人满意的方法,这一点显而易见。如果原始词项的数目就是唯一的标准的话,那么逻辑外基础的经济性就只能是一个无关紧要的问题了,因为仅通过一些逻辑手段的机械运用,我们就可以把任何系统的原始词项减少到一个……这种做法并不能实现真正的经济性(genuine economy)……"②。他进一步论述道:"我们实际需要的是一种能够评估观念相对简单性与复杂性的方法……我们并不需要确定观念在每个方面都比另一个观念更加简单,我们只需要确定这个观念在与经济性相关的方面比另一个观念更加简单即可。每一个简单性的标准均需要与我们内心追求简单的强烈本能相一致,这是很自然的。但这还不够,基于我们当前的目的,最为关键的检验标准在于,使用一个更简单的观念替代一个现有观念是否需要(并因此而表明)运用到一些观念所涉及的专门知识。唯此,我们才能说实现了真正的经济性。"③这即表明,古德曼简单性或经济性原则并不是只看数量,

---

　　①　转引自李小兵.古德曼的现代唯名论[J].北京社会科学,1996(4):38.

　　②　GOODMAN, N. On the Simplicity of Ideas [J]. The Journal of Symbolic Logic. 1943(8):107-108.

　　③　GOODMAN, N. On the Simplicity of Ideas [J]. The Journal of Symbolic Logic. 1943(8):108.

而是在力求减少原始项目数量的同时更加注重结构系统的功能实现。

简单性同样是蒯因中后期研究中的一个重要论题。在其 1953 年出版的重要著作《从逻辑的观点看》中,蒯因再次区分了两种经济性。他说:

> 在逻辑和数学系统中,我们可以在互相对立的两种经济性中(原译为"节约方式",为统一译名本文作者进行了改译。下同)追求任何一种,而每一种都有它的特殊的实际效用。一方面,我们可以寻求实际用语的经济,即轻易简便地陈述各种各样的关系。这种经济通常要求用特殊的简明记号来表示许多概念。但是,另一方面,我们可以寻求语法和词汇的经济;我们可以尽力找到最少量的基本概念,以便一旦其中每个都有了特殊的记号,我们就有可能通过基本记号的单纯结合与重复来表达想要得到的任何其他概念。这第二种经济从一方面来讲是不实际的,因为基本用语的贫乏必然使论述变得冗长。但在另一方面它又是实际的,通过把语言本身的词和构造形式减到最小量,就大大简化了对于语言的理论性论述。①

根据托马林的观点,蒯因区分的第一种经济性指"表面的经济性",第二种经济性指"真实的经济性"②。

需要注意的是,古德曼与蒯因均持有某种程度的实用主义观点,他们相信存在着不同的系统,这些系统对同样的世界可能具有相同或相似的解释(描述)能力。那么,逻辑句法理论的构建者就必须面临在不同结构系统之间做出选择的问题。在古德曼与蒯因看来,做出选择的标准就是简单性。

20 世纪 40 年代起直至 50 年代初,正是古德曼对简单性(或经济性)最为关注的时期,这一主题占据了他研究的主体。也正是在这段时间,乔姆斯基分别在宾夕法尼亚大学与哈佛大学聆听古德曼的讲座,接受他的指导与帮助。所以,当简单性进入乔姆斯基的视野,成为他句法研究中的一个重要项目,这应该并不令人感觉惊奇。乔姆斯基在这段时期的第一个研究成果是他的硕士论文《现代希伯莱语的词形语音学研究》(Morphophonemics of Modern Hebrew),提交于 1951 年。在该论文中,乔姆斯基认为一种语言的语法系统

---

① 蒯因.从逻辑的观点看[M]//涂纪亮,陈波,主编.蒯因著作集:第 4 卷.北京:中国人民大学出版社,2007,22.

② TOMALIN, M. Goodman, Quine, and Chomsky: from a Grammatical Point of View [J]. Lingua, 113: 1231.

如果要是恰当的,必须满足两个条件:第一,"它必须能正确描述这种语言的结构";第二,"它必须达到建立时所特设的标准(如适用于教学等),而如果没有这一特设标准的话,则它必须满足'简单、经济、紧凑'等要求"①。在同一篇论文中,乔姆斯基指出仅仅计算语言系统中规则的数量并不是实现简单性的恰当方法。很显然他在此时已经走出古德曼与蒯因早期研究中可能存在的误区,并对简单性已经有了自己的思考。在随后的研究中,乔姆斯基对简单性愈加重视。在其第一本著作《语言学理论的逻辑结构》中,乔姆斯基专门讨论了句法系统的简单性问题。他建议设计级层式的结构系统(hierarchical constructional system)以实现句法结构的简单性,同时还指出,简单性可以作为在相互竞争的语法系统之间做出选择的主要依据。他写道:"在细致的描述工作中,我们总会发现在不同分析间做出选择时所考虑的总是语言系统的简单性……研究以简单性来界定语言概念的可能性总是很合理的做法。"②这些观点明显与古德曼的观点相似。在该书的另一部分中,乔姆斯基指出,对于简单性原则的运用不能仅依据我们的"直觉",而应该"程序化",并有助于确定哪些可以为一个有关语法简单性的连贯理论提供基础的形式语言学的具体特征。③ 在这一点上,乔姆斯基如果不是直接借鉴了古德曼的观点的话,至少也是与古德曼在简单性思考方面殊途同归。

简单性考量贯穿乔姆斯基句法研究的始终,在生成语法初步建立以后(1957),对于结构系统简单性的要求一直是乔姆斯基理论发展与变革的动力。在生成语言学创立之初,由于研究者过于关注语言的生成能力,因而构建了大量的转换规则,这无疑导致了系统本身的复杂性。意识到这一问题之后,研究者的研究重点从规则理论转变为限制规则理论,随后又创立了更为简单的原则与参数框架。最终,在 20 世纪 90 年代初,生成语言学研究进入了最简主义阶段。

---

① TOMALIN, M. Goodman, Quine, and Chomsky: from a Grammatical Point of View [J]. Lingua, 113: 1244.

② CHOMSKY, N. The Logical Structure of Linguistics Theory[M]. Cambridge, MA: MIT Press, 1975: 114.

③ CHOMSKY, N. The Logical Structure of Linguistics Theory[M]. Cambridge, MA: MIT Press, 1975: 116.

第三节　乔姆斯基的实用主义态度

以上分析可知，乔姆斯基是带有明显分析哲学特征的理性主义者。分析哲学是他的研究路径和方法，以形式化演算为主要手段，理性主义则是他的立场，以天赋语言观为核心要素。立场和方法的结合，就其本身而言并无冲突之处，理性主义者同样推崇逻辑演算的方法。但如果基于一般意义上的学派划分视角，深入讨论知识来源和知识形成的方法，我们便会形成理性主义和经验主义之间的绝对对立。乔姆斯基融合了两者，表明他希望汲取两者之长，用现代科学的视角来审视、复兴理性主义传统。这么做确有创新之处，也得到不少认可，但理性主义和经验主义之间的根本差异却无法被轻易调和。乔姆斯基在融合的同时也一定有所放弃、有所牺牲。本节中我们认为，乔姆斯基放弃的正是对理性主义立场的坚守，牺牲的正是知识确证性的追求。这一切的背后隐藏着的正是乔姆斯基的实用主义态度。

回顾乔姆斯基对笛卡尔思想的继承和改造，其中最为核心也是争议最大的是"心智"问题。在此问题上，虽然乔姆斯基自称是笛卡尔思想的继承者，但他同样抛弃了笛卡尔的形而上学立场，抛弃了身心二元论，也抛弃了笛卡尔对稳固知识基础和统一物理学科的宏大设想。与此同时，以"复兴"为主旨，乔姆斯基急于完成对传统理性主义的科学化改造，急于从现代科学的视角对笛卡尔的思想加以重新解读。多数改造和解读违背了笛卡尔的原意，从这一角度来看，乔姆斯基力主的复兴并不是传统理性主义自身的复兴，而更像是乔姆斯基为支撑自己的学说而做的生硬转换和铺垫。

乔姆斯基借鉴笛卡尔思想的核心诉求在于为自己的天赋语言观和语言创造性提供支持。回顾笛卡尔的沉思历程，心灵实体的设定不仅是必要的，也是必然的。在排除了所有可能的虚假或者虚构的事物之后，最终笛卡尔可以信赖的只有其本人正是思考的心灵了，所以心灵可以独立于外在事物，甚至也可以独立于我们的身体。乔姆斯基借鉴了笛卡尔的心灵概念，但他希望抛弃笛卡尔提出心灵实体时宏大的知识建构，因为宏大诉求不可避免地带来了形而上学式的玄思。乔姆斯基改造的核心是将笛卡尔由身及心的沉思变为由身及心的设定。笛卡尔的思路是身体不可信赖，心灵才是实体，并由心灵推出上帝的存在。在笛卡尔的年代，上帝存在得到证明意味着上帝创造的世界的存在也得到了证明。乔姆斯基的思路则完全相反，他接受物质世界存在的客观性，但同时认为包括语言在内的心智现象的存在也不可否认，因此心智现象并不缺乏客观性，而是缺乏基于当前科学的客观性证明。类似证明无关哲学，完全是科学要求。

当年笛卡尔也曾尝试寻找身心连接的可能。松果体（pineal gland）是笛卡尔设想中人类灵魂的寄所，涉及人类感知、想象、记忆等心智活动，并且还是人类身体运动的起因。笛卡尔的设想并非完全空想，他也曾对生理学和解剖学很感兴趣，只不过，从现代医学或生物学的视角来看，他对松果体的描述几乎都是错误的。笛卡尔寻找两者连接之处的努力并不意味着他尝试将两者相统一，他仍然坚定地认为身心是两个不同的实体，其中身体只是机器，心智才是灵魂。从笛卡尔知识体系的构成来看，身体并不是基础，心智才是，心智才是存在的首要依据。然而，在乔姆斯基的论述中，心智是一个客观存在的未知因素，它不同于身体，不同于身体的存在方式，但仍然以当前科学无法解释的方式客观存在。基于这一认识，乔姆斯基仍然追求心智与身体最终的统一。虽然乔姆斯基认为这一统一不会在现有物质概念上实现，而有待于未来对物质认识上的扩展，但扩展的基础是现有对物质的认识，扩展的核心也是将心智解释为另一个层面的"物质"。显然，这一定是笛卡尔要反对的。乔姆斯基认为牛顿对笛卡尔的突破仅在于打破了以接触力学为基础的机械论机制，没有涉及人体机器中的灵魂，但他本人在讨论语言时一直关注并引用的也只是更新的生物学、神经科学成果，如果这些可以解释人类的心智现象，那么是否也就意味着心智不过只是更一个层面上的"机器"，包括语言在内，其所谓的创造性也不过是精密的人类"机器"的机制性表现，和笛卡尔理论中的心智实体相距千里。

本书认为，乔姆斯基的改造只是提取了笛卡尔的心智概念以及笛卡尔描述的心智主要特征——创造性，但忽略了笛卡尔提出心智概念的背景和目标，乔姆斯基将笛卡尔的心智实体设定解释为权宜之计，是既无法确定心智现象归属又无法否认其存在的临时设定，这显然违背了笛卡尔的本意，因为如果心智设定是权宜之计，那么后续的知识构建就无从说起，统一物理学也将不复存在。

乔姆斯基式改造进一步的问题还在于，即便他获得了有关心智现象的机制解释，这种解释也不可能从根本上解释语言等心智现象的创造性问题。机制解释的一个基本特征是可预测性，如果物理学、生物学等学科可以解释心智现象,这也就意味着可以使用这些学科对心智现象的发生和变化加以预测。创造性的主要特征是自发性和随机性,对于语言而言还包括非机制决定的语境恰当性,这些均与可预测性相对立。所以,如果乔姆斯基的解释最终实现了,他也就离笛卡尔更远了。

　　如果我们转换思路,从经验主义的视角来看待乔姆斯基所追求的心智解释,就会发现这一解释更加自洽了。经验主义者也提出过天赋因素,如休谟提出一定的形式和意义可以构建更大更复杂的结构,这是来自"大自然的原始的手";理德认为"人类常识"包括"原始和自然的判断",这是"自然赋予人类的理解能力的组成部分","在日常生活事务中指导我们";蒯因将人类理论形成过程中所需的相似性联系能力视为天赋的;普特南提出人们应该用"一般性多目的的学习策略"来解释孩子的语言成就,而这些策略是天赋的。但是,不同于笛卡尔对心智的实体设定,也不同于康德对道德律、物自体的绝对留白,经验主义相信一切的认识都应该通过经验获得,也可以通过经验获得,天赋给人类的只是认识得以形成的生理基础。乔姆斯基正是要从生理学、神经学的角度来解释人类的心智问题,这与笛卡尔、康德的追求不符,但却与经验主义的努力一致。不仅如此,乔姆斯基虽然相信存在天赋的语言知识,但他同时认为对这一知识人类未必可知,而是否可知唯有经验才可以判断。仅就其中对待经验的立场来看,乔姆斯基明显更接近于经验主义者。

　　乔姆斯基是一位心智主义者(mentalist),他对行为主义心理学的批判被认为是第二次认知革命的开端,从此认知科学研究由外而内,心智/大脑自身成为探索的对象。笛卡尔当然也是一个心智主义者,以内省和沉思为依据,笛卡尔尝试从宏观的视角由内而外寻求知识的证明。然而,洛克也是一位心智主义者,虽然洛克认为人类的所有观念均来自经验,但那些仅是简单观念,洛克同时认为人类的心智可以对简单观念进行加工以形成"复杂观念",加工的手段包括"组合""比较"以及"抽象",这些手段充分体现了心智的力量和作用。这些力量和作用如此显著,以致于反对笛卡尔的洛克不得不做出了与后者类似的精神实体设定,以区别另一个同样为一般实体的物质实体。同时,为了避免笛卡尔的二元论,洛克搬出了上帝,发出了"为什么上帝不能赋予物质以思想呢"的追问。洛克还区别了实体和属性,认为实体不可知,能为人类所知的只是属性。"上帝视角"加上"不可知论",洛克的心智主义思想蒙上了神秘主义色彩,这充分说明他在心智问题上的困境。

　　我们认为洛克的困境更接近于乔姆斯基心智认识的起点。笛卡尔也曾尝试寻求身心之间的连接之处，那是因为"每个人都觉得自己是一个人，思想和身体是紧密联系在一起的"；他也曾懊恼，"在我看来，人类心智并不能同时设想身体和心智的区分和结合，因为如果要这样，就必须把它们设想为一个东西，同时又要把它们设想为两个东西，而这是荒谬的"。① 但无论如何，笛卡尔对身心的区分异常坚定，从实体到属性，他都将两者（物质与心智）截然区分开来。相比较而言，洛克更加希望找到身心、物质和心智在解释上的统一，而这种统一最好以物质为基础来实现，只是在他的年代，受宗教信仰和科学发展水平的限制，他只能搬出上帝，将心智解释为上帝对物质的馈赠。乔姆斯基也是基于物质却又是在现有对物质的认识之外寻求物质与心智的统一。乔姆斯基提出的天赋语言观是以生物进化和遗传为基础的，但同时认为，心智与物质的统一无法依据现有物质概念来实现，而只能期待对物质的认识不断扩展，扩展之后的物质概念可以同时解释现有的物质和心智现象。当然，也有可能这一期待永远无法实现，心智，也包括部分物质实体（如暗物质等），可能永远不会被人类所知。

类比洛克的思想，在乔姆斯基对心智的论述中，如果上帝缺位，那么心智将只剩下机器，虽然这一机器异常精密，我们目前无法解密其内在结构和运行方式。从笛卡尔思想的视角来解读乔姆斯基，我们得出的是相似的结论：如果心智不是独立于物质的实体，而只是大脑神经元的某种机能，那么由此形成的对心智的解释依然还只是机制解释。如此理解的心智也是机器的一部分，无法形成笛卡尔描绘的真正的创造性。简言之，乔姆斯基式的笛卡尔理性主义没有了二元性，等于身体没有了灵魂，那么心智最终也只能沦为机器。

综合以上讨论，我们认为乔姆斯基对传统理性主义的复兴是以忽略理论提出的背景为代价的，他对于洛克的批评也明显有断章取义之嫌。造成这些问题的原因，我们认为是乔姆斯基本人内在持有的实用主义态度使然。

乔姆斯基的实用主义态度我们在第二章讨论其自然主义方法时已经有所涉及，当时我们提到乔姆斯基视"大脑/心智"概念的使用为权宜之计，在本书后续对乔姆斯基的自然化立场和方法的反思与批判中会有进一步分析。分析中，我们甚至否定了乔姆斯基本人自称的自然主义者身份，他的自然主义更像是在自然科学方法庇护之下的实用主义。总的来说，乔姆斯基的实用主义态

---

① 帕金森.文艺复兴和 17 世纪理性主义[M].田平，陈喜贵，韩东晖，等译.北京：中国人民大学出版社,2009:259-260.

度体现在他从本体论、认识论到方法论的方方面面。鉴于其他章节各有专门讨论，这里只做简述。

先来看本体论方面。本体论对研究者来说本就是一种信仰，因为无论是唯物主义者还是所谓的唯心主义者都无法在当前自然科学水平之下确证自己所坚持的立场。乔姆斯基本人反对讨论本体论，他认为唯有自然科学才是物质或心智最终的裁判所，所以只需要坚持自然科学的态度和方法即可，无需在自然科学不及之处强加自己的判断。他甚至不惜创造出令人不解的"大脑/心智"一词，要求研究者放弃对两者的强行区分。与其强行区分，不如搁置争议，权宜采用这一看似具有两性的词语来表达心智的本体属性。乔姆斯基在本体论上的实用主义立场表露无遗。

在心智的本体立场上，乔姆斯基反对还原论，从本质上来说，他反对的是当前在身体和心智之间建立直接本体关联的可能。心智无法以任何形式还原为物质，这说明就其本体论而言，在乔姆斯基的认识中仍然物质是物质、心智是心智，这本身就内含着二元划分之实。乔姆斯基将物质与心智之间的鸿沟视为一个科学问题，这一鸿沟当前无法弥补是因为科学发展水平不济。这样的解释搬出了自然科学，看似有力，但它却与绝大多数科学研究者的态度相左。科学家们大多相信心智现象源于身体，并可以最终通过生理学、脑科学等得到物质性的解释。多数科学家的态度正是乔姆斯基尽力回避的，他认为心智本质不同于物质，包括语言在内的心智活动是自发的、创造性的，这些特征是物质不可能具有的。所以，当前认识之下，心智不同于物质。可以看出乔姆斯基一方面希望保留笛卡尔对心智创造性特征的认识，另一方面却也希望摆脱笛卡尔的形而上学立场，将心智研究纳入自然科学的研究范围。简单地说，乔姆斯基一方面认为心智不是物质，另一方面他又认为心智可以通过自然科学研究物质的方法来加以研究。这一看似矛盾的立场总给人以这一种印象：凡有益解释心智的东西都可以拿来使用，笛卡尔对心智创造性的想法有益于解释心智，自然科学的研究方法有益于研究心智，等等。这当然是一种实用主义做法。不仅如此，乔姆斯基还拒绝对科学研究结果持有任何信念，并且反复重述存在心智之"谜"永远无法解开的可能。那么，科学追求也就变成了实用主义演进，研究者只需努力推动即可，勿带有信仰，勿带有过多期待。

从认识论角度来看，乔姆斯基对语言知识的讨论亦由实用主义态度主导。首先，从语言知识的性质来看，乔姆斯基对知识确定性的态度若即若离。在其进行理论溯源的专著《笛卡尔的语言学》中，乔姆斯基对洛克提出了批判，原因在于洛克认为笛卡尔的心智设定形而上特征明显，因其对确定性和普遍性的过度追求使得心智认识丧失了经验主义内涵。乔姆斯基辩解称笛卡尔做出心智实体设定只是因为他无法否认心智现象的实际存在，所以相对于经验主义对心智的一味否定，笛卡尔的心智实体设定更有利于推动科学的发展。至于笛卡尔具体设定的内容则具有偶然性（contingent），需要依据科学发展来不断修正、完善。这里不禁让我们疑惑，乔姆斯基对知识的确定性和普遍性到底持有什么态度？如果说他持否定态度，他却又反复强调语言知识的天赋性，即"把如此复杂的人类（语言）成就归于几个月（至多几年）的经验，而不归于几百万年来的生物进化或神经组织原则，这是毫无道理的"[①]。作为人类共同的生物遗传所得，语言知识无疑具有确定性和普遍性。如果说他持肯定态度，他却又坚持认为所有人类知识，包括笛卡尔对心智的认识以及他本人对语言知识的认识都是阶段性认识，不乏很多为方便研究而设定的权宜之计。换句话说，乔姆斯基一方面在科学发展不及之处坚持语言知识的天赋性，强调确定性和普遍性；另一方面在科学发展进程中又坚持具体知识的偶然性和可错性。这再次将其实用主义立场暴露无遗。

其次，从语言知识的来源来看，乔姆斯基对知识天赋性的讨论也是模棱两可。在《笛卡尔的语言学》中，乔姆斯基几乎没有提及另一个理性主义传统中的关键人物——康德。这本可以理解，因为如果就知识的来源问题而言，康德的确不同于笛卡尔，他不认为知识内容是天赋的，知识的内容只能来自经验，天赋的是知识的形式，它来源于人类先天的认识能力。乔姆斯基早期一直坚持认为语言知识，至少其中的语言原则，是天赋的，并将儿童语言的习得过程描述为对天赋语言原则加以参数设定的过程，这样才可以解释儿童何以轻易、快速地习得各自的母语。这一论点明显倾向于笛卡尔的立场。笛卡尔对先天知识的论证自然可以依据其对上帝的信仰来维系，但身处 20 世纪，乔姆斯基却不得不努力去为这些先天知识内容找到自然科学研究成果的支撑。在近 60 年的探求历程中，乔姆斯基对天赋语言原则的探索备受挫折，其对于普遍语法的认定也经历了不断简化和原则化的过程，早期经典理论、标准理论中对具体规则的描述陆续被放弃，其后原则与参数设想虽然未被放弃，但天赋语言原则现在也很少被提及。最简方案之后，乔姆斯基开始逐步转向"生物语言学"研究，天赋性明确被生物性替代，不仅如此，乔姆斯基还尝试描绘了人类语

---

① CHOMSKY, N. Aspects of Theory of Syntax[M]. Cambridge, MA；MIT Press, 1965；59.

言的进化历程，可谓最终完善了语言生物学解释的作用链条，做实了其天赋语言猜想。

乔姆斯基认为语言源自大约 5 万～10 万年前的一次基因突变。以此为基础，我们不妨做一点推理。依据乔姆斯基，在实现基因突变之前，人类没有语言。那么基因突变为人类带来了什么，是语言知识吗？并且这些知识还可以通过生物遗传得以保留？然后再经由语言经验来激活并付诸使用？这样的思路明显更符合柏拉图和笛卡尔的立场，即便康德也只是讨论了认识结构的先天性，没有提到知识本身的天赋性。但随着乔姆斯基本人在研究中不断受挫，他最新提供的解释中语言专属因素已经只剩下合并操作和以此为基础的递归运算机制，同时他还认为合并操作和递归操作最先促成了语言的形成，随后被扩展至人类的其他认知领域。依据这些认识，我们认为：第一，所谓语言专属的合并操作与递归运算并非语言专属，而是人类的一般认识能力，可见于多个人类认识领域中；第二，如果它们非语言专属的话，也就不存在是语言的知识内容一说了。

回顾乔姆斯基对天赋语言观认识的发展，其所认定的普遍语法内容不断萎缩，从语言知识到语言原则，再到运算操作，这样的历程相当于从柏拉图、笛卡尔式的知识内容天赋到康德式的知识形式天赋再到认识能力天赋等一系列的转变，最终的认识已经和洛克、休谟以及蒯因、普特南等经验主义者的态度相差无几。一系列认识上的转变在乔姆斯基本人看来是科学态度使然。如果仅以这一类表述来看，我们完全可以视他为一位经验主义者，甚至是一位典型的科学家，但是，如果联系其理论渊源和自称的理性主义复兴者身份，我们只能认为他对理性主义传统的认识充满了实用主义色彩。他看似坚持理性主义传统中的知识确定性信念，自始至终坚守着天赋语言观，但在实际论述的过程中，信念的具体内容一再变化也就不可再被称之为信念。相反，我们觉得天赋语言观对乔姆斯基而言更像是一块挡箭牌，既被他用来抵挡众多经验主义者和实验科学家的批评，又构成了他本人一次次具体研究失败后的慰藉。

最后，从研究方法上来看，乔姆斯基一直游离于因果解释之外。乔姆斯基反复强调自己的研究方法是自然科学研究中最为常见的"假说＋验证"模式，并称其为"伽利略—牛顿风格"，意指两位伟大科学家采用并经过科学实践检验过的方法。以牛顿为例，他提出的三大力学定律有效解释了力的作用原理和作用效果，他构建的运算公式不仅可以有效解释事物的运动现象，而且还可以对事物的运动规律做出准确的预测。有效解释和准确预测的形成源自牛顿对于和事物运动相关联的因果因素的关注，如质量、速度、时间等，这些因素也直接构成了牛顿的力学公式。回头再来看乔姆斯基的研究方法。乔姆斯基语言研究的起点与牛顿等人相同——经验或称观察事实。乔姆斯基发现了一些"有趣"的语言现象，如语言使用的创造性，儿童语言习得过程中的语言经验刺激不足等。于是他基于这些现象提出假说并形成一般的原则性解释，如天赋语言观。这些假说会在进一步的观察中不断被修订、改进。针对这样的研究方法，林允清提出了尖锐的批评。在他看来，乔姆斯基的方法正如我们仅希望观察人们的奔跑活动来研究人类的奔跑能力一样，只能得出一些有关人类奔跑速度和形态的一般描述。正确的做法是研究人类的生理机能和外在的奔跑环境，这些才是与奔跑速度及形态直接关联的因果因素，才是可以形成有效解释和准确预测的因果解释。①

在研究的证据问题上，乔姆斯基坚持采用人类的语言直觉作为判断语句是否合语法/可接受的唯一证据。之所以如此操作，是因为乔姆斯基认为母语者的语言直觉是其语言能力的直接体现。他同时认为，以天赋的普遍语法为基础，语言使用者拥有共同的内在语言原则，而语言内在以表征和计算的方式运行，因此内在原则或者规则决定了语言外在使用的形式，语言使用者会形成共同或者至少相似的语言表达以及语言判断。于是在构建语言原则、句法规则时，乔姆斯基及其他生成语言学家的普遍做法是：基于母语使用者的判断，确定合语法/可接受的语句表达，对这些语句的规则和生成方式进行归纳，最终形成抽象的形式化表达。这些形式化表达便是乔姆斯基等人认定的语言原则，它也同时是普遍语法的候选内容。普遍语法正是乔姆斯基理论体系中人类语言能力的核心，是天赋的，经由生物进化和基因遗传而来。

依此方法构建的普遍语法可以如牛顿力学定律一样解释语言行为的内在因果机制吗？我们觉得不能。首先来看母语者的直觉判断。我们认为任何这样的判断都是在一定时间内、针对某一种语言进行的。语言及其使用并非一成不变，凡是"活"着的语言都经历了从音、形到意的历史变迁，所以当前的判断结果不一定适用于该语言过去的形态或者其未来的发展。不仅如此，语言间的差异，即便是在最为稳固的句法层面，其差异也很明显，所以针对一种语

---

① LIN, F. Y. A Refutation of Universal Grammar[J]. Lingua, 2017(193)，http://dx.doi. org/10.1016/j.lingua.2017.04.003.（注：林允清，英文期刊上署名为 Francis Y. Lin，本书中仅使用中文名）

言的判断结果不一定适用于其他语言。更何况，还有我们无法恢复的已消失的语言和无法预想的未来的语言不会进入我们判断的范围。综合而论，仅通过一定时间内、针对某些语言形成的语言原则判定适用于现存大部分语言都成问题，普遍性严重成疑，更遑论其反映了人类普遍的语言认知能力乃至是人类固有的生物基因。其次，我们来看语言的内在加工模式。乔姆斯基将人类的语言加工机制描述为三个系统协作的结果：感觉—运动系统、概念—意旨系统和递归运算机制。感觉—运动系统负责语言信息的输入和输出，概念—意旨系统负责语义处理，递归运算机制负责句法处理。乔姆斯基认为只有递归运算机制才是语言专属，即便这一理解正确，它也无法解释人类的语言能力形成和使用的因果作用机制。语言的创造性不仅在句法，更在语义和语言的使用。笛卡尔和乔姆斯基最为关注的语言的创造性也不可能只来自句法运算，更应该来自语义选择和语境下语言的灵活运用。如此看来，研究人类的语言能力，单考虑句法生成是不够的，更需要思考包括记忆、信息提取与加工等认知系统以及神经元连接、脑电传输等认知加工的生理基础。相比于句法，这些人类的认知系统和生理基础才是语言能力形成和运用的因果作用机制。乔姆斯基对句法的过度关注显然是避重就轻了，虽可以推动相关研究，但无助于最终解释语言能力形成、运用的因果机制。缺乏因果解释，乔姆斯基对语言能力的解释也像是一种权宜之计。他号称解释的是语言的内在运算机制，实际上不过都是一些基于观察事实的理论猜想；他虽然坚持采用内在化研究方法，但是因为没有将人类的记忆系统以及信息加工的方式、速度、效率等因素考虑在内，实际上也就是一种基于猜测的对认知系统内在运算方式的形式化模拟。正是因为缺少了实践和实验等"硬"科学研究方法的支持，所以乔姆斯基对语言的解释才会在几十年间经历了一次次"倒退"，天赋语言的内容不断萎缩，直至几近消失。过程中，乔姆斯基的每一次更新或者称革命，都只是权宜之计。

为了增加自己研究的科学性，乔姆斯基还总是将语言与其他生理机能相类比，如将语言能力的习得过程描述为生长过程，与视觉系统、听觉系统的生长、发育过程相似。他同时认为语言的加工模式是模块化的，语言能力独立于其他认知能力。但语言能力与视力、听力最大的区别在于，后两者在不同地区、不同国家可以形成客观上的一致性，而语言不行。虽然乔姆斯基坚持认为在内在运算机制上各语言是相通的，但如果推而广之，鉴于尚未发现任何语言专属机制或者基因，认知语言学家提出的语言机制属于一般认知机制可能更加可信。不仅如此，语言能力的创造性和多样性远比视力和听力系统复杂，必须要涉及更多认知系统之间的协调。即便我们和乔姆斯基一样仅将句法运算视为语言的专属因素,我们也会发现句法本身也具有意义特征,句法的构成方式会对语言表达的意义产生重要的影响,这说明乔姆斯基坚持的句法自主可能无法真正实现。

上述一系列从研究方法角度的分析已经将乔姆斯基与其他主要科学家区分开来。乔姆斯基不是实验科学家,也不从事真正的科学实践研究,他更多仅是基于观察到的语言现象对语言能力的构成和习得进行猜测。猜测过程中遇到困难就不断自我变革,以适应新的观察现象。这样的研究态度明显是实用主义的。

第四章 乔姆斯基方法论原则:质疑与反思

第一节 方法论的自然主义

"方法论的自然主义(Methodological Naturalism)"是乔姆斯基自创的术语,用以表明其在语言与心智研究中的自然主义立场和坚持自然科学研究方法的态度。在乔姆斯基的论述中,方法论的自然主义包括两项主要内容:溯因推理①、伽利略—牛顿风格。溯因推理借鉴自皮尔士,指的是一种形成解释性假说的推理形式,皮尔士后期将其与归纳和演绎并列,三者共同构成了科学发现过程。有关溯因推理,本节仅简要说明基本的借鉴情况,下一节将会具体分析乔姆斯基在借鉴过程中对溯因推理的误用及其可能的后果。

乔姆斯基被认为是首位将"溯因推理"引入语言学研究的语言学家②。他早在1968年《语言与心智》第一版中就大段引用了皮尔士的这一概念,随后又多次提及(参见乔姆斯基1969,1975,1979,1986,1994,2000,2003,2006③等论述)。让人印象最为深刻的无疑是乔姆斯基1977年在回答法国语言学家米索·侯纳(Mitsou Ronat)提问时所说的话:"我觉得和我最接近的哲学家是皮尔士,我几乎是正在诠释他的思想。"④依据这一回答,皮尔士对乔姆斯基的影响之大似乎已成共识。

---

① 不同时期,皮尔士曾使用了不同的名称称谓这一发现形式,如假说(hypothesis)、假说推理(hypothetic inference)、逆推法(retroduction)、推论(presumption)等。另外,"abduction"的中文译名繁多,文献中出现过的翻译形式不下二十种,包括"外展推理"(徐向东)、"溯因推理"(陈波、陈保平)、"直觉推理"(熊学亮)、"估推"(沈家煊)、"假设推理"(江天骥)等。

② 参见 DEUTSCHER, G. On the misuse of the notion of "abduction" in linguistics[J]. Journal of Linguistics, 2002, 38: 469-85.

③ 2006年乔姆斯基为 Language and Mind 第3版所作的序言中再次讨论了溯因推理问题。

④ CHOMSKY, N. Chomsky's Classic Works: Language and Responsibility and Reflections on Language[M]. New York: The New Press, 2007: 71.

乔姆斯基 1968 年首次提到皮尔士的溯因推理时写道①:

我一直以来对语言知识习得的描述方式让人想起查尔斯·桑德斯·皮尔士 50 多年前所做的一次讲座。这次讲座很有意义但却未受重视,在讲座中他提出了一些与一般语言习得很相似的观点。他认为人类才智所受到的一般限制比浪漫主义对人类无限完美可能的设想要严格很多,成功的理论构建的前提是对可接受假说存在先天限制,促成假说生成的"猜测本能"仅运用归纳推理程序来作为"矫正行为"。

皮尔士认为:"人具有设想出某种正确理论的自然倾向……(原文省略号)如果没有这种可满足自身需求的心智存在的话,人类将不会获得任何知识。"相应地,在当前的讨论中,语言知识——语法——之所以能够被习得,完全是因为我们被"预设(preset)"了以语法形式存在的严格限定。从康德的意义上来说,这些先天(innate)的限定是语言经验形成的前提条件,它们是语言习得过程和结果的决定因素。儿童出生时并不知道要学哪种语言,但一定知道将要学习的语言的语法是预先确定的(predetermined),并因此将很多可能的语言排除在外。一旦选定了适用的假说,他就可以使用归纳证据来进行验证,肯定或者否定自己的选择。而一旦某个假说被充分证实,该儿童就学会了由这一假说确定的语言。随后,他的知识超越经验快速增长,事实上这时他已经可以对有缺陷和反常的经验做出明显的判断。

在上述两段引文中,乔姆斯基将溯因推理引入自己对儿童语言习得的描述,并表达了两者的相似之处。在随后的论述中,乔姆斯基进一步提出了"儿童语言习得即溯因推理"的论断。他在 1986 年《语言知识:其性质、来源和使用》中明确提出:

我早期研究中设想的语言习得和解释模型本质上就是皮尔士溯因推理:先天限制("猜测本能")生成了少量的可接受假说,这些假说会接受"纠正行为"的检验,"纠正行为"能够起作用正是因为"人类的心智具有设想正确理论的自然倾向"。基于语言习得的事实,基本问题在于构建普遍语法从而减少可接受假说的数量,甚至减少至一个。如果真是如此,普遍语法便有效回答了第一章中提出的语言知识如何习得问题,完全做到了解释的充分性;如果情况不

---

　　①　CHOMSKY,N. Language and Mind[M]. (3rd Edition). New York:Cambridge University Press,2006:79-80.

是这样，那么普遍语法就没有成功。①

这样的论述还出现在他为《语言与心智》第三版所作的序言中②：

对于语言学习而言，一个自然的结论是：儿童习得的 I-语言具有科学理论的特征，它是一个包含规则和原则的综合系统，从中可以生成语言表达，这些规则和原则都是思维和行为指令的集合。儿童必须从一系列的语言经验中选择 I-语言。这个问题与皮尔士在思考科学发现问题时提出的溯因推理相似。

乔姆斯基借鉴皮尔士溯因推理的根本意图是要解释儿童语言习得问题。依据乔姆斯基的分析，儿童语言习得过程与溯因推理过程存在很多相似之处：实施主体相似，都是人类的天赋本能；实施过程相似，是在基于天赋本能的无意识思维过程；实施结果相似，都形成了新的认知，前者指儿童获得了新的语言，后者指研究者形成了新的科学发现。

这三个相似之处有力支持了乔姆斯基本人对语言能力本质和儿童语言习得的主要设想，并且皮尔士对溯因推理的解释适当弥补了理性主义传统中空泛的先天理论，为乔姆斯基解释柏拉图问题提供有力论据。因此，乔姆斯基对皮尔士颇有"相见恨晚"之感。

具体来说，乔姆斯基认为语言是心灵的镜子，所以借助语言，尤其是儿童语言习得，可以为解释人类的认识之谜（柏拉图的问题）提供钥匙。在认识论问题上，乔姆斯基是坚定的理性主义者，但乔姆斯基的理性主义是经过改造的理性主义，改造使用的工具便是"自然主义"。自然主义要求将研究对象纳入自然科学的解释范围，对于乔姆斯基而言，首要的任务便是如何解释语言知识的"天赋性"存在。乔姆斯基的解决办法是提出语言官能及普遍语法，将"天赋性"解释为"生物遗传"，从而实现对笛卡尔理性主义"天赋观念论"的自然科学式改造。在经验主义盛行的 20 世纪六七十年代，乔姆斯基对天赋论等理性主义传统的复兴招来了大量的批评，他最重要的两位导师哈里斯和古德曼均宣布与其断绝关系。鉴于自然科学研究水平有限，也无法为语言官能的存在提供直接支持，所以乔姆斯基急需更多的外在证据。此时读到皮尔士的溯因推理对他来说无疑是一大惊喜，尤其是皮尔士诉诸生物进化对"小鸡天生有选择

① CHOMSKY, N. Knowledge of Language: Its Nature, Origin, and Use[M]. Beijing: Foreign Language Teaching and Research Press, 1986/2002: 54-55.

② CHOMSKY, N. Knowledge of Language: Its Nature, Origin, and Use[M]. Beijing: Foreign Language Teaching and Research Press, 1986/2002: x-xi.

食物的本能"的讨论让乔姆斯基坚信自己对儿童语言习得过程的理解就是皮尔士的溯因推理过程。此时皮尔士虽早已去世,但却正声名鹊起,恰好可以给乔姆斯基提供有力的理论支持。

方法论的自然主义的另一项内容——伽利略—牛顿风格,顾名思义,指的正是两位伟大科学家在各自科学研究中所采用的原则、方法。乔姆斯基认为这些原则、方法是自然科学研究的基本路径,应该在包括语言和心智的研究中得到贯彻。

乔姆斯基使用的"伽利略风格"一词源自物理学家史蒂文·温伯格(Steven Weinberg),后者又将这一表达追溯至哲学家胡塞尔。温伯格使用该词不仅是为了提升理论,更主要是用来指称以下事实:相对于"一般的感觉经验构成的世界",物理学家将他们使用数学模型构建起来的世界视为"更高等级的现实"①。这也就表示,"我们构建的抽象系统才是确定的真理,而具体现象因为受到太多因素的干扰却是对真相的扭曲,所以,无视一些现象,转而探寻现象背后可以深入解释其之所以如此的原则通常才是合理的做法"②。在乔姆斯基看来,这也正是伽利略最为引人注目之处,虽然在当时这可能算是对科学研究的冒犯之举。"他(伽利略)往往会说:'注意,如果某一论据驳斥了理论,那么可能这一论据本身就是错误的。'比如他当时支持哥白尼的理论,但他无法解释物体为什么不从地球上飞出去,即如果地球自转的话,地球上的物体不是应该飞到太空吗?"乔姆斯基指出,"在当时一切以观察论据为导向的时代,伽利略饱受了批评,然而在核心自然科学之外的其他几乎每一个领域,我们的时代也正经历着同样的情形。"③所以,对当前研究的意义而言,伽利略风格正是要求转变对世界的看法,"你要尝试理解它是如何运作的,而不是仅仅描述一大堆现象,这可是一种相当大的转变"④。

乔姆斯基认为,伽利略风格被用于提升理论及其可理解性出现在牛顿之后。牛顿认识到世界本身并不易理解,至少不是在现代早期科学家希望的层面上可被理解,人们最多只能做到创建一些可理解的理论。所以,世界对一般直觉性认识而言没有意义,"正确的做法是构建最佳理论,可理解的理论,这是

① CHOMSKY, N. On Nature and Language[M]. Cambridge: Cambridge University Press, 2002: 98.
② CHOMSKY, N. On Nature and Language[M]. Cambridge: Cambridge University Press, 2002: 99.
③ CHOMSKY, N. On Nature and Language[M]. Cambridge: Cambridge University Press, 2002: 99.
④ CHOMSKY, N. On Nature and Language[M]. Cambridge: Cambridge University Press, 2002: 100.

'伽利略风格'的另一部分"①。

在乔姆斯基看来，正是这些研究视角上的转变推动了现代科学革命，"虽然在大多数探索领域他们并没有真正引起研究者的重视，但现在看来他们已经可以算作是物理学、化学等学科的第二本质"②。乔姆斯基同时认为，即使是在数学这一最为纯粹的科学中，"伽利略风格"也显著存在。比如后世的数学家们发现在牛顿和莱布尼茨创立的微积分中存在着诸多的问题，但这些数学家并没有就此放弃微积分，很多欧洲大陆数学家如欧拉（Leonhard Euler）、高斯（Carl Friedrich Gauss）等无视这些问题，并选择与问题共生，他们继续数学研究并相信这些问题有一天会被最终解决。

基于上述讨论，我们可以将乔姆斯基论述中伽利略—牛顿风格的主要特征概括为理想化、抽象化和无视反例。第一，理想化指对研究对象、研究环境和研究方法的理想化设定。伽利略正是理想化实验模式的创立者。比如他曾设计了无摩擦的理想实验设计，设想如果没有摩擦的话，一个小球从一侧斜面释放，它会到达另一侧斜面相等的高度；如果另一侧不是斜面而是水平面，那么小球则会无限运动下去。同样，牛顿的三大力学定律也是理想化情境设定下思考的产物。需要注意的是，理想化不是随意简化，它是为了突出主要研究对象和研究内容而进行的精心设计，正如当前研究设计中对变量的控制一样，控制部分变量或对它们加以理想化设定正是为了凸显研究对象的主要变量。第二，抽象化指的是研究过程中对数学和逻辑等形式化方法的运用。采用形式化研究方法的最大优点在于可以使研究摆脱对具体经验的绝对依赖，并得以在抽象的层面上建立更加宏观的原则或理论体系。在这一方面牛顿的表现更加突出，他创立了微积分，开创了求解无限小问题的新算法，出版了《自然哲学的数学原理》，运用微积分等数学工具论证了万有引力定律，统一解释了地面物体和天体的力学关系，建立了经典力学理论体系。如科学史家伯纳德·科恩所说（I. B. Cohen），"牛顿的讨论，始于一种纯数学的结构或想象的系统——它并不只是一个简化了的自然事件，而是一个在实在的世界中根本不存在的纯属虚构的系统"③。第三，无视反例是一种研究态度，在伽利略的年

①　CHOMSKY, N. On Nature and Language[M]. Cambridge：Cambridge University Press, 2002：100.

②　CHOMSKY, N. On Nature and Language[M]. Cambridge：Cambridge University Press, 2002：101.

③　科恩.科学中的革命[M].鲁旭东,赵培杰,译.北京:商务印书馆;2017:208.

代,无视"太阳绕着地球旋转"这一事实算是这种态度的体现,牛顿建立力学定律时同样无视了"物体只有相互接触才能产生力的作用"这一事实,这也正是乔姆斯基面对众多批评时所希望表明的研究态度。

乔姆斯基在自己的研究中也坚持了上述三个方面的要求。

首先是理想化。在 1965 年出版的《句法理论若干问题》的第一章"方法论基础"中,乔姆斯基就明确写道:"语言学理论主要关注的是一位处于单一语言社区中理想语言说话者—听话者,他完全通晓所使用的语言,语言能力也不会受到语言使用过程中记忆限制、注意力分散、注意力转移、兴趣转移、错误(无论是偶然错误还是典型错误)等语法无关条件的影响。"[1]这里不仅设定了单一语言社区这一语言使用环境,还设定了完全通晓该语言的理想使用者。不仅如此,乔姆斯基还进一步限定了语言学研究的对象,即这一对象既不是理想语言使用者对该语言的具体使用,也不是他知道的语言知识,而是其内在的语言相关心智状态,同时也是大脑的内在生理状态。这一心智/大脑状态的生理基础部分乔姆斯基称之为语言官能,它是人类的生理器官之一,而这一状态的心智部分乔姆斯基称之为 I-语言。I-语言与 E-语言相对,后者是外在语言,即外在的语言使用和具体的语言表达。I-语言仅关注语言的内在属性和特征,因此可以被认为是"理想化"说话者—听话者内在的"理想化"状态。在乔姆斯基语言研究的具体实践中,他又将语言相关认知系统划分为概念体系、感觉运动系统和句法运算系统,并认为真正属于语言官能的仅是句法运算系统,这不禁又将理想化研究方式向前推进了一大步。

其次是抽象化。抽象化在乔姆斯基的研究中表现为形式化,他广泛借鉴了结构主义语言学、逻辑实证主义的形式化描述方法,并直接采用了包括运算、参数、递归等数学概念和工具来描述句法及其生成。因为数学和逻辑学的成功,形式化描述和演算的过程与结果被认为比经验观察和归纳具有更高层次的确定性,"形式"高于"质料"等观念早已深入很多研究者的内心。乔姆斯基放弃对语言使用的研究本身也就表明他放弃了对语言经验的关注。早在20 世纪 40 年代末,刚涉足语言学领域的乔姆斯基就对结构语言学依据语料进行归纳、分类的研究方法产生了质疑,在他看来,语料浩繁且充斥着受到非语言因素干扰而形成的各种错误,完全基于语料难以捕捉、探寻人类语言的本质。质疑的结果便是他很快与结构主义语言学研究方法决裂,转而借鉴卡尔

---

① CHOMSKY, N. Aspects of Theory of Syntax[M]. Cambridge, MA: MIT Press, 1965: 3.

纳普、蒯因、古德曼等人的逻辑构建方法开启全新的自然语言形式化研究之路。在生成语言学中,从最初的经典理论开始,形式化描述手段就占据了研究的绝对主导地位,直至最新的语言进化猜想,语言的专属因素依然被设定为合并操作和以此为基础的递归运算机制,形式化运算是它们被付诸运用的唯一可能。在乔姆斯基的理论描述中,似乎包含语言在内的人类认知活动都是以合并操作为基础的形式化运算,也就是说,乔姆斯基已经将形式运算设想为人类认知活动的主要也可能是唯一形式。

最后是无视反例。乔姆斯基在研究中无视反例的态度可以从两个方面来加以分析。一方面是如之前引用中所述的研究态度,尤其是当面对批评时,他经常会强调对语言本质加以解释的理论会比具体语言经验更加可靠,所以可以选择性无视一些反例的存在。这样的反例可能出现在他的儿童语言习得理论中,如批评者针对乔姆斯基的天赋语言、刺激贫乏、参数设定等设想均提出过不少反例;也可能出现在他对语言本质的理论设想中,如批评者通过观察和实验研究发现乔姆斯基设定的语言专属因素递归运算机制不仅存在于人类的其他认知系统中,还出现在了部分动物的认知活动中,如此等等。另一个方面更加重要,乔姆斯基会在无视部分反例的同时,在整体上修订甚至直接革新自己的理论形态。实际上,自"管辖和约束理论"之后,乔姆斯基就不再称自己的研究猜测和研究成果为"理论",而是选择了"框架"(如"原则与参数框架")、"方案"(如"最简方案")等词语,意指他提出的不是理论更不是最终成果,而只是语言研究的框架性设想,研究有待不断推动,设想有待验证。乔姆斯基的研究"方案"想法在科学研究中早有先例,如著名的"希尔伯特方案(Hilbert's Program)"。该方案面对着集合论悖论提出了一些基本设定,如将一致作为符号系统的一种形式性质等,希望可以由此消除数学内在的矛盾。虽然方案最终被哥德尔证明无法达到其提出时设定的目标,但它却直接推动了数学和逻辑学的发展,命题演算、一阶谓词演算等简单对象理论的内在无矛盾性由此得以被证明。乔姆斯基借鉴了这一研究路径,他认为从科学发展史来看,大多数研究设想都是框架和方案,正因为它们可以基于理想化、抽象化的设定无视一些具体的观察事实,才可以从更高的层次上运用形式化方法来对研究对象的本质加以探索;同时,这些研究方案只是提出了各自时期的最佳理论设想,最终理论形态和成果需要由后续自然科学发展来验证。

以溯因推理和伽利略—牛顿风格为主要研究方法或策略,乔姆斯基提出自己的方法论原则——"方法论的自然主义"。

　　"方法论的自然主义"的提出与乔姆斯基对蒯因"自然化的认识论"的批判是相伴而生的。乔姆斯基首先批判了蒯因的自然科学论题。蒯因曾认为："世界及其包含的一切，从夸克、染色体到远处的土地，甚至是太空中的星云，就如一台位于黑箱之中的巨型计算机，除了输入和输出的相关记录之外，其他部分都处于封闭状态。我们仅直接观察到这些输入和输出的记录，并依据它们猜想这台机器（即宇宙）的内在结构。这也就是我们想到了夸克、染色体、遥远的土地和星云的原因，它们可以被用来解释这些观察到的数据。"①在蒯因的理解中，自然科学也无法提供有关世界的确定认识，所以他将自然科学解释为"夸克理论和诸如此类的"。乔姆斯基追问到底什么是"诸如此类的"东西呢？但他批判的焦点并不是蒯因未能给自然科学提供一个明确的定义，这样的定义乔姆斯基自己也无法提供，而是蒯因依据这样一个未加明确的定义就限定了研究的对象和范围。虽然"诸如此类的"是什么还不清楚，但结合他的行为主义立场，可以认定"诸如此类"一定不包括心智现象。蒯因曾明确表示："行为主义者认为，即使对于心理学来说，谈论观念也是糟糕的做法。我认为行为主义者的这个看法是正确的。"②观念即为心智现象，同样乔姆斯基所研究的语言、语言官能、语言习得机制等也肯定属于心智现象，从而被蒯因排除在自然科学研究范围之外。乔姆斯基称蒯因区别对待研究对象的态度和做法为"方法论上的二元论（methodological dualism）"③。

　　"方法论上的二无论"，简单地说，就是认为自然科学方法不适用于心智问题的研究。上段引文中蒯因已经明确表明不仅我们的大脑，甚至整个世界都是一个黑箱，我们仅能通过观察这个黑箱与外界的输入与输出记录才能窥探并尝试解释其内在构造。在语言问题上，蒯因的态度更加明确，他认为"在心理学中，一个人可能是或可能不是行为主义者，但是在语言学中，人们别无选择。我们每个人都观察别人的言语行为，并让别人观察、强化或改正自己磕磕巴巴的语言行为，从而学会自己的语言。我们严格依赖于可观察情景中的明显可见的行为。"④基于这一描述，语言习得正是一次次"刺激—强化"过程的

　　①　QUINE. W. V. The Web of Belief[M]. New York：McGraw-Hill, Inc. 1978：22.

　　②　蒯因.语言学中的意义问题[A].蒯因著作集：第4卷[M].北京：中国人民大学出版社，2007：51.

　　③　CHOMSKY, N. New Horizons in the Study of Language and Mind[M]. Beijing：Foreign Language Teaching and Research Press，2002：93.

　　④　蒯因.真之追求[M]//蒯因著作集：第6卷.北京：中国人民大学出版社，2007：495.

结果,蒯因虽没有直接否认某种内在机制的存在,但这一过程肯定不是乔姆斯基所描述的儿童内在语言机制的激活过程。在后一个过程中,语言经验的作用仅限于激发语言官能以促成其"生长",模仿和强化的作用几乎可以被忽略。乔姆斯基对蒯因的立场加以反驳,他认为,如果按照蒯因的行为主义论证方式,"我们也必须认定基于营养方式的胚胎学研究路径也是必须,因为从胚胎到成熟个体的发展过程中,有机体严格依赖于外界营养的供给。"依此类推,如果说"所有语言学家都必须是行为主义者,那么所有的生物学家也都必须是营养学家"①。在乔姆斯基看来,后一个结论显然是错误的,因此前一个论断也同样是错误的。乔姆斯基承认,现有的语言与心智研究中还存在着不少缺陷,但绝不应该就此放弃对它们加以自然科学式的探索。他认为采用自然科学方法对有机体(细胞、昆虫、鸟类、海豚等)之间的相互作用进行研究时,我们同样会试图发现促成这些相互作用的内在状态,那么在研究人类的语言时,这样的路径也不应该被禁止。

　　乔姆斯基同样批评了戴维森的二元论立场。他认为戴维森受到了蒯因的影响并将二元论引入了自己的研究。戴维森认为,对意义加以描述研究,其目标是要建立一种"有关解释者语言能力的模范理论",但研究"并不会为理论研究提供如下说明:如果理论正确描述了解释者的语言能力,那么解释者内在的某种机制必须与该理论相一致"②。可见戴维森同样放弃了对解释者语言能力背后的内在机制加以探索。在对待研究证据的态度上,戴维森追随了蒯因的步伐,他认为,只有具体语境下的语句使用才是可以公开观察的,才能被视为证据,除此之外别无其他。同时,虽然理论可以涉及指称或者相关语义观念,但"在判断其正确与否时,除了看其是否提供了有关语句使用的合理解释之外,我们别无其他办法"③。

　　那么,对待语言和心智问题,正确的研究态度是什么呢? 乔姆斯基认为要将自然科学的方法贯彻到底,坚持"方法论的自然主义"。这首先要求回归17、18 世纪时真正的科学精神。17、18 世纪时,哲学与科学并没有分离,因此

---

　　① CHOMSKY, N. New Horizons in the Study of Language and Mind[M]. Beijing: Foreign Language Teaching and Research Press, 2002: 101.

　　② CHOMSKY, N. New Horizons in the Study of Language and Mind[M]. Beijing: Foreign Language Teaching and Research Press, 2002: 102

　　③ DAVIDSON, D. The Structure and Content of Truth[J]. Journal of Philosophy, 1990, 87: 300.

如哲学家笛卡尔、莱布尼茨等人本身也就是科学家。当时没有学科的分野，笛卡尔等人研究的目标就不会被局限于或哲学或科学等具体的学科领域，而是要去构建普遍有效的科学知识体系。正是基于这样的思路，笛卡尔在积极开展各项科学研究的同时，还主动思考科学知识的来源、结构以及知识的确定性和普遍性等问题。他发展了"机械论哲学（mechanical philosophy）"，为人类解释物质世界的基本现象提供了普遍的依据。但与此同时，笛卡尔也注意到，在物质世界之外存在着心智现象，它们无法运用机械论来解释，也无法"还原"为物质基础。于是，他便设定了"心智"实体，以区别于身体或物质实体。所以，在乔姆斯基看来，笛卡尔的心智实体设定完全是其自然科学研究的延伸，是以经验事实（心智现象的存在）为基础的科学假设，这与科学研究史上牛顿最初对"引力"的设定、法拉第最初对"电场"和"磁场"的设定等没有本质区别。其后，牛顿虽然通过研究证实笛卡尔的机械力学存在着严重的问题，尤其是无法为物体运动提供有效的解释，但牛顿只是摧毁了笛卡尔的"机器"，"机器中的幽灵"仍然存在且没有得到有效解释。

乔姆斯基认为后来哲学和科学的分化才使得"心智"或者"心智的"等概念具有了形而上特征，并由此形成了本体论内涵。但在乔姆斯基看来，如果联系17、18世纪的科学发展史，"心智的"概念也不过正如后来"化学的""电子的"等概念一般是一种研究设定，它本质上是研究者依据观察事实对尚未清晰认识的研究对象的一种临时性称谓。因此，乔姆斯基主张回归17、18世纪的科学研究传统，消除哲学与科学之间明确的学科划分。

对于当前的语言与心智研究而言，坚持"方法论的自然主义"，回归17、18世纪研究传统和科学精神，其核心在于承认心智现象、心智状态的存在，并积极运用所有可行的自然科学研究方法、手段对人类心智的内在状态和结构加以探索，尝试由内而外地解释人类的行为。具体到语言研究而言，就是基于对语言使用和儿童语言习得等诸多语言事实的观察，依据溯因推理，大胆对语言的内在状态、结构以及生理基础进行猜测，提出诸如"普遍语法""儿童语言习得装置"等具体理论假说，并依据后续更多的观察事实和自然科学研究成果来对假说加以求证。

基于"方法论的自然主义"，乔姆斯基不仅重新解释并捍卫了笛卡尔的理性主义传统以及其中包含的"真正科学精神"，同时他还尝试对备受争议的"身—心"统一问题提出了自己的解决办法。现有研究中最普遍的"统一"方案是将心智以某种方案纳入到物质之内。在第一章中我们已经简单讨论过现有的心智自然化研究路径,并粗略划分出了非还原论、还原论和机能论三种主要类型,也讨论过各路径的优势和困境。乔姆斯基的解决办法可以概括为两点:第一,搁置争议,积极探索;第二,构建"最好的解释性理论"。第一点要求在自然科学能够为心智现象提供最终的解释之前先搁置争议,尤其不要妄下论断。正确的做法是"我们只能采用自然主义路径,使用任何适用的术语来构建解释性的理论,并以此来面对统一问题"①。对于这些心智相关的词汇表达,没有理由要求它们必须被纳入到当前的自然科学范围之内。对于第二点,乔姆斯基坚持"语言是心灵的镜子",因此在自然科学还无法为人类的心智现象提供有效的解释之前,通过语言研究我们可以最大程度地推动对心智的探索。具体的探索路径正是上文所讨论过的"溯因推理"模式和"伽利略—牛顿风格"。乔姆斯基进一步认为,他当前在语言学研究中提出的有关语言知识的来源、性质和习得的理论正是自然科学研究的一部分,并且有可能正是当前对语言与心智现象"最好的解释理论"。

第二节　乔姆斯基对皮尔士溯因推理的误用

鉴于乔姆斯基 1977 年在回答法国语言学家米索·侯纳提问时提到自己最接近的哲学家是皮尔士,他几乎是正在诠释皮尔士的思想,现有研究者多依据这一回答,认定皮尔士对乔姆斯基的影响很大,溯因推理是乔姆斯基语言和心智研究的重要理论来源,现有讨论也多是从乔姆斯基的视角出发,讨论他与皮尔士的相似之处。

本节将从皮尔士的视角出发,基于文本阅读和对比分析,重新审视溯因推理本身以及它与乔姆斯基语言学理论的关联。鉴于乔姆斯基的主要思想书中前两章已有详述,本节中涉及之处均简述。

皮尔士提出溯因推理是为了解释新认识如何形成的问题。新认识如何形成?传统理性主义者和经验主义者做出了不同的回答。从休谟的极端怀疑论中惊醒的康德决定重建知识的稳固基础,为此他提出了"先天综合判断何以可

---

① CHOMSKY, N. New Horizons in the Study of Language and Mind[M]. Beijing: Foreign Language Teaching and Research Press, 2002: 103.

能"的问题。皮尔士对知识来源的思考深受康德的影响①,但作为后世哲学家,他也深谙康德先验哲学的不足。"依据康德,哲学的核心问题是'先天综合判断何以可能?'但在此之前,我们应该先问的是,一般而言,综合判断如何可能? 或者更笼统地说,综合推理到底如何可能? 如果这些更笼统的问题得到了回答,那么前面更具体的问题就会变得很简单了。这一问题正是哲学之门上的锁扣。"(CP 5.348②)为了回答"综合推理如何可能?"皮尔士自称奋斗了50多年(CP 7.98)。在早期著作中,皮尔士就创造性地提出了"溯因推理"。溯因推理与归纳推理、演绎推理并列,其中,演绎属于分析推理(analytic),归纳和溯因属于综合推理(synthetic)。虽然同属综合性推理,但归纳是一种从个例到一般规则的推理,而溯因推理则是一种从观察事实到解释假说或者说从结果到原因的推理。溯因推理的提出初步回答了问题"综合推理如何可能"。随后几十年间,皮尔士对溯因推理的认识不断改进。

皮尔士对溯因推理逻辑的认识共分为三个发展阶段。第一阶段是"三段论阶段"。皮尔士于1968年提出溯因推理,随后借鉴亚里士多德的三段论模式对溯因推理加以描述,并举例如下(CP2.623):

> 所有从这个袋子里取出的豆子都是白色的。(规则)
> 这些豆子是白色的。(结果)
> 这些豆子取自于这个袋子。(例子)

此时的溯因推理还被皮尔士称为假说推理(hypothetic inference)。皮尔士引入假说推理解释了科学猜想的形成问题,在他看来,"归纳仅用于确定某种量值,演绎仅从一个纯粹假说推演出其必然的结论,"所以,"假说推理是唯一引入新认识的逻辑操作"(CP 5.171)。

采用三段论模式,皮尔士的本意是希望将假说推理纳入严谨逻辑推理的范围,像演绎一样进行假说推理。但是,假说推理要求推理的前提和结论都必须是肯定命题,如上例中的"规则"是肯定的,作为观察事实的"结果"也是肯定的。在这一限定之下,假说推理只能生成8个三段论可能式,但遗憾的是,这

---

① ALISEDA, A. Abductive Reasoning[M]. Berlin: Springer, 2006: 364.

② 本文对于皮尔士文献的引用来自 Peirce. C. S. The Collected Papers of Charles Sanders Peirce(Vols. Ⅰ-Ⅷ)[M]. Cambridge, MA: Harvard University Press, 1994. 按通行做法,引文仅标明所在卷和节,如 CP 5.348 表示引自该全集第 5 卷的第 348 节,下同。

8个可能式都不是有效式。^① 三段论模式没有实现皮尔士期待的有效推理。

第二个阶段被称为"假言推理阶段"。1903年皮尔士在第七次哈佛讲座中修改了三段论模式，提出了假言推理模式（CP 5.189）：

> 一个令人惊讶的事实 C 被观察到。
> 如果 A 为真，那么 C 会是一个不言而喻的事实。
> 所以，有理由相信 A 为真。

该模式的核心是假言条件句"A 蕴涵 C"，假定条件 A 为真，则"令人惊讶的事实 C"得以解释。但它整体上又不同于"A→C"的假言命题，而是一种"肯定后件式推理"^②（李烜，2018：130），描述为（1），表示推理从肯定 C 开始，从 C 中推出 A。

（1）C, A → C⊢A

肯定后件式推理是或然推理，因其结论 A 并不必然来自前提 C，所以皮尔士使用了"有理由相信（there is reason to ……）"这一表达。为了对"或然性"加以弥补，在这一时期皮尔士想到了使用"猜测本能"（Guessing Instinct, GI）来对假说 A 的生成加以限定，希望达到"C⊢A"（即"从 C 中推出 A"）的逻辑推理效果。但是为此他又不得不去解释 GI 的可靠性，有陷入无尽解释后退的危险。更严重的问题是，即便他成功解释了 GI，那也无法实现他希望解释科学发现内在逻辑的初衷，因为科学发现本身就是螺旋上升的，证实与证伪相伴而生，科学发现几乎不可能通过一次推理来实现。

需要注意的是，这一模式在皮尔士后续文本中几乎不再被提及，但它却是乔姆斯基在不同时期提到的唯一模式，也因此几乎成为语言学研究者关注的唯一模式。

第三个阶段是"探究推理阶段"。探究推理模式首次出现在皮尔士1905年7月16日写给维多利亚·韦尔比（Victoria Welby）的信中，形式如下：

> 如果 A 是真的，那么 C 不是/是真的。
> 但是 C 不是/是真的。

---

① 三段论共可以生成256个可能式，其中有效式只有24个。假说推理生成的可能式仅有 AAA、AAI、AIA、AII、IAA、IAI、IIA、III 共8种，均不在有效式之列。参见三段论的相关论述和李烜《论皮尔士的溯因逻辑》（《逻辑学研究》，2018年第4期）。

② 李烜.论皮尔士的溯因推理[J].逻辑学研究，2018(4)：130.

所以,A 是真的吗?

皮尔士将以上推理最后的问号称为"探究(inquiry)"而不是"疑问"(CP 5.383),因此"A 是真的吗?"表示"探究 A 是否是真的"。

与假言推理模式相比,探究推理阶段的最大改变是设置了开放的推理结尾。探究推理模式不再追求确定结果,转而承认溯因推理过程的本质是"科学猜想"。猜想不是命题内容,而是一种命题态度,它会引导推理过程动态变化,从而更加有效地解释科学发现过程。探究推理模式解释性更强,更加成熟,因此"应该是溯因推理的最佳解释"(李烜,2018:128)①。

到了后期,皮尔士逐渐认为溯因推理、演绎推理和归纳推理虽然彼此独立,但却又相互协作,共同构成了完整逻辑推理过程的三个不同阶段:溯因推理是探索的第一阶段,即基于观察事实生成假说(CP7.202);假说一旦生成,随后要做的就是基于该假说推演其必然和可能的经验结果,这便是第二阶段"演绎"(CP7.203);推理的第三个阶段是对假说进行验证,它要求进行新的实验并将实验结果与上一阶段的推演结果进行对比,如果一致,假说就会被逐步证实,这种验证方式就是"归纳"(CP 7.206)。

以下我们从三个方面讨论乔姆斯基对溯因推理的误用:借鉴行为本身——断章取义,借鉴的内容——错误类比,内容的背后——忽视立场。

"断章取义"指乔姆斯基仅引用了溯因推理三个发展阶段中的第二个阶段。

乔姆斯基1968年首次提到了皮尔士的溯因推理,"我一直以来对语言知识习得的描述方式让人想起查尔斯·桑德斯·皮尔士50多年前所做一次讲座"②。该讲座正是指1903年皮尔士的第七次哈佛讲座。乔姆斯基1977年在表明与自己最为相似的哲学家是皮尔士的同时说道:"他提出了一个他称之为'溯因推理'的有意义的研究框架,这一研究框架远未完成……在美国少有人知。"随后又接着说道:"皮尔士的溯因推理想法非常模糊,他认为生理结构在科学假说的形成过程中起着基础作用,但这一见解好像没有产生任何影响。据我所知,没有尝试进一步发展这一想法。"③可见乔姆斯基没有去了解皮尔

---

① 李烜.论皮尔士的溯因推理[J].逻辑学研究,2018(4):128.

② 李烜.论皮尔士的溯因推理[J].逻辑学研究,2018(4):79-80.

③ CHOMSKY, N. Chomsky's Classic Works: Language and Responsibility and Reflections on Language[M]. New York: The New Press, 1977/2007:71.

士对溯因推理的进一步发展。

　　其后在乔姆斯基 1986、1994[①] 和 2000 等年的论述中，除了简短且重复性地引用了"对可接受假设加以限制""设想正确理论的自然倾向""天赋的"等几个关键词之外，没有任何扩展。乔姆斯基 2003 年在回答艾莉森·葛普尼克（Alison Gopnik）的批评时还在使用相同的引文。在同一回答中，乔姆斯基写道："自从皮尔士提出这一问题以来，尚不清楚关于溯因推理机制我们所知多少……对皮尔士称为溯因推理的'理论形成机制'我们依然一无所知。"[②]直至乔姆斯基 2006 年在为《语言与心智》第三版所作的新序言中，情况仍没有任何改变。

　　很显然，乔姆斯基对溯因推理所知非常有限，且从没有走出过其发展的第二阶段。这也正是他为什么一直认为溯因推理"非常模糊"的原因。

　　"错误类比"指乔姆斯基认为的"儿童语言习得即溯因推理"并不成立。这一类比关系建立的关键在于乔姆斯基认为两者都包含促成正确认识形成的"自然倾向"，或者说都"预设"了正确认识形成的前提条件。相关预设因素在儿童语言习得中被称作"普遍语法（Universal Grammar，UG）"，在溯因推理中被称为"猜测本能（GI）"。

　　我们先了解一下 GI。GI 的作用是生成新的想法/假说。皮尔士（CP5.184）认为，新假说涉及的各因素之前已经存在于我们的脑中，这一点确定无疑；但我们之前做梦也未想过要将它们彼此关联，正是这一想法让新的建议在脑中闪现。在此之前我们甚至还没来得及深入思考。至于新想法的生成过程，皮尔士（CP 7.498）将其描述为："假设我一直被某个问题困扰，比如说如何制造一台确定好用的打字机。现在我的脑中时不时会出现几个微弱的想法，但其中没有一个与我的主要问题构成类比关系。但有一天，虽然在深层潜意识当中仍然非常微弱，但它们却共同出现在了意识思维当中，并且以一种特殊的方式关联起来，从而与困扰我的问题之间形成了类比。基于关联形成的新的想法的组合立即在我的意识中变得生动起来。此时，组合不再是之前想法的继续，它是新的想法。"

　　① 参见 HALEY, M. C., R. F. LUNSFORD. 1994. Noam Chomsky[M]. New York：Twayne，182 乔姆斯基的回答。

　　② CHOMSKY, N. Reply to Gopnik[M]//L. ANTONY, N. HORNSTEIN. Chomsky and His Critics. Blackwell：Blackwell Publishing Ltd. , 2003：325.

结合皮尔士的其他论述，我们提取出有关 GI 运用的三个要点，分别为（1）运用主体，"非受控思维(the uncontrolled part of the mind)"(CP 5.194)、"天生动物本能"(CP 5.604)；(2)运用方式，"关联"和"类比"[①]；(3)运用结果，既有想法的新的组合。

乔姆斯基将 UG 定义为"一种关于语言官能遗传部分的理论，这个遗传部分是一种能力，它使得人们习得或使用种种 I-语言成为可能"[②]。以下基于上段中的三个要点逐项对比 UG 与 GI。

首先来看运用主体。从基本属性来看，UG 和 GI 的运用主体都是天赋本能，这也是乔姆斯基认定"儿童语言习得即溯因推理"的主要原因。但经过细致分析，我们发现 UG 是语言专属能力，而 GI 所依据的"关联"和"类比"能力属于人类的一般认识能力。另外，依据豪斯、乔姆斯基和费奇等人的分析，UG 的核心成分是基于合并操作的递归运算机制[③]，这也与"关联"或"类比"明显不同。

其次来看运用方式。在乔姆斯基的描述中，I-语言的生成是"UG＋语言经验"的结果，UG 在有限语言经验的刺激下生成 I-语言，所以，"真实的情况是，语言在心智中自行生长"[④]，但 GI 的运用并不以经验刺激为必要因素，也不存在促成认知官能"生长"一说。乔姆斯基还将人的语言学习与人的四肢生长、视力发展相类比，显然 UG 的运用过程不仅是心理过程，同时更是一个生理发育过程，但 GI 的运用却仅是一个心理认知过程。UG 和 GI 最重要的区别在于，乔姆斯基描述的语言习得是一个从 UG/S^0 开始经过中间状态 S^1、S^2、S^3……最终到达 S^L 的过程。其中 S^L 表示语言习得的最终状态，S^1、S^2、S^3等状态对应着语言习得的不同阶段，它们在不同儿童之间的发展是相似的。但皮尔士描述的溯因推理却是一个结尾开放的动态变化过程，既不存在相对固定的发展阶段，也不存在明确的发展终点，因此本质不同于 UG 的发展和运用过程。

最后来看运用结果。UG 运用的结果是生成 I-语言，GI 运用的结果是形

---

① HOFFMANN, M. Problems with Peirce's Concept of Abduction[J]. Foundations of Science, 1999(4)：288.

② 乔姆斯基.语言结构体系及其对进化的重要性[J].司富珍,译.语言科学,2018(3)：288.

③ HAUSER, M. D., N. CHOMSKY, T. FITCH. The Faculty of Language：What Is It, Who Has It, and How Did It Evolve? [J]. Science, 2002, 298(22)：1569-1579.

④ CHOMSKY, N. Rules and Representation[M]. Oxford：Blackwell, 1980：134.

成新的想法。但是,I-语言不是新的想法,它早已存在于正常语言使用者的心智/大脑中。即便我们认为 I-语言对儿童来说是"新的想法",但这一"新的想法"构成了至少同一语言社区儿童语言习得的共同目标,这表示 UG 的运用过程具有明确的指向性和目标性,其运用结果也具有高度的统一性。显然这不是皮尔士对 GI 及其运用结果的期待。不仅如此,UG 和 GI 的运用结果还存在以下几点不同:第一,I-语言的原则内容来自 UG 而不是语言经验,但新想法的内容不是来自 GI,而是来自脑中的既有想法,所以间接还是来自经验;第二,作为 UG 运用结果的 I-语言是正确使用语言的保证,而作为 GI 运用结果的新想法却是可错的,且没有明确的认识终点(CP5.196);第三,I-语言是 UG 在经验刺激作用之下的具体化,而不是"心智中已存在因素之间形成的新关联"。

皮尔士是实用主义的创始人之一,他对待溯因推理的立场也是如此。他指出,"如果你仔细考虑实用主义的问题,你将会发现它正是溯因推理逻辑问题"(CP 5.196)。具体来说,他认为,探究的目标不是为了获得最终的真理,而只是寻求令人满意的观点(CP 5.375),"探究过程与品味的发展相似,但不幸的是,品味多少有点像是时尚……它永远不会达到一致"(CP 5.383)。皮尔士同时也是一位重要的逻辑学家,但他对待逻辑的态度同样是实用主义的。他在为溯因推理辩护时甚至不惜批评多数逻辑学家"狭隘且刻板(narrow and formalistic)"(CP 8.228),在他看来,逻辑学应该有两个主要目标——安全性(security)和能产性(uberty)(CP 8.384)。溯因推理逻辑虽然"安全性低,但其能产性高",所以依然不失为一种有效的逻辑推理手段(CP 8.388)。

乔姆斯基自称是笛卡尔以来理性主义传统的复兴者,理性主义最核心的立场就是相信确定知识基础的存在,如笛卡尔的天赋观念、康德的先验认识结构。与之相对应,乔姆斯基提出了天赋语言观,并将"天赋"解释为生物遗传,从而实现解释的自然化。然而,解释的自然化仍然是以某种内在的确定性为基础的,这与皮尔士视知识为工具、视真理为效果的实用主义态度相去甚远。

所以,我们认为乔姆斯基忽视了皮尔士溯因推理背后的实用主义立场,并且我们倾向于认为这种忽视是他有意为之,因为当时皮尔士作为实用主义创始人已经声名鹊起,乔姆斯基不可能不知道。

乔姆斯基误用溯因推理的主要原因在于:他仅将其作为论据之一加以引用,而不是视之为自己重要的理论来源。

乔姆斯基首次引用皮尔士是在 1968 年,此时他已经在思考语言习得问题。对于书中的核心表述再次引用如下："皮尔士认为'人具有设想出某种正确理论的自然倾向……（原文省略号）如果没有这种可满足自身需求的心智存在的话，人类将不会获得任何知识'。相应地，在当前的讨论中，语言知识——语法——之所以能够被习得，完全是因为我们被'预设'了以语法形式存在的严格限定。从康德的意义上来说，这些先天的限定是语言经验形成的前提条件，它们是语言习得过程和结果的决定因素。"①在这段引文中，乔姆斯基使用了皮尔士的论点来支持自己对语言习得的设想，同时对康德观点的引用表明了他自己与理性主义传统一脉相承。

实际上，早在 1968 年之前，乔姆斯基就已经形成"语言直觉""先天倾向""天赋能力"等概念。在其 1955 年（1975 年出版）完成的第一本专著中，乔姆斯基就明确提出，人类基于有限的话语集合就可以生成"无限数量的为其所在语言社群其他成员所接受的新的话语"，并且可以判定新的话语是否"符合语法"，所以语言学研究的目标就是要解释人内在的"语言形式直觉"，解释它如何使人们发展出大量有关语言的感觉和认识②。1965 年他已经提出了"语言习得机制""天赋论"，并做出了描写充分性和解释充分性的区分。"当一个语言学理论能做到依据基本语言材料成功选择描写充分性的语法时，它就实现了解释充分性。也就是说，它基于经验形成的假说成功解释了母语使用者的语言直觉。这一假说认为儿童具有依据所获证据建立理论的先天倾向。"③乔姆斯基随后进一步指出，"解释充分性的内在证实问题也就是建立语言习得理论的问题，即解释使得语言习得成就实现的具体天赋能力"④。不仅如此，乔姆斯基甚至早在 1963 年就已经提出了有关语言受基因决定的想法⑤。

以上引文说明，乔姆斯基早在接触皮尔士之前，就已将语言直觉、先天

---

① CHOMSKY, N. Language and Mind [M]. 3rd Edition. New York：Cambridge University Press，1968/2006：79-80.

② CHOMSKY，N. The Logical Structure of Linguistic Theory[M]. New York：Plenum Press，1955/1975：61-62.

③ CHOMSKY, N. Aspects of the Theory of Syntax[M]. Cambridge：MIT Press, 1965：24.

④ CHOMSKY, N. Aspects of the Theory of Syntax[M]. Cambridge：MIT Press, 1965：27.

⑤ 参见 CHOMSKY, N. , G. MILLER. Introduction to the Formal Analysis of Natural Languages[M]//D. LUCE, R. BUSH, E. GALANTER. Handbook of Mathematical Psychology. Vol. 2. New York：Wiley, 1963：269-322. 同时期有关人类认识能力是由生理因素决定还是由环境决定的全面讨论可见于 Lenneberg（1967），书中乔姆斯基撰写了附录 1：The Formal Nature of Language。

倾向等想法和概念应用于解释儿童语言习得问题。[①]　正因为脑中已经有了这些想法和概念，当他看到皮尔士的溯因推理时才会觉得"相见恨晚"，才会感叹"和我最接近的哲学家是皮尔士"。由此我们可以进一步解答刚刚讨论中出现的另两个问题。

问题一：乔姆斯基为什么没有对溯因推理进行深入了解？

答：因为溯因推理仅是乔姆斯基用来支持其儿童语言习得观点的论据之一，而不是其语言学理论的重要思想来源。这一回答可能打破了很多语言学研究者的共识。

问题二：他为什么有意忽视皮尔士的实用主义立场？

答：作为论据，乔姆斯基仅需选择皮尔士与自己相似的论点即可，而不必全面了解、引用皮尔士的思想。

乔姆斯基误用溯因推理造成了比较严重的后果。首先表现为造成了解释上的矛盾。

从以上分析可知，儿童语言习得的过程、结果和溯因推理均存在根本差异。结合皮尔士后期对溯因推理的发展，科学发现过程被描述为"溯因—演绎—归纳"循环推进的开放历程，这更适合解释人类的一般认识发展过程，而不适用于乔姆斯基对语言作为专属认知系统的描述。乔姆斯基1986年认为"基于语言习得的事实，基本问题在于构建UG从而减少可接受假说的数量，甚至减少至一个。如果真是如此，UG便有效回答了第一章中提出的语言知识如何习得的问题，做到了解释的充分性；如果情况不是这样，那么UG就没有成功。"[②]皮尔士对科学发现过程的解释显然达不到乔姆斯基对儿童语言习得理论的期待。

如此一来，乔姆斯基对溯因推理的借鉴便造成了一个解释上的矛盾：

---

①　我们曾通过邮件向乔姆斯基本人提过有关溯因推理的问题，他在回复时写道："I became interested in the Cartesians and their successors out of an interest in antecedents for the kinds of ideas I had been working on for some years, and found about Peirce's quite obscure notions of abduction somewhat later.（我早期有好几年一直在研究一些想法，这些想法的先例让我进一步对笛卡尔及其后继者的思想产生了兴趣；而发现皮尔士相对模糊的溯因推理则又是之后的事情了。）"随后的邮件中他又说道："As I explained, I learned about Peirce's 'guessing instinct' long after I'd been working genetic components of language faculty.）（正如我之前所解释过的，我是在研究了语言官能的遗传学构成之后很久才开始了解皮尔士的'猜测本能'的。）"

②　CHOMSKY, N. Knowledge of Language: Its Nature, Origin, and Use[M]. Beijing: Foreign Language Teaching and Research Press, 1986/2002: 54-55.

(1)如果乔姆斯基对儿童语言习得机制的设想正确,那么它就不是溯因推理过程;(2)如果乔姆斯基所述"儿童语言习得即溯因推理"正确,那么儿童语言习得就不是依据基因遗传的生理发育和成熟过程。

乔姆斯基误用溯因推理还导致了解释过度。所谓"解释过度",指的是一个理论/猜想的解释力过强,以至于它会限制甚至排挤其他理论/猜想的形成。皮尔士对此非常警觉,他指出"解释过度的最大负面效应在于它可能会让探索过程过早终止"(CP 7.480),因此必须尽力避免。前文中讨论过溯因推理发展的三个阶段,其中第二阶段假言推理就存在解释过度的倾向,表现为将解释事实 C 的任务交给假说 A,然后再将 A 的生成解释为"猜测本能"和"自然之光"(the light of nature)(5.604)。这一解释意味着对科学发现的形成无需过多解释,一切归功于自然本能就好。皮尔士认识到了这一问题,所以随后提出溯因推理的第三阶段探究推理,将科学发现解释为动态变化过程;后期他又将科学发现解释为"溯因—演绎—归纳"协力推进的过程。

乔姆斯基仅借鉴了皮尔士对溯因推理第二阶段的解释,虽然他添加了更加明确的生物学基础来解释 UG、语言习得机制等,但鉴于现有脑科学、认知科学研究尚未发现任何具体能力可以通过基因遗传在大脑回路中得以实现的证据[①],且"我们有关语言基因的理解非常贫乏,近期几乎看不到可以将基因与语言加工相关联的希望"[②]。在此情况下,试图将儿童语言习得等语言现象解释为基因遗传和生物本能依然是一种解释过度。我们有必要先"悬置"将一切归功于无法证实的生物基础的猜想,转而基于现有研究条件和认识水平积极寻求其他解释的可能。从这一角度来说,功能语言学尤其是当前的认知语言学研究应该得到更多的鼓励。

乔姆斯基误用溯因推理无助于最终解释儿童语言习得问题。无论怎么发展,溯因推理最核心的环节始终是新想法的生成,皮尔士曾尝试对此加以进一步解释。他认为,"新想法首次进入意识的环节被称为知觉判断(perceptive judgment)"(CP 5.181),即"知觉判断"是生成假说 A 的依据。不难发现,皮尔士的推理过程正经历逆向上溯,也就是所谓的后退式推理:事实 C←假说 A

---

① 参见 GAZZANIGA, M. Neuroscience and the Correct Level of Explanation for Understanding Mind[J]. Trends in Cognitive Sciences, 2010(14):291-292. JACKENDOFF, R. What Is the Human Language Faculty? Two views[J]. Language, 2011, 87(3):586-624.

② HAUSER, D., C. YANG, R. BERWICK, et al. The Mystery of Language Evolution[J]. Frontiers in Psychology, 2014(5):1.

←知觉判断。知觉判断如何促成假说 A 的生成？皮尔士的回答是"我们不可抗拒地被引导着做出判断：我们有新的想法了"（CP 5.192）。这一过程依然由非受控思维主导，是人类的天赋本能使然。因此如果其诉诸逻辑分析就会表现为另一次溯因推理。再次分析的过程依然如此：溯因推理求助于知觉判断，知觉判断需要另一次溯因推理，"如此以至无穷（and so on ad infinitum）"（CP 5.181）。形成解释循环的根本原因在于"知觉判断"也无法解释，所以只能回到溯因推理。客观上来说，皮尔士并没有充分解释溯因推理的内在机制。他本人对此也十分清楚，所以在改进溯因推理之后就不再追求确定解释，转而将一次探究过程解释为主体挣扎着想要摆脱怀疑从而重新进入信任的心理状态（CP 5.372）。作为目标的"信任"不是知识，而是一种心理状态，它可建立也可被打破，所以探究的过程不会终止。这样的解释完全符合皮尔士的实用主义立场。

乔姆斯基的理性主义立场让他始终坚持对知识可靠性的追求，所以他可以接受认识过程中的反复，但不会接受皮尔士对认识基础和终极目标的实用主义态度。在乔姆斯基看来，认识分为两类：难题（problems）和奥秘（mysteries）。前者我们最终可以找到答案，后者可能超出了我们的认识能力。即便是后者，知道其超出了我们的能力也是一种终极答案。

对儿童语言习得的认识也是如此，乔姆斯基描述的儿童语言习得过程是以完整 I-语言的形成为最终目标的。所以，皮尔士的溯因推理中包含的动态变化过程和无限循环机制无法帮助乔姆斯基有效解释儿童语言习得过程。同时，由于乔姆斯基不会接受皮尔士的实用主义立场，所以从根本上来说，溯因推理对乔姆斯基的研究并没有多少实际价值。

实际上，溯因推理逻辑本身也存在着很多难以解决的问题。通过溯因推理，皮尔士最终希望找到的正是生成新认识的稳固基础和正确路径，两者在他的理论体系中分别表现为猜测本能和逻辑推理，皮尔士认为前者基于生物进化而来，所以是稳固的，后者基于形式化演算，所以是正确的。但溯因推理具体如何实施？"猜测"与"推理"如何进行？对于这些问题，皮尔士没有加以细致说明，有必要进一步分析。

事实 C 是令人惊讶的，当且仅当 C 与基于背景理论 θ 推演出的 C′不相符。如果"发现'令人惊讶的事实 C′"是溯因推理的起始操作，那么"基于 θ 推演出的 C′"就是溯因推理的预操作，这一操作也就是"预测"。"预测"的可靠性有保证吗？

在仅给出图 4-1 中数据点的分布而不告知数据来源的情况下,观察者完全有可能形成上述两种不同的分析结果。左图中的回归曲线分析显示,两组数据之间不断逼近,但很难形成超越;右图采用回归直线分析,结果显示,基于发展速度,在 20 世纪末两组数据间就应该形成交叉。如果被告知图 4-1 数据记录的是 20 世纪 50 年代中期至 1990 年马拉松比赛男女运动员成绩的变化,我们相信大多数观察者会选择左图的分析结果。这一结果明显受到了我们对男女运动能力现有认识的影响。

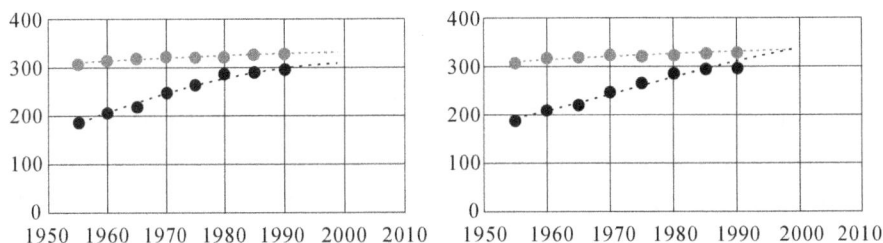

图 4-1 男女运动员马拉松比赛成绩趋势

不同预测如何形成?霍金斯和布莱克斯李(Hawkins & Blakeslee)认为"大脑使用以记忆为基础的模式来不断对未来做出预测,而对未来做出预测的能力正是人类智能的核心"[1]。他们称此为"记忆—预测模式"。所谓记忆,泛言之,即为主体做出预测时的理论背景 θ,正是主体理论背景上的差异才会造成他们面对相同事实却做出了不同的预测。所以主体不同,背景理论 θ 不同,生成 C、C′ 或者 C″ 均有可能,预测的可靠性无法保证。溯因推理的基础并不稳固。

非但推理的基础不稳固,溯因推理采用的类比推理方式也不稳定。皮尔士将假说的生成机制描述为(CP 2.511):

> 任何 M 都是 P′、P″、P‴,等等
>
> S 是 P′、P″、P‴,等等
>
> 所以,S 可能是 M。

举例来说,当年富兰克林发现雷电与放电实验的过程很相似,于是在雷电天气采用风筝收集到了雷电。进一步实验发现电具有的特征 P′、P″、P‴雷电

---

① HAWKINS, J., S. BLSESLEE. On Intelligence[M]. New York: Times Books, 2004: 7.

均具有，于是判断雷电很可能也是电。又比如，1909 年物理学家卢瑟在实验中发现，在使用 α 类粒子轰击金属箔之后，虽然大部分粒子可以穿透或者偏转一个很小的角度，但仍有少量粒子偏转角度很大，甚至有粒子被反弹回来。在思考过程中，卢瑟推测原子内部空间应该包含中心核、电子和大量的空间，其构造和太阳系相似，于是提出了"原子是一个小型太阳系"的解释性假说。这一推理过程与皮尔的描述相符：

> 任何太阳系都是 P'、P''、P'''，等等
>
> 原子是 P'、P''、P'''，等等
>
> 所以，原子可能是太阳系。

这一推理过程实际上就是类比过程。如前文所述，溯因推理的"预操作"也就是从背景理论到 P'、P''、P''' 的演绎过程。背景理论不同，预测的结果和范围也就不同，比如背景理论 θ 可能会演绎出 P'、P''、P'''，而背景理论 θ' 可以演绎出 P''、P'''、P''''。假设事实 P'''' 出现，对于以 θ 为背景理论的主体 A 来说，它就是"令人惊讶的"，但对以 θ' 为背景理论的主体 B 来说，它就不是。此时，主体 A 需要进行溯因推理，以解释 P''''。若不是恰好受到了外部现象的启发，主体只能内在于自己的心智寻求解释性推理。在思考过程中，最简单、可行的推理方式便是类比，即寻找记忆中的相似情形并将待解释现象与已知现象进行比较从而形成新的解释性假说。这一推理模式同时也与霍金斯和布莱克斯李的"记忆—预测模式"一致：以记忆为基础，以类比为手段，通过相似性建立起因素之间新的关联，从而实现对新观察事实的解释。融入"令人惊讶的事实"，完整的溯因推理过程可被描述为：

> 任何 θ 都是 P'、P''、P'''，等等
>
> 观察到事实 P''''，且 P'''' 不属于 θ
>
> M 是 P''、P'''、P''''、等等
>
> 应该存在 H，且 H 是 P''、P'''、P''''、等等
>
> 所以，H 可能是 M。

拥有背景理论 θ 的主体 A 通过溯因推理形成了 H，解释了 P''''，但拥有背景理论 θ' 的主体 B 并不需要提出新的解释性假说就可以解释 P''''。此时，虽然 P'''' 都得到了解释，但解释依据的背景理论并不一致，一个是 θ'，一个是类比 M 生成的新假说 H，具体可如图 4-2 所示。

图 4-2 中作为背景理论的 θ、θ' 与新的假说 H 之间均有重合，基于重合的

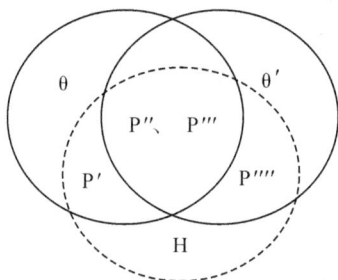

图 4-2　背景理论关系示意图

相似性是类比推理形成的基础。但问题是这样的推理并不稳定。我们完全可以设想还存在另一个体 C，C 的理论背景也无法解释 P''''，于是 C 便依据另一个其记忆中相似知识 N 类比生成了新的解释性假说 H'。同样 H' 与 H 以及 θ' 也不会完全一致。当然有人会争辩说经过多次检验最后这些解释会趋向一致。的确有可能，但不要忘记，我们的认识实践不会停止，所以新的假说时时刻刻都在生成，这也就意味着即便过往的假说会被慢慢验证并统一，但不断生成的新认识仍然是不稳定的。为新认识找到可靠的基础才是皮尔士提出溯因推理的目标，从这一角度来看，皮尔士提出溯因推理的目标并未达到。

第三节　对乔姆斯基自然主义立场的反思

本章第一节中我们已经详细介绍了乔姆斯基的"方法论的自然主义"。"方法论的自然主义"主要包括"溯因推理"和"伽利略—牛顿风格"两项方法论原则。借鉴前者乔姆斯基试图解释语言知识的习得问题，上节已经对此进行了质疑；基于后者乔姆斯基尝试澄清自然科学研究的基本路径，这一路径以理想化、抽象化和无视反例为主要特征。本节的讨论旨在反思乔姆斯基的自然主义立场和方法。

以"溯因推理"和"伽利略—牛顿风格"为主要方法论原则，"方法论的自然主义"要求回归 17、18 世纪的自然科学精神，在乔姆斯基看来，这一精神的核心就是"将自然科学方法进行到底"。反映在乔姆斯基的理论研究实践中，它便表现为在复兴 17 世纪以来理性主义传统的同时，对这一传统加以自然主义改造，从而既坚持了该传统中的"真正科学精神"，同时又改造了其不合时宜的具体论点。"方法论的自然主义"的要点可概括如下：

　　(1)研究目标：为语言等心智现象提供合理解释

　　(2)基本主张：自然科学方法同样适用于对语言与心智现象的研究

　　(3)研究路径：观察事实→溯因推理→理论假说→经验验证

　　(4)主要特征：理想化、内在化、形式化

　　依据《斯坦福哲学百科全书》，哲学研究中对"自然主义"的含义尚没有形成一个的清晰界定。当前对这一词语的使用主要源自20世纪上半叶的一些争论，争论中约翰·杜威(John Dewey)、欧内斯特·内格尔(Ernest Nagel)、悉尼·胡克(Sidney Hook)等人尝试拉近哲学与科学的距离，并自称"自然主义者"。这些自然主义者的基本主张可以概括为"实在可以被自然所穷尽，因此不包含任何'超自然'的东西；同时，自然科学方法应该被运用于探索实在的所有领域，包括'人类精神'(human spirit)"[①]。

　　鉴于现有对自然主义的认识更多是一种态度和趋势，且整体来看，支持者众多，很难给出一个明确的"官方"定义，因此现有讨论多从各类自然主义学者所承诺的具体立场出发，将其划分为形而上学自然主义和认识论自然主义[②]，或者本体论自然主义和方法论自然主义：[③]

　　本体论自然主义(ontological naturalism，ON)：关注实在的内容，认为实在中没有"超自然的"或者其他"奇异的"实体存在。

　　方法论自然主义(methodological naturalism，MN)：关注探究实在的方法，宣称科学方法具有普遍的权威性。

　　对这两点仍需做进一步解释：

　　本体论自然主义的核心思想在于，所有处于时空中的事体(entity)要么本身就物理的，要么可以从形而上学视角分析其由物理事物构建而来。多数本体论自然主义者对心智、生理、社会等"特殊"对象采用物理主义立场，他们坚

---

　　① PAPINEAU，DAVID. Naturalism［EB/OL］//The Stanford Encyclopedia of Philosophy (Spring 2021 Edition). EDWARD N. ZALTA (ed.). URL = ＜https://plato. stanford. edu/ archives/spr2021/entries/naturalism/＞.

　　② BALDWIN，T. R. Two Types of Naturalism In British Academy［A］//In Proceedings of the British Academy 80. Oxford：Oxford University Press，1993：172.

　　③ PAPINEAU，DAVID. Naturalism［EB/OL］//EDWARD N. ZALTA. The Stanford Encyclopedia of Philosophy (Spring 2021 Edition). URL = https://plato. stanford. edu/archives/ spr2021/entries/naturalism/，Introduction.

持认为对这些对象而言,它们除了是物理事物的组合之外再无其他可能。①

坚持 ON 立场的主要动机在于解释上述特殊对象如何在物理上产生影响。这里存在着一对矛盾:一方面,我们总是可以观察并直接体验心理、生理、社会因素对实在世界的影响,比如我让自己现在就从椅子上站起来,或者我口渴了但我忍住没有渴水,等等;另一方面,依据绝大多数自然科学家所认可的"物理世界因果闭合(causal closure)"原则,任何物理事件的发生都必定会在其发生时具有充足的物理原因。② 因为对心智等现象依然所知甚少,对于大脑内在机制我们也几乎一无所知,所以当前要解决这一矛盾最可行的办法就是将这些现象尽可能纳入物质范畴。

方法论自然主义可以被理解为一种哲学实践,方法论自然主义者认为哲学和科学本质上从事的是同一项事业:他们使用着相似的方法、追求着相似的目标。……方法论自然主义者宣称哲学和自然科学都致力于构建有关自然世界的综合知识(synthetic knowledge),并且这些知识都是通过后天经验归纳的方式(a posteriori investigation)获得的。③

有学者认为④,对比 ON,MN 立场将更加强硬(此处称之为强 MN,使用 SMN 表示),MN 蕴含了 ON,因为自然科学研究方法只能被运用于自然实体,所以要求将自然科学方法贯彻到底必须以承认研究对象的物理实在或者至少可以转化为物理实在为前提,ON 只要求承认这一前提,而 MN 则进一步明确了对此进行研究的方法。但我们认为也可以采用一种弱化的 MN 立场(弱 MN,使用 WMN 表示),认为它只是规定了研究方法本身,并没有对研究对象的范围加以限定,这也就表示还存在无法运用自然科学方法的对象和领域——符合 ON 要求但无法适用 MN 的对象和领域。后一种情况我们可以简单理解为:面对符合 ON 的事体,要么不研究,要么仅能使用自然科学方法加以研究。依据这一立场,自然科学方法的普遍权威性并不表示它"适用一

① PAPINEAU, DAVID. Naturalism [EB/OL]//EDWARD N. ZALTA. The Stanford Encyclopedia of Philosophy (Spring 2021 Edition). URL = https://plato. stanford. edu/archives/spr2021/entries/naturalism/, Introduction. Section 1. 1.

② KIM, J. Philosophy of Mind [M]. (3rd edition). New York: Westview Press, 2011: 214.

③ PAPINEAU, DAVID. Naturalism [EB/OL]//The Stanford Encyclopedia of Philosophy (Spring 2021 Edition), EDWARD N. ZALTA, URL = https://plato. stanford. edu/archives/spr2021/entries/naturalism/, Section 2. 1.

④ 王晓阳. 自然界没有奇迹吗? ——自然主义与奇迹的兼容论[J]. 哲学研究,2020(5):120.

切",而表示在研究方法上它是"唯一选择"。这里没有排除无法进行研究的对象的存在。

依据以上对两类自然主义的简要论述,乔姆斯基的自然主义立场应该如何定位呢?尤其是他也称自己的方法论原则为"方法论的自然主义",那么此"方法论的自然主义"与 ON、NM 是否相同?

首先,乔姆斯基不持有 ON 立场。他一直明确反对在未加证实的情况下做出任何本体论设定,并曾多次强调:"使用'心智''心智的'等术语时,我是在对某些目前还几乎不为人所知的身体机制的特征进行抽象描述的层面上来说的。"①乔姆斯基虽然将语言定位为人类的心理官能,即人的认知体系的一个组成部分,并竭力为其探寻生物学基础,但在语言等心智对象的属性认识上,他一直持有比较开放的态度,认为在自然科学做出最终发现之前,我们不应该做出任何先入为主的设定。

其次,乔姆斯基的"方法论的自然主义"是一种更加弱化的 MN 立场。乔姆斯基的方法论原则强调的是自然科学方法在语言等心智现象研究中的运用,但是,第一,他没有对方法的适用对象加以限定,尤其是没有要求将自然科学方法运用于所有时空中的事体②;第二,从其讨论中可以看出他认可自然科学方法的普遍权威性,但没有强调其唯一性,他从没有否认其他研究方法的存在,实际上,他就明确表示自己的语言研究和自己的政治批判并不必然相关,要求读者将两者区别理解。

再次,乔姆斯基更加弱化的"方法论的自然主义"立场与 WMN 还存在一个本质区别。WMN 即便不要求自然科学方法适用一切,但默认了适用对象的物理属性,或者这些对象"可以从形而上学视角分析其由物理事体构建而来";但乔姆斯基"方法论的自然主义"的适用对象包括语言等心智现象,它们的属性并不明确,且乔姆斯基认为至少基于当前的科学研究水平来看,它们既不是也不能以任何形式还原为物理事体。在乔姆斯基的立场中,自然科学方法同样适用于非物理事体的研究。

简要小结:乔姆斯基不持有 ON,其立场与 WMN 也区别明显,他尊重自

---

① CHOMSKY N. Knowledge of Languages: Its Nature, Origin, and Use[M]. Westport: Greenwood Publishing Group, 1986: 5.

② 乔姆斯基认为自然科学方法适用于语言、心智等对象,但未要求它也必须适用于社会、政治、道德等领域的研究。

然科学方法的普遍权威性,但不要求其普适性,不要求其唯一性。既然乔姆斯基的自然主义立场与 ON、MN 均有不小的出入,那么我们至多只能从其认可自然科学方法的普遍权威性出发将其视为更弱的 MN 版本。但这一判断仍然粗陋,为了进一步明确乔姆斯基的自然主义立场,我们还需回答如下几个问题。

问题一:非物质对象是否存在?

乔姆斯基不接受 ON 的原因是他认为在自然科学对研究对象的本体属性做出最终判定之前不应该先入为主做出论断。按照乔姆斯基的解释,从逻辑上来看,不肯定研究对象的物理属性,这也就意味着研究对象在本体论上存在着非物理属性的可能。乔姆斯基在论及笛卡尔身心关系时指出"当前普遍认为笛卡尔的'机器里的幽灵'十分荒谬,认为他设定第二实体——不同于身体的心智——是'笛卡尔的错误'。的确,笛卡尔被证明是错的,但原因不在于此,牛顿摧毁了机器,但幽灵未受影响。"[①]对于笛卡尔二元论的破灭,乔姆斯基认为错在笛卡尔对"身"的解释,表现为其机械力学被牛顿经典力学推翻,但他提出的心智"幽灵"尤在。基于此,可以认为乔姆斯基接受非物质对象的存在,因此他实际上持反 ON 的立场。

问题二:非物质对象可否被纳入自然科学研究范围?

乔姆斯基认为语言学归属于心理学,因此是自然科学的一部分。乔姆斯基这一定位的依据是什么呢? 首先,依据的不会是语言的本体属性,因为在他看来,现有自然科学成果还无法对此做出准确回答,所以当前研究中重要的是不做出任何本体论设定,以免将这些心智对象排除在自然科学研究之外。其次,依据的应该是自然科学方法,这里便存在两种可能:(1)语言是物质实体并且可以采用自然科学方法加以研究;(2)语言不是物质实体,但仍可以采用自然科学研究方法加以研究。可见在乔姆斯基看来,语言被归属于自然科学的原因正是自然科学方法在语言研究中得到了运用。这一立场可以被扩展为凡是运用了自然科学方法的研究领域,无论研究对象的本体属性如何,它都是自然科学的一部分。所以,在乔姆斯基看来,非物质对象也可以被纳入自然科学的研究范围。这一态度实质上违反了方法论自然主义的基本立场。

---

① CHOMSKY, N. On Nature and Language[M]. Cambridge: Cambridge University Press, 2002: 53.

问题三:采用自然科学方法开展研究的结果会如何?

虽然采用了自然科学研究方法,但乔姆斯基认为人类的认识活动存在两种可能,一种是研究活动面对的仅是"问题",通过不懈努力终究会得到确定解答;另一种是研究活动面对的是认识之"谜",它超出了人类的认识能力范围,即便付出无尽努力,我们最终也不会得到确切答案。在语言研究过程中,上文多次提到的"火星人科学家"①一说便充分体现了乔姆斯基对人类科学家最终能否解开语言与心智之谜持有不确定甚至是略有悲观的态度,正如我们不能直接将自己举起来一样,人类依据自己的生理构造和认知能力极有可能无法真正认识自己的大脑。火星人依据其不同的生理构造才可以跳出人类的认知局限,"轻易"解开人类的认知之谜。所以,在语言与心智研究中,乔姆斯基只是强调了必须采用自然科学方法,但不对研究的结果做任何承诺。

基于这三点澄清,乔姆斯基的自然主义立场可以被进一步小结为:乔姆斯基反对 ON 和 MN,他虽然极尊重自然科学方法的普遍权威性,但对研究结果持有开放态度,接受最终失败的可能。

分析至此,乔姆斯基的自然主义立场仅剩下他对自然科学方法的坚持了。如果我们进一步实证他声称坚持的自然科学方法也存在严重问题的话,那么我们便可以就此否定其自然主义立场了。

何为"科学方法"(scientific method)?经历了反传统认识论的洗礼,科学方法不再是"不言自明的公理",而是一系列可观察、可重复的做法和过程。《斯坦福哲学百科全书》对"科学方法"的解释为"系统观察和实验,归纳和演绎推理,构建假说、理论并对其进行检验"②。这一过程可概括描述如下:

(1)观察/实验→归纳/演绎→构建假说→检验

在谈到自己的研究方法时,乔姆斯基说:

至于我的研究方法,我实际上没有任何方法。唯一的研究方法就是努力关注某个重要问题,尝试形成一些可对此加以解释的想法,与此同时对其他各种可能保持开放态度。这不是什么方法。但这么做是完全合理的,据我所知,

---

① 最新一次参见 BERWICK, R. C, & N. CHOMSKY. Why Only Us: Language and Evolution [M]. Cambridge, MA: MIT Press. 2016: 61, 78.

② ANDERSEN, HANNE Brian HEPBURN. Scientific Method [EB/OL]//EDWARD N. ZaALTA. The Stanford Encyclopedia of Philosophy (Winter 2020 Edition), URL= <https://plato. stanford. edu/archives/win2020/entries/scientific-method/>.

这是对待所有问题的唯一做法。①

　　乔姆斯基的话可以做两点理解，一是他认为的"没有任何方法"指的是他使用的方法没有任何特殊之处，只不过是科学研究中的惯常做法；二是他坚持自己的做法是面对所有问题的"唯一做法（that is the only way to deal with any problem）"。在其他的论述中，他直接称自己采用的正是"自然科学研究的标准做法"②，也就是前文提到的"伽利略—牛顿风格"。

　　举例来看，为了解释儿童语言习得现象，乔姆斯基提出了"原则与参数框架"，认为语言均包含着数量有限的句法原则（principles），这些原则为所有语言共享。每条原则又与可设置的参数（parameters）相连，参数设置的不同是导致语言间差异的关键。那么接下来，语言学研究中最核心的工作就是要找到这些数量有限的句法原则。乔姆斯基等人的具体做法是观察语言事实——语句表达，总结某个共性特征，提出句法原则 A 设想，运用更多语句包括来自不同语言的语句对原则 A 加以检验，修改原则 A。这里的方法的确没有什么特殊之处，从观察事实到句法原则 A 的提出完全就是一次普通的归纳推理过程。所以，上述（1）描述的过程完全适用于对乔姆斯基研究方法的描述。

　　乔姆斯基在谈论自己的研究方法时提到了另一个重要问题——解释性。从描述的充分性走向解释的充分性是乔姆斯基从事语言学研究不久就确定的目标，以下以乔姆斯基理论的最新形态"最简方案"为例，讨论这一目标是否实现。

　　乔姆斯基的研究可分为前后相继的几个主要发展阶段：经典理论阶段、标准理论及其扩展、原则与参数框架、最简方案。以 1995 年《最简方案》的出版为标志，最简方案被正式提出，其后乔姆斯基的理论形态没有再发生重要改变。相对于前几个阶段，最简方案有两个重要转变：第一，它是对之前生成语言学研究进行的检讨式探究，将最简主义作为理论研究的主要目标；第二，它将语言系统视为人类生理机能的"完美体系"，从而正式开启了"生物语言学"研究。③

---

　　①　CHOMSKY, N. Language and Problems of Knowledge：The Managua Lectures［M］. Cambridge, MA：MIT Press, 1988：190.

　　②　参见：ARDOR, J. The Master and His Performances：An Interview with Noam Chomsky［M］. Intercult. Pragmat. 2004(1)：93-111, 97.

　　③　参见 CHOMKSY, N. Approaching UG from Below ［M］//U. SAUERLAND, H. GARTNER. Interfaces ＋ Recursion ＝ Language. New York：Mouton de Gruyter, 2007.

　　先看第一点重要转变。随着研究的推进，生成语言学之前的句法描述已经无比臃肿，所以作为检讨式探究，最简方案以最简主义为基本理论设想，提出了一系列经济原则，如"自利原则（Greed）""延迟原则（Procrastinate）""最短距离移动原则（Shortest move）""无奈原则（Last Resort）"。乔姆斯基认为，每个词汇项目都带有自己的特征，在句法运算过程中需要进行特征核查，只有通过核查的词汇项目才能被传递给接口层从而进行语言理解或者表达。基于这一要求，每一个词汇项目都希望通过移动等操作获得特征核查，这便是自利原则；但是移动操作并不经济，所以特征核查时能推迟移动就推迟移动，即延迟原则；移动的距离也是越短越好，即最短距离移动原则；非不得已不移动，即无奈原则。这些经济原则均来自对具体语句表达的观察和归纳总结。来看以下例句（"t_i"表示词汇项目移动后留下的语迹）[①]。

　　（1）* seems that it is likely to John$_i$ win.

　　（2）* John$_i$ seems that it is likely to t$_i$ win.

　　（3）It seems that John$_i$ is likely to t$_i$ win.

　　依据乔姆斯基的解释，句（1）是错的，因为主句的主语空缺，所以谓词的特征核查未能完成；句（2）是错的，因为 John 跨越了 it，而 it 前移的距离更短，所以 John 的移动违反了最短距离移动原则；句（3）是对的，一方面，John 从 t$_i$ 位置前移至从句主语的位置，所有特征得到核查，既满足自利原则又满足最短距离移动原则，另一方面，it 移动至句首去填补主语空缺，是无奈原则起作用的结果。

　　首先注意这些原则关注的不是句法形态本身，而是句法运算的方式和过程，这让生成语言学明显不同于之前的历史语言学研究和结构主义语言学研究。乔姆斯基认为语言学研究的对象是语言能力，对句法运算方式和过程的关注也正是语言能力运用过程的关注。但是，这些解释如果只是英语的语法规则本无可厚非，只需要通过更多语句进行验证即可，并且在实践中任何语法规则都会允许一定程度例外的存在。但乔姆斯基对普遍语法的定位却是人类语言官能的初始状态，它是人类经过基因遗传而来的天赋能力，因此是确定的、普遍的。那么我们来看以下两句汉语。

　　（4）看起来约翰要赢了。

----

　　① 有关经济原则的更多讨论参见 CHOMSKY, N. The Minimalist Program[M]. Beijing: Foreign Language Teaching and Research Press, 2008. 以及戴曼纯为本书撰写的导读。

(5)约翰看起来要赢了。

句(4)和(5)违反了上述各项经济原则,也违反了句法运算中的特征核查要求,但在汉语中它们均是对的。这足见乔姆斯基等人总结自某些语言的原则对于其他语言未必适用。当然,在归纳推理过程中遇到反例很正常,但以下两个困难或许会让乔姆斯基的归纳推理和后续的验证过程无以为继。第一,假设乔姆斯基验证了所有的现存语言,但人类历史上消亡的语言更多,如果无法覆盖这些已消亡语言,乔姆斯基追求的确定性和普遍性永远难以得到验证。第二,就现存语言而言,句法表达也并非一成不变,现在的合语法表达,百年以前或者百年以后未必合语法,所以确定性和普遍性似乎无所依附。

要澄清乔姆斯基的科学方法使用问题,还有以下几个问题需要回应。

问题一:乔姆斯基对于普遍语法原则的提炼不正是科学研究中常见的归纳方法吗?

乔姆斯基等人完全有可能会将这些不确定性视为归纳推理的结果,并认为这是自然科学研究的共同特征,只要对这些句法原则的检验持续推进,最终一定会形成具有相对确定性和普遍性的原则系统。那么,我们就后退一步,假设乔姆斯基真的找到了相对确定和普遍的原则系统,但是,这些原则可以解释人类的语言能力吗?

我们可以分两个层面来看这个问题。首先,如果从语言句法形态的层面来看,这些原则是解释性的,因为它们解释了语句的生成过程。但如果从语言能力层面来看,这些原则仍是描述性的,因为它们仍是在描述语言能力运用的方式,并没有解释语言能力运用(句法运算)的内在动因和机制。这一动因和机制也就是语言能力之所以如此的因果解释。[①] 从自然科学的视角来分析,解释语言能力无法基于句法运算层面来实现,而要从人类大脑的生理基础、结构、状态和人类认知系统的构成、运行、局限等层面来进行,正如解释人类的视觉能力不能基于眼睛视觉图像的层面来实现,而要从人类视觉系统的生理基础、结构和视觉神经系统的加工机制来解释,或者解释一个天体的运动不能基于其运动方式本身来开展,而要从其运动背后的力学规律来进行。

---

① 有关语言能力的因果解释可参见:Lin, Francis Y. What If Really Wrong with Universal Grammar (Commentary on Behme) [J]. Language, 2015, 91(2): e27-30, e29. LIN, F. Y. A Refutation of Universal Grammar[EB/OL]. Lingua, 2017. http://dx. doi. org/10.1016/j. lingua. 2017.04.003.

　　不妨再做一个类比。研究某种植物的生长，研究者当然可以去观察很多同类植物的生长过程和外在形态，并对各种植物之间的异同进行记录和描述，最终找到所有同类植物相同的生成过程和外形特点，并将这些发现视为该类植物的原则。下次遇到同类植物，研究者便可以解释该植物会如何生长并最终会长成什么样子。但是，这些均无法解释有关该类植物生长的因果性问题。正确的做法是去研究植物生长所需的土壤、水、空气、温度等外部条件和光合作用、细胞分裂、胚胎生长等内在机制。乔姆斯基通过归纳推理形成的句法原则即便正确也还只是对句法生成过程和最终形态的描述，而不是对人类理解生成外在条件和内在机制的因果解释。所以乔姆斯基采用归纳方法对语言原则的研究无法解释人类的语言能力。

　　问题二：乔姆斯基同样研究了语言学的生物基础问题，这不是对语言能力的因果解释吗？

　　生物语言学概念起源于 20 世纪 50 年代乔姆斯基与莫里斯·哈里、埃里克·兰尼伯格（Eric Lenneberg）等人对语言学生理基础的讨论，但其正式成为生成语言学的研究主题却是在最简方案之后。2004 年乔姆斯基提出了"超越解释的充分性（Beyond Explanatory Adequacy）"，认为语言学研究的重点应该从"语言的特征是什么"转向"语言为什么会有这些特征"，从而将语言学研究的解释性要求延伸到了生物基础层面。乔姆斯基认为语言能力的习得是三个因素共同作用的结果[①]：

　　（1）个体语言经验；

　　（2）作为进化结果的 S^0（即普遍语法）本身；

　　（3）生物系统的普遍属性。

　　解释中（1）是外在的，（3）是生物普遍性，只有（2）才是语言专属，决定语言能力的习得和发挥。乔姆斯基 2002 年和认知心理学家马克·豪斯（Marc D. Hauser）、蒂卡姆西·费奇（W. Tecumseh Fitch）合作在《科学》杂志发表论文《语言能力：是什么，谁拥有，如何进化？》，论文中三位研究者认为狭义的语言能力应该只包括递归运算机制。递归运算机制以合并为主要操作，可以将最

[①] CHOMSKY, N. Beyond Explanatory Adequacy[M]// ADRIANA BELLITTI. Stucture and Beyond: the Cartography of Syntactic Structures, Volume 3. Oxford: Oxford University Press, 2004: 104-105.

小的语法单位不断组合以生成无限的语言表达。① 2010 年以后,乔姆斯基进一步提出了语言进化思想,他认为语言是基因突变的结果,可能我们祖先中一个个体(我们不妨称之为"普罗米修斯")脑神经系统发生了突变性重组,形成了"合并"操作的能力。② 他设想人类基因的这一"突变"大约形成于 5 万～10 万年前,其后未有改变,并且这一首先发生于语言官能上的突变为人类带来了巨大的认知优势,促成了包括数学、逻辑在内的其他高级认知能力的形成。③

我们认为乔姆斯基没有解释有关语言能力生物基础的任何具体问题。

首先,递归运算是一个数学和逻辑学概念,不是一个生物学概念。递归概念源自于数学,其提出可以被追溯到 19 世纪末,20 世纪上半叶数学家库尔特·哥德尔提出的递归函数理论(Recursive Function Theory)让这一概念受到更多关注。乔姆斯基对这一概念的借鉴来自数学家艾米尔·波斯特(Emil Post)和逻辑学家、语言学家约书亚·巴尔-希勒尔(Yehoshua Bar-Hillel),这一点在其早期论文中有明确表述。④

其次,递归运算机制以及其所依赖的合并操作在句法上可描述为(4)⑤,表示句法实体(词汇项目是最小的句法实体)通过合并生成更大的句法实体。这样的合并操作可以无限持续进行,谓之"递归"。但问题是这样的描述和解释是生物学层面的吗? 显然不是。生物学层面对语言能力的解释应该至少包括语言信息接收、存储、加工、传输等认知环节和这些环节背后的生理—心理基础。乔姆斯基所描述的递归运算机制以及合并操作仅是人类句法运算的特征,与语言的生物学基础无关。

(4)K＝{ γ {α, β} },α, β 是句法实体,γ 是 K 的标注

---

① M. D. HAUSER, N. CHOMSKY W. T. FITCH, The Faculty of Language: What Is It, Who Has It, and How Did It Evolve? [J]. Science. 2002, 298 (22): 1569-1579.

② CHOMSKY, N. Some Simple Evo Devo Theses: How True Might They Be for Language? [A]. R. K. LARSON, V. DéPREZ, H. YAMAKIDO. The Evolution of Human Language. Cambridge: Cambridge University Press, 2010: 45-62, 59.

③ 参见 CHOMSKY, N. What Kind of Creatures Are We? [M]. New York: Columbia University Press, 2016. BERWICH, R. N. CHOMSKY. Why Only Us: Language and Evolution [M]. Cambridge, MA: MIT Press, 2016.

④ CHOMSKY, N. 1955. Logical Syntax and Semantics: Their Linguistic Relevance [J]. Language, 1955(31): 36-45, 45.

⑤ CHOMSKY, N. The Minimalist Program [M]. Beijing: Foreign Language Teaching and Research Press, 2008: 243.

再次，递归机制和合并操作无法解释语言实践中的语句生成问题。合并操作和递归机制赋予了人类语言以无限生成的能力，但是"无限生成"既不能保证生成的句法实体合乎语法规则，也不能保证人类认知体系有能力加工生成"无限"表达。乔姆斯基认为语句合语法性可以由词汇项目的特征运算（即特征核查）来实现。假设他的设想是对的，这就要求语言使用者先熟记词汇项目的具体特征，因为这些特征在语言间差异很大，所以它们只能是记忆的结果。如此说来，语言的合语法性很大程度上是由记忆系统来保证的，而不是乔姆斯基所说的语言系统。为此同时，人类难以处理合语法但非常冗长的表达。研究表明在语言实践中，人类在书面语中采用的递归形式不超过 3 层，在口语中不超过 2 层。① 对语言实践构成限制的明显不是句法运算的方式，而是记忆、注意、信息加工速度等人类的一般认知能力。所以综合来看，无论是语言运算的内在机制还是语言运算的外在限制，乔姆斯基均没有对语言能力的生物基础问题做出有效解释。

问题三：乔姆斯基的现有理论不够完善，但它仍在持续改进之中，这不正是科学研究的常规发展路径吗？

的确，乔姆斯基的语言理论历经了数次变革，最简方案与最初的经典理论在具体理论形态上差异明显，很多初期被视为革命性的创见都已经被抛弃或者修正。这里显示的正是一条科学研究的上升之路。但是，追溯这一发展历程，我们会发现，乔姆斯基对语言知识的基本预设没有改变，他一直坚持儿童语言习得的初始状态，即普遍语法，是天赋的，并认为像语言这般复杂的人类认知成就只能归功于几百万年来的生物进化或神经组织原则，而不可能是仅凭几个月或者至多几年的努力和经验积累就可以掌握的。②

由于乔姆斯基对语言天赋生理基础的讨论（如语言官能、普遍语法、接口条件）在当前科学发展水平上根本无法得到验证，所以多位学者引用卡尔·波普尔（Karl Popper）的证伪主义理论认为乔姆斯基论点具有不可证伪性

---

① KARLSSON, F. Constraints on Multiple Center-Embedding of Clauses [J]. Journal of Linguistics, 2007(43): 365-392.

② CHOMSKY, N. Aspects of Theory of Syntax[M]. Cambridge, MA: MIT Press, 1965: 59.

(unfalsifiability)，也因此是不科学的表现。① 乔姆斯基的支持者则以理论本身的多次变革为依据加以反驳。乔姆斯基也曾对此做出过回应。他指出："天赋论假说是一个可反驳的假说。任何一个提出某语言属性是由基因决定的假说都会受到最猛烈的直接反驳。在过去，这样的假说已经因为对同一语言中更多现象的观察或者对其他语言中的不同现象的观察而被一次次加以反驳了。这也就是为会什么构建有关基因决定语言结构的假说如此艰难。"

为了评判乔姆斯基及其支持者对"可证伪性"的反驳是否有效，我们有必要先来区别以下两个假说之间的差异。

（5）存在天赋语言官能（普遍语法）。

（6）存在某个由基因决定的语言属性 X（句法原则）。

批评者提出的是（5）不可证伪，但乔姆斯基及其支持者理解成了（6）不可证伪。造成这种理解上的差错并不难理解，因为多数乔姆斯基天赋语言观的批判者都会列举出一条或几条具体语言属性加以批判，而乔姆斯基等人反驳时也都是在捍卫这些属性存在的合理性。对比（5）和（6），我们会发现两者有本质区别。对（5）的反驳是不存在天赋语言官能（普遍语法），对（6）反驳却是不存在某个由基因决定的语言属性 X。但属性 X 不存在，另外一个由基因决定的语言属性 Y 可能存在。以此类推，属性 Y 被证实不存在，还有可能属性 Z 存在，如此等等。这么看来，（6）的扩展形式为（7）。

（7）一定有某个由基因决定的语言属性存在。

（7）蕴含着（5），只要证明了某个由基因决定的语言属性 X 的存在也就证明了语言天赋性的存在。但如刚刚所述，（7）不可证伪，所以仅依据乔姆斯基的"假说—验证"研究方法，（5）也不可证伪。乔姆斯基及其支持者的反驳是无力的。

要想改变（5）和（7）不可证伪的现状，回归科学研究的轨道，乔姆斯基等人必须从生物学、脑科学、遗传学等方面入手，为（5）找到生理、心理等方面的可靠科学证据。一旦回归了自然科学研究的轨道，我们就会发现，依据现有自然科学研究成果，乔姆斯基的假说很难成立，因为现有脑科学、认知科学研究尚

---

① 参见 Seuren，P. A. M. Chomsky's Minimalism［M］. Oxford：Oxford University Press，2004. SAMPSON，G. The Language Instinct Debate：Revised Edition［M］. Continuum，London，2005. IBBOTSON，P.，TOMASELLO，M. Evidence Rebuts Chomsky's Theory of Language Learning［J］. Scientific American（September 7），2016（5），等.

未发现有任何具体能力可以通过基因遗传在大脑回路中得以实现的证据。①
对于语言能力而言，"我们有关语言基因的理解非常贫乏，近期几乎看不到可
以将基因与语言加工相关联的希望"②。

　　澄清乔姆斯基面对的问题，我们需要进一步分析他对待自然科学，尤其是
对待科学方法的立场。所谓自然科学，主要是由研究对象和研究方法来决定
的，在研究对象不断变换、扩展的情况下，研究方法显得更加重要。保罗·霍
伊宁根—胡纳（Paul Hoyningen-Huene）依据托马斯·库恩（Thomas Samuel
Kuhn）"科学革命的结构"思想将科学发展史分为四个阶段，并且认为研究方
法构成各阶段之间划分的主要依据。③ 第一阶段自柏拉图、亚里士多德到 17
世纪，要求科学知识必须来源于不言自明的公理，唯此才能保证知识的确定
性。第二阶段自第一阶段之后至 19 世纪，它延续了对知识确定性的要求，但
将获得知识的路径扩展至归纳程序，而"科学方法"就是指归纳程序中严格的
规则。第三阶段从 19 世纪中叶至 20 世纪末，前述科学方法依然有效，但科学
知识本身被认为是可错的（fallible）。当前处于第四阶段，前几个阶段中对科
学方法可获得确定知识的信念已经消逝。

　　研究者对科学方法的信念不断消逝主要有两个原因。一方面，科学实践
让研究者对知识确定性失去了信心，由此传导至对方法的可靠性产生了怀疑。
另一方面，如劳伦斯·劳丹梳理"科学方法"的历史时指出的，"对科学方法的
理论研究作为一个值得尊敬的研究领域，其出现受到了将其合并入认识论发
展史倾向的严重阻碍。"④早期认识论研究者，尤其笛卡尔等基础主义者，将知
识的确证与方法的可靠性等同，随着近现代学科分化的加速，具体科学对哲学
基础主义和形而上学研究方法的反叛也客观造成了对方法可靠性的质疑。就
这两个原因来看，研究方法都是被"迁怒"的对象，前者迁怒于对确定科学知识

---

　　① 参见 GAZZANIGA, M. Neuroscience and the Correct Level of Explanation for
Understanding Mind[J]. Trends in Cognitive Sciences, 2010(14): 291-292. JACKENDOFF, R. What
Is the Human Language Faculty? Two Views[J]. Language, 2011, 87(3):586-624.
　　② HAUSER, M. D., C. YANG, R.C. BERWICK, et al. The Mystery of Language Evolution
[J]. Frontiers in Psychology, 2014(5):1-12, 1.
　　③ HOYNINGEN-HUENE, P. Systematicity; HOYNINGEN-HUENE, P. The Nature of
Science[J]. Philosophia, 2008, 36(2): 167-180, 167. 更详细讨论可参见其专著 Systematicity: The
Nature of Science[M]. Oxford: Oxford University Press, 2013.
　　④ LAUDAN, L. Theories of Scientific Method from Plato to Mach: A Bibliographical Review
[J]. History of Science, 1968, 7(1): 1-63, 5.

追求上的一再失败,后者迁怒于对传统哲学研究的反叛。

　　但是,对科学方法信念的削弱并不是对科学方法的否定,相反,知识的确定性丧失之后,研究方法的严谨性就会显得更加重要,正因为研究结果不可控,研究者就更需要尽力对研究的过程加以控制。这便对研究方法提出了更高的要求,受到大众认可的科学研究方法的普遍权威性不但没有被削弱,反而不断被强化。

　　在乔姆斯基的语言研究中,研究对象是语言能力,虽然目前对此了解还很有限,具体解释的内容也具有"可证伪性",但"它是人类的认知器官",是自然实体,这一点是确定的。与此同时,乔姆斯基认为自己采用的研究方法是科学研究中的一般方法。乔姆斯基对研究对象和研究方法的坚持始终未变,他相信自己采用了唯一的正确方法来探索作为自然实体的语言,最终如果有所成就,那是科学的胜利,如果失败,那说明语言隶属于人类的认识之"谜",超出了人类的认识范围。乔姆斯基语言研究中表现出来的态度可以概括为研究内容是可证伪的,但研究对象及其属性是确定的,研究方法是唯一的,研究结果是不确定的。对比前述霍伊宁根—胡纳对科学发展史四个阶段的划分,我们会发现乔姆斯基的这一态度兼具不同阶段的特征。

　　首先,从对知识的态度上来看,乔姆斯基虽然没有提出任何不言自明的公理,但他对语言知识来源和属性的认识坚定不移,一直坚持语言是人类的认知器官之一,是自然实体。这一认识包含了明确的知识判断,虽不似早期的公理那么坚定,但也不是后期对知识的理解那般或然。

　　其次,乔姆斯基对人类获取知识的方法存在两种不同的描述。一方面,在自己的研究以及一般的科学研究中,乔姆斯基坚持科学研究方法的唯一性和普遍权威性,这意味着知识源自观察事实;但另一方面,在儿童语言习得问题上,他却又坚持认为语言知识的天赋性,后天经验作用有限,儿童获得语言知识的路径是溯因推理,而非"观察—假说—验证"。乔姆斯基对于皮尔士溯因推理的借鉴也仅表现在他对儿童语言习得的描述中,但皮尔士原本的适用对象一定是所有的人类认识活动。可见从知识来源到认识方法,乔姆斯基对儿童语言知识习得和人类一般知识获得的认识并不统一。

　　再次,在研究证据上,乔姆斯基坚持语言直觉的权威性,认为它是判断语句表达是否正确的唯一证据，甚至"直觉就是判断的另一个表达"①，语言直觉就是语言官能的"能力之声(the voice of competence)"②。以直觉为判断知识是否正确的标准，甚至对语言等知识来说是唯一标准，这种做法显然不是"标准的"科学方法所可能或者应该采用的。它倒更像是17世纪认识论的思维模式，如笛卡尔对"直觉"作为正确的理性方法的推崇和洛克对"直觉的知识"可靠性的强调。联系乔姆斯基对语言知识是默示知识(tacit knowledge)、部分意识不可及等解释，我们会发现乔姆斯基对知识的理解显然带有霍伊宁根—胡纳所描述的科学发展前两个阶段的特征，但他努力将以直觉为判断依据的语言知识置于生物学、认知科学、脑科学研究视域之下的做法也带有后两个阶段的鲜明特征。

综合而论，自称传统理性主义复兴者的乔姆斯基在对科学及其研究方法的认识上兼具理性和经验、传统与现代双重特征。这些特征在乔姆斯基的实际研究中即表现为改良的基础主义立场。结合他对笛卡尔研究方法的推崇，我们可以认为这一立场是对笛卡尔研究方法的现代解读，或者亦可以认为是经过现代科学包装之后的笛卡尔主义。乔姆斯基改良的基础主义突出表现在他对语言知识来源的理解。一方面他认为语言知识来自天赋的语言官能，并且主张使用语言直觉来对语言知识正确与否做出判断；另一方面，他又积极采用现代科学方法对这一天赋知识进行探索，并主动推动对语言生理基础的研究，希望在自然科学的框架内解释语言问题。在乔姆斯基的论述中，前一个方面的语言官能不仅只是客观的研究对象，还规定着后天语言知识的形式和核心内容，甚至规定了所有语言共享的句法规则。因此，后一个方面即便采用了"标准的"科学方法，但研究活动能否成功的关键在于它最终发现的研究成果能否与前者的先天构成相符。乔姆斯基有关作为研究发现的语言原则具有可证伪性的诊断并不影响我们将其视为改良的基础主义者，因为可证伪的只是具体的研究发现，但作为研究最终结果的语言官能无论是其属性还是内容都已经由基因遗传而来，是确定且普遍的。我们不妨对比一下另一类论点。蒯因、普特南、塞尔等人，以及语言学研究中的其他功能学派、认知学派同样认为

① SMITH, N. Chomsky: Ideas and Ideals[M]. Cambridge: Cambridge Universtiy Press, 2004: 26.

② DEVITT, M. What "Intuitions" Are Linguistics Evidence? [J]. Erkenn, 2010(73): 251-264, 251.

语言具有生理基础,但对于这样的生理基础是什么、是否语言专属持开放态度,等待科学发展来做出判断。后一种观点不具有乔姆斯基立场中对语言来源和属性如此明确的规定性。

乔姆斯基改良的基础主义立场诉诸基因遗传和直觉来解决语言知识的来源和判定问题,这也是对传统认识论问题的回归,即回归到问题"先天综合知识如何可能"。乔姆斯基借助基因突变和生物遗传解释了"先天"概念,又借助皮尔士溯因推理中对人类天赋本能的强调解释了经验在知识形成过程中所起的作用,从而解释"综合"概念。两种的结合正突显了"改良"的内涵:使用现代科学概念和研究成果改造传统认识论问题,并提供可被现代科学接纳的合理解释。但改良没有改变基础主义的基本立场,乔姆斯基对语言来源和属性的基本立场从未动摇。

乔姆斯基改良的基础主义立场带来的最大影响是它加剧了"解释过度"问题。这一点在上节有关溯因推理的讨论中已经提到过。此处作进一步解释。

"解释过度"是基础主义的一个必然结果。基础主义就是为人类的所有知识最终找到一个无需证实的绝对基础,以避免认识上的无限回溯(endless regress)。依据前述霍伊宁根—胡纳对科学发展史的梳理,在当前的科学语境下,这样的基础并不存在,无论是研究的方法还是结果都已经丧失了公理性质和普遍性特征。缺乏确定性意味着科学研究本身,从对象、过程到方法、结果都需要加以证实。科学研究也正是这样一个持久、反复、螺旋式上升的过程。在此过程中,任何尝试为知识寻找确定基础的努力都可能带有基础主义倾向,而一旦这一倾向形成,某个基础被确定,科学探索的过程就会在此停滞。在乔姆斯基的研究中,对语言官能的设定正扮演着这样的角色。语言官能是乔姆斯基为语言研究设定的研究对象,但也是研究最终结果需参照的对象。他对语言知识的来源、属性和形式的规定性论述不容有可证伪的空间,可证伪的仅是语言原则的具体内容。换句话说,对于语言官能的探索,乔姆斯基坚持的立场中已经解释了"是什么""怎么来"等基本问题,如果我们遵从他的研究路径,那么剩下的可供研究的也就是类似"为什么会是这样"等问题了。最后一个问题预设了"这样"的确定性,从而阻断了对"是什么"和"怎么来"的探索。所以,在未获得自然科学研究成果充分支持的情况下,乔姆斯基赋予了语言官能过多的确定性,过度解释了语言知识的来源、属性和形式等基本问题。

解释过度在乔姆斯基的以下几点论述中表现得最为明显:第一,儿童语言习得,乔姆斯基将儿童语言习得解释为语言官能在外在语言经验的激发下自发生长的过程，其他的认知系统参与有限；第二，句法自主性，语言官能仅包含句法，并且句法运算自主运行，运算结果交于接口才会形成语义理解和语音表达；第三，语言进化，语言是基因突变的结果，突变形成的合并操作和递归运算机制不仅促成语言生成，还为人类其他认知系统的形成提供了基础。就乔姆斯基对这三个问题的论点而言，第一个过度解释了基因遗传对儿童语言习得的作用，会造成对儿童语言习得过程和机制认识的简化，第二个过度解释了句法在语言中的作用，句法被视为语言研究的核心甚至全部，会造成对语言认识的简化，第三个过度解释了基因突变和遗传对语言形成的作用，会造成对语言形成和发展过程理解上的简化。

第五章 语言研究对认识论问题的解答:质疑与反思

在认识论的自然化研究道路上,乔姆斯基和蒯因是"奇怪的一对"①。两人在基本立场上鲜明对立,一个是理性主义,一个是经验主义;在具体论点上差异明显,对语言、意义、自然科学、分析/综合划分、本体论等均有不同的认识。但两人也存在着诸多的相似,都以语言为研究载体,以自然主义为进路,以认识论问题的解决为目标,所以杰罗德·卡茨和亚历山大·乔治等人认为他们两人"玩着相同的游戏"②。

对比研究乔姆斯基和蒯因除了可以澄清乔姆斯基本人的立场和观点之外,至少还有助于加深对以下三个问题的理解。

第一,语言研究对于哲学认识论有何价值?

虽然乔姆斯基有多重身份,但他首先是语言学家,而蒯因则完全是一位哲学家。从语言研究出发,乔姆斯基认为在当前自然科学水平有限的情况下,语言研究可以为认识人类心灵提供一把钥匙,但语言学本身不是认识论,也不是认识论的一部分,它只是可以透视人类认识之谜的最佳工具之一。蒯因对语言问题的关注受其所处整体哲学研究背景的影响。他认为"哲学问题就其为真正的问题而言,都是语言问题"③。这是哲学研究发生语言转向之后很多哲学家的共识,所以分析语言就是在研究哲学。以此类推,语言问题就是认识论问题,反之亦然。然而,两种不同的态度会形成两种不同的研究路径,视语言学为独立的学科,对语言的研究将主要由语言学家来主导,目标在于解释语言现象,其具有的任何认识论意义都是副产品;视哲学问题为语言问题,对语言

① HEITNER, R. M. An Odd Couple: Chomsky and Quine on Reducing the Phoneme [J]. Language Sciences, 2005(27): 1-30.

② GEORGE, A. Whence and Whither the Debate Between Quine and Chomsky? [J]. The Journal of Phylosophy, 1980(9): 489-499, 499.

③ 蒯因. 词语与对象[M]//参见蒯因著作集:第 4 卷[M]. 北京:中国人民大学出版社,2007:462.

的分析将由哲学家主导,目标在于解决哲学问题,分析和研究的发现本身就是认识论发现。那么,不同的目标,不同的路径,不同的方法,会形成怎样的结果？对于认识论问题的解决又各自具有什么样的意义？

第二,自然主义立场如何同时适用于理性主义和经验主义认识论研究？

本书第二章和第四章中我们已经细致分析了乔姆斯基本人的自然主义立场,并得出结论认为,乔姆斯基自述中的自然主义立场与哲学家对自然主义的理解存在一定的出入,其采用的科学研究方法也并非如其所述的那般"标准"。然而,乔姆斯基对生物学、脑科学等具体学科领域的持续关注让他不会脱离自然科学的视野,那么在他的研究中仍带有的基础主义倾向只能来自自然科学未及之处,也就是他一再坚持的对传统理性主义的复兴。乔姆斯基正是尝试通过对语言的科学化研究来重新解读笛卡尔等对心智的设定,从而论证传统理性主义的科学与合理之处的。蒯因在自然主义立场上同样直接,他认为哲学与具体科学是一个连续的整体,两者没有本质的不同。同时,他还认为认识论研究可被视为心理学的一部分,从而归属于自然科学。不同于乔姆斯基对遗传而来的天赋因素的依重,蒯因依据的是可观察的经验,即我们外部感官的刺激。认识论研究免不了涉及人类的心智问题,蒯因并不否认心智现象的存在,但他认为必须要在观察经验证据之下来研究这一问题,在语言分析过程中,他完全接受了行为主义心理学的立场,将语言与心智研究的证据固定为人类可观察的行为。同样是为了解释人类的认识行为,乔姆斯基主张由内而外,蒯因坚持由外而内。那么,谁更科学？谁的自然主义主张才更合理？

第三,认识论问题能否得到有效解决？

在认识论问题上,乔姆斯基和蒯因提出的问题一致:贫乏的经验输入如何形成汹涌的理论输出？对这一问题的有效回答需关注两点:认识的来源和认识的方法。在认识的来源上,乔姆斯基认为语言知识,至少是核心的语言原则,即普遍语法,来自基因突变和生理遗传。借此,他希望实现对笛卡尔天赋论和康德先验论的科学化改造。但是,这样的生理基础仍有待发现。蒯因作为坚定的经验主义者,认为人类的所有认识只能来自外部感官的刺激。两人对知识来源认识上的差异本质上也意味着对知识本质理解上的不同,乔姆斯基的解释中预设了确定知识(形态和内容)的存在,蒯因的解释则表明人类的知识是一个流变的整体,无最终形态。在认识的方法上,两人均以自然科学研究方法为标准,然而两人又都没有真正从事过自然科学研究,卡茨就曾将蒯因的自然主义称为"哲学的自然主义",而非"科学的自然主义"。乔姆斯基也在语言习得的关键环节求助于皮尔士的溯因推理,以此来解释从经验到理论假说的上升过程。所以,如果将认识论界定为对人类知识来源和方法的回答,两人均提供了自己的答案;但如果追求答案的确定性,恐怕两人均无法做出承诺。那么,与其说他们的答案是在回答认识论问题,不如说是在描述并消解认识论问题,因为两人都认为认识论问题也就是科学问题,那么认识论问题当然也只能由自然科学研究来最终解答。

第一节　证据问题

"证据问题"指的是在论证过程中需提供什么样的事实和理由。对于认识论问题而言,它既涉及对具体论点的证实,还涉及对认识来源的追溯。乔姆斯基坚持认为语言知识来源于天赋的语言官能,语言经验的主要作用仅是激发语言官能"生长"(grow),这一点之前已有明确讨论。蒯因则认为,人类知识只能来自外部感官的刺激,具体到语言知识而言,我们"别无选择……我们严格依赖于可观察情景中的明显可见的行为"①。

在证据问题上,蒯因可谓是强硬的行为主义者,而乔姆斯基则以反行为主义而闻名。这种鲜明的对立为对比研究提供了重要且值得优先考虑的视角。本节将聚焦于此。

语言学界普遍认为,乔姆斯基 1959 年发表的《〈言语行为〉书评》对以斯金纳为代表的行为主义学说构成了毁灭性打击②,并开启了从行为主义到认知主义的心理学研究"认知革命"③。但实际情况却并非如此,在心理学领域,即使受到乔姆斯基的批判,斯金纳仍是其后 30 年间心理学研究的领军人物。④同时,行为主义研究非但没有减少,反而在 30 年间增长了 38 倍。⑤ 近些年

---

①　蒯因.真之追求[A].蒯因著作集:第 6 卷[M].北京:中国人民大学出版社,2007:495.

②　王宗炎.评斯金纳著《言语行为》(上)[J].国外语言学,1982(2):15-21,15.

③　HERGENHAHN, B. R., T. B. HENLEY. An Introduction to the History of Psychology[M]. (7th ed.) Belmont, CA: Wadsworth, 2013:589.

④　SCHULTZ, D. R., S. E. SCHULTZ. A History of Modern Psychology[M]. (10th ed.) Belmont, CA: Wadswoth, 2013:251.

⑤　PALMERH, D. On Chomsky's appraisal of Skinner's Verbal Behavior[J]. The Behavior Analyst, 2006(29):253-267,259.

来，积极对斯金纳《言语行为》加以重新评价并对乔姆斯基当年批判的合理性进行反思的学者不断增多。①

与心理学研究相似，在哲学研究尤其是认识论研究中，行为主义也从没有离开过研究者的视角。早在 1933 年，和斯金纳一起成为哈佛学社第一批青年学者（Harvard Junior Fellows）的就包括后来哈佛的著名哲学家蒯因（W. V. Quine）。然而蒯因宣称其行为主义思想并非来自斯金纳，而是直接来自行为主义创始人约翰·华生，并受到了早期行为主义支持者雷蒙德·斯特森（Raymond Stetson）以及逻辑实证主义代表人物卡尔纳普的影响（Quine，2008：291）。蒯因在自己的哲学研究中一直坚守着行为主义立场。

虽然乔姆斯基对斯金纳和蒯因都进行了猛烈的批评，但斯金纳几乎从没有回击，而蒯因则进行了多次回应和反击。以下讨论从蒯因开始，随后对比乔姆斯基对行为主义的相关论述。对比的基点不是乔姆斯基本人论述中表达的立场和观点，而是他讨论的具体对象、过程和使用的证据，我们希望对此做更加客观的分析，以便走出乔姆斯基本人的视角来评价其理论立场。本节最后会回到作为行为主义心理学家的斯金纳，以其研究内容和研究方法为基础，对比并反思乔姆斯基和蒯因对待行为主义以及研究证据的态度和立场。

一般而论，行为主义可以分为本体论行为主义（ontological behaviorism）和证据论行为主义（evidential behaviorism）②，前者否认心理对象的存在，后者并不否认，但认为行为是研究心理对象的唯一可靠证据。虽然斯金纳和蒯因均嘲讽过心灵实体（mental entities），但他们没有否认心理实体的存在，因此两人都属于证据论行为主义者。同样，正如斯金纳从没有改变自己的行为主义立场，蒯因对于行为主义也从不怀疑，甚至认为每一个心智正常的人都会如此。

蒯因证据论行为主义的起点是刺激，核心是观察句。

对于刺激，蒯因一开始希望借助科学研究的成果，采用一种神经学的刺激

---

① 参见：SALZINGER，K. Skinner's Verbal Behavior ［J］. International Journal of Psychology and Psychological Therapy，2008(8)：287-294. SCHLINGER，H. The Long Good-bye：Why B. F. Skinner's analysis of Verbal Behavior is Alive and Well on the 50th Anniversary of It Publication ［J］. The Psychological Record，2008(58)：329-337. 陈国华，杨华. 批判与沉默的背后——解读斯金纳的《言语行为》与乔姆斯基的书评［J］. 外语教学与研究，2013(1)：117-129。

② Fllesdal，D. Development in Quine's Behaviorism ［M］// HARMAN G.，LEPORE，E. A Companion to W. V. O. Quine. West Sussex：John Wiley & Sons，Inc. 2014：263-278.

概念,如"视网膜受到红色光线刺激而产生的光化学作用"[①]。但很快他发现神经末梢并不能保证主体间刺激的统一性,因为即便同是人类的视网膜,不同个体之间在神经末梢的数量和排列方式上也不相同,就如同被修剪得都具有相同大象形状的灌木丛,其内在枝杈的具体形状芜杂纷乱。[②] 随后蒯因尝试给出另一种刺激概念——光射模式,即类似"可以映在照相底片上且被每个人确认的那种光影图案"[③]。但很快,这一解释同样遇到了问题。首先,"我们不应把视觉刺激看成是静态的暂时性的光射形式",因为这会使我们无法描述那些动态的例子;其次,"我们应从空间整体上来看待视觉的光射刺激模式",因为"在整个现场的刺激条件下,中心和边缘就自然区别开来了,而这个区别是视觉注意力的一个极重要的因素,整个视觉光射模式在中心区位上不同,则在各周边界限上也是不同的,因而从根本上说就是一些不同的光射刺激模式"[④]。

在"刺激物(光射模式)"和"刺激接收器(神经末梢)"都无法令人满意的情况下,蒯因最终转向了主体接收刺激后的反应。刺激反应作为证据的最大优势在于其可观察、可验证,而且这一优势在语言的帮助下得以无限放大。当某个刺激出现时,人们不仅可以通过语言表达来验证反应是否相似,而且还可以通过询问以及肯定或否定的回答来对反应加以验证和强化。依赖于特定的刺激条件的激发而发出并可以得到肯定或否定回答的句子被称为"场合句(occasion sentence)",如"红色""兔子""他的脸不干净",这些句子只能在相关刺激出现时才会发出,如一只兔子出现在眼前,我们可以说出"兔子"一词,对这个句子的肯定或者否定回答必须依赖于当下的刺激条件。但有时我们的话语和回答会受到附随信息的影响,如"单身汉"一词,说出该词以及对其做出回答都需要了解某个人的"背景"。当一个场合句的刺激意义在附随信息的影响下不发生任何改变,我们就可以称之为"观察句(observation sentence)",如"这是红的""天正在下雨"等。观察句是场合句的特例,观察句更加稳定、可靠,它构成了蒯因证据行为主义的核心,同时也是蒯因意义理论的奠基石。

①　蒯因. 蒯因著作集:第 4 卷[M]. 北京:中国人民大学出版社,2007:204.

②　蒯因. 蒯因著作集:第 4 卷[M]. 北京:中国人民大学出版社,2007:206。

③　GLLESDAL, D. Development in Quine's behaviorism [M]//HARMAN G., LEPORE, E. A Companion to W. V. O. Quine. West Sussex:John Wiley & Sons, Inc. 2014:263-278, 267.

④　蒯因. 蒯因著作集:第 4 卷[M]. 北京:中国人民大学出版社,2007:226.

　　观察句之所以在理论支持和语言学习中起到基础性作用，是因为它们具有主体间的直接性。[①] 它们是观察者们当即一致公认的，任何时候一旦分歧产生，观察者就可以返回到它们上面来，把它们作为商议的基础。因此在蒯因的理论体系中，观察句是语言的起源，是儿童进入语言的入口，也是关于我们外部世界知识的证据的媒介和储蓄所。

　　对于语言及语言研究，蒯因的基本态度是，人们别无选择，只能是一个行为主义者。基于这一立场，他将语言习得描述为："我们每个人都观察别人的言语行为，并让别人观察和强化或改正自己磕磕巴巴的语言行为从而学会自己的语言。"[②]具体来说，蒯因的语言习得过程可被描述为五个主要阶段：独词观察句习得、观察复合句习得、直言谓述句习得、复合句的习得和关系从句习得。随着关系从句的习得，儿童学会了替换量化和对象量化，从而最终习得了语言。这一过程同时也是儿童习得科学语言的过程。

　　第一阶段：独词观察句的习得。观察句是"通往语言的入口"[③]。观察句的最大特点是"主体间性"，所以典型的观察句涉及的不是感觉，而是外在事物，因为后者才可以被公共地证实。早期被学会的观察句多是独词句，涉及儿童最先接触到的具体事物，如"苹果""奶""杯子"等，还可能是"红色""下雨"等颜色和状态表达。两种手段会大大加快简单观察句的学习进程：实指和同意。学习"会因为一根手指的赫然侵入——选定对象的突出部分，或者由于运用一根手指画出了一个选定区域的轮廓而被有选择地激活了"[④]。在实指（手指）的帮助之下，当下刺激指向明确、激活充分，有效弥补了儿童早期学习时因为认知能力有限而造成的对整体刺激片段相似性或相异性的判断能力不足。"实指"简化并加快了语言习得进程，"同意"则对习得结果进行了有效的强化或者修正。举例来说，在儿童通过实指习得"红色"之后，当相似刺激再次出现时，儿童尝试说出"红色"，大人回答"是的"，且给了儿童鼓励、奖赏，儿童对"红色"这一观察句的学习得到强化。"同意"的程序还可以颠倒进行，即当下一个相似刺激片段出现时，大人说出"红色"，儿童会试着回答"是的"，并因此得到鼓励或奖赏。在"实指"和"同意"的帮助下，儿童对于独词观察句的习得快速

---

　　① 蒯因.蒯因著作集：第4卷[M].北京：中国人民大学出版社，2007：543.
　　② 蒯因.蒯因著作集：第4卷[M].北京：中国人民大学出版社，2007：495.
　　③ 蒯因.蒯因著作集：第6卷[M].北京：中国人民大学出版社，2007：545.
　　④ 蒯因.蒯因著作集：第6卷[M].北京：中国人民大学出版社，2007：549.

进行。

　　第二阶段:观察复合句的习得。蒯因赞同语言学家的如下论点:语言不同于低等动物信号系统的显著特征就是其组合能力。[1] 通过组合,我们得以借助学会的简单表达构造出从未听过的复杂表达或者对这样的表达做出反应。对儿童来说,最初接触到的组合方式是"归属性构词法(attributive composition)"。设想一个孩子已经习得了"黄色"和"纸"两个独词观察句,而当它们同时被听到时,有关这两个词的记忆就都会被激活,将有关黄色在其中凸显的记忆片段与有关纸在其中凸显的记忆片段进行叠加,从而生成"黄纸"一词。此时,因为与叠加之后形成的新的刺激片段相关联,"黄纸"本身也是观察句,称为"观察复合句",所以"归属性构词法不过是即时造出观察词的一种手段而已"[2]。但这一构词法对儿童语言习得的价值来说远不止此,它同时还提供了一条通向谓述(predication)的路径,因为"黄纸"可能被说出的方式还包括"这纸是黄色的",经过改造之后的表达明显是一个谓述形式。基于类比,儿童很快会造更多的观察句复合,如"白兔""微笑的妈妈""疼痛的拇指"等,随后很快学会诸如"这兔子是白色的""妈妈在微笑""拇指疼痛"等谓述形式的表达。

　　第三阶段:直言谓述句的习得。人类语言的显著特征除了其组合能力之外,还在于其移位性(displacement),即语言的使用可以脱离当前语境和当下刺激。在蒯因对句子的分类中,固定句(standing sentence)就属于这一类用法,作为固定句极限情况的恒久句(eternal sentence)更是如此。这类句子如何习得? 以"雪是白的"为例。首先,完全不同于"白色的雪"这一归属性复合词,也不同于"这雪是白的"这一观察句,该句是一个恒久句,其真值不会随着当下刺激的改变而改变。习得时,孩子先前已学会了"雪""白的"两个观察句,当句子"雪是白的"出现时,第一个词"雪"会引起孩子有关雪的记忆片段,随后当"白的"出现时,他们便会依据记忆片段对"白的吗?"加以判断,做出同意的回答。同样地,他们还会对"旺旺是条狗"等句子表示同意,从而逐渐学会"α是β"这样的直言谓述句。进一步地,基于相类的路径,孩子们学会了"一条狗是一个动物",从而慢慢掌握了"每一 α 是一 β"这样的全称直言句。

　　第四阶段:复合句的习得。在蒯因的讨论中,复合句指的是"以其他句子

<hr>

[1]　蒯因.蒯因著作集:第 4 卷[M].北京:中国人民大学出版社,2007:563.
[2]　蒯因.蒯因著作集:第 4 卷[M].北京:中国人民大学出版社,2007:564.

作为组成部分的"句子。① 相对于观察句，复合句习得的关键在于联结词 (connective)。儿童最先学会的联结句是"并非(not)"。当成人对孩子说出的观察句表示不同意，"并非"的习得便已开始，当观察句和否认持续组合，"并非"就会渐渐进入孩子的记忆。从逻辑角度而言，习得"并非"也就相当于给句子后置了一个"不"。否定式之后被习得的应该是合取式，其联结词为"并且 (and)"。"对于合取的学习是一件平常的事；每一合取支在一定的环境下各自被激起，而且这样的一些环境被联结在一起了。"②仍以"黄纸"为例。当该词整体与刺激相连时，它属于归属性组合，是一个观察复合句，表述为"黄纸"或者"黄色的纸"，但当我们将两种属性分开并且使用"和"加以联结时，表述方式转变为"黄色和纸"或者"这里有黄色和纸"，此时便生成了最初的合取式。观察复合句的习得无疑为复合句的习得做了扎实的铺垫，使用合取式的习得变得"平常"且"容易"。以类似的方式，孩子会掌握更多的联结词，如"或者 (or)""以上(above)""在……内(in)"等等。复合句的习得意味着孩子们已经内化了一点逻辑，开始部分掌握真值函项了。复合能力的习得也开始让儿童语言生成能力大大增强。

第五阶段：关系从句的习得。假设有一个包含某对象的复杂句，句中该对象出现不止一次，如"I bought Fido（一条狗的名称）from a man that found it"。我们使用关系代词"that"或"which"来取代"Fido"，且将这一代词提前便得到"that I bought from a man that found it"。这一新生成的关系从句在句法功能上的作用与一个普通词项一样。我们还可以使用另一种更简单的变体："such that"结构。基于这一结构，上例变为"such that I bought it from a man that found it"。与关系从句相比，这一结构在词序上更简单一些。如果再使用泛指转接词"a thing"，将句子转化为"Fido is a thing such that I bought it from a man that found it"，此时句子就呈现出了明显的"α 是(is)P"样式的谓述形式。"P"就是一个普通词项。并不是说，上例必须做这些转化，毋宁说，"关系从句的用处存在于这样一些上下文中，在那里这个从句不是这样被谓述的，相反它发挥着一个普通词项所具有的其他作用之一"③。除了替代 P 之外，关系从句还可以发挥全称直言结构中的 α 的作用。在句子

---

① 蒯因. 蒯因著作集：第 4 卷[M]. 北京：中国人民大学出版社，2007：576.
② 蒯因. 蒯因著作集：第 4 卷[M]. 北京：中国人民大学出版社，2007：577.
③ 蒯因. 蒯因著作集：第 4 卷[M]. 北京：中国人民大学出版社，2007：593.

"Things that we salvaged from the wreck is in the shed"中，基于同样的方式，可以将"things that we salvaged from the wreck"转化为"everything x such that we salvaged x from the wreck"，于是句子就变成了"每一 α 是一 β"这样的全称直言结构。换句话说，"全称直言结构的用处显然大大有赖于关系从句的这种用法"。关系从句看似复杂，儿童如何习得的呢？在语言习得过程中，对于"I see the moon（我看到了月亮）"，成人一般会问"The moon is a thing that I see（月亮是我看到的东西吗）"，即"The moon is a thing x such that I see x"结构。在与成人的对话中，大量类似的实例让儿童看出并掌握了这种等值变换，从而掌握了可以与普遍词项相互替换的关系从句。

　　无论是基于什么理论立场，儿童语言习得均需要回答儿童语言知识的来源和习得方法两个问题，对这两个问题的不同回答也就构成了不同儿童语言习得理论的基本特征。蒯因是一位经验主义者，他视观察句为语言的起源、儿童进入语言的入口和关于我们外部世界知识的证据的媒介和储蓄所的行为主义论点维护了经验主义的基本立场——知识源自于经验。但他同时又是一位经验主义的反叛者，形如在《经验论的两个教条》（1951）中他就从根本上否定了逻辑实证主义的两个基本信念，尤其是否定了还原论，即认为每一个有意义的陈述都可还原为一个关于直接经验的真假陈述，意味着否定了经验与知识/理论体系之间的直接证据关系，这便对从经验之外解释知识来源和从归纳逻辑之外解释知识体系的构建提出了要求。

　　蒯因描述的儿童语言习得过程中存在着"一系列小小的跃进"，每一次"跃进"意味着从经验证据到习得结果之间直接联系的断裂。仅以观察句的习得为例，面对直接外在刺激，比如突然出现的一只兔子，观察者形成完全一致观察感受的可能性微乎其微，即便经过同意、不同意等主体间的协调和修正，对于像独词观察句"兔子"这样的表达，就其实际认识而言，在不同观察者之间仍会存在些许的差异。所以，单纯借助个体经验，仅从刺激无法确保观察句的习得。为了弥补，蒯因提出了"相似性"概念。蒯因认为观察句的生成要求观察主体需具有相似的生理基础，且这类生理基础必须是天赋的。这似乎进入了我们所熟悉的乔姆斯基的天赋论立场。实际上，蒯因对此毫不避讳，他直言："无论如何，我们必须要接受乔姆斯基的如下论点……我们必须把生物体的结构视为一种先验的属性，如此一来我们才能解释这样的事实，即基础语法是在特定条件下利用观察材料才获得的……"①不同于乔姆斯基的是，蒯因将这种先验属性严格限定为主体的生理基础，即主体对同一刺激做出相似反应的生理条件和能力，其中不包含任何乔姆斯基所谓的普遍语法内容。

儿童除了天生具有对直接刺激的生理相似性之外，还具有形成更为抽象的二级相似性的能力。当说出"一条狗是一个动物"全称直言式时，儿童通过观察已经发现，"狗""兔子""小鸟"等之间的相似性要大于它们与"雪""桌子""红色"等之间的相似性，它们共同归属于"动物"。显然从一级相似性到二级相似性意味着儿童语言习得过程的又一次"跃进"。这样的"跃进"还发生在儿童语言习得的其他阶段，比如归属性构词法的运用、直言式习得时条件作用的转换、关系从句习得时等值变换方法的运用等。蒯因将这一系统小小跃进的成功实现均归功于"相似性"和"类比"，而无论是相似性的生理基础还是类比的认知能力均是先天的，它们的运用"是无意识"，在它们的帮助下，儿童对于语言的习得也是"轻易的"②。

描述并承认经验上升过程中一系列跃进环节的存在，表明蒯因放弃了彻底经验主义立场，即"放弃了旧有的将实质谈论翻译为感觉谈论的希望"。蒯因转而采用的是一种"相对经验主义的立场"，这一立场受到另一条更加温和的箴言主导：不要离开感觉证据太远，除非你真的需要那么做。基于这一箴言，一方面，蒯因承认从刺激到观察句，再从作为整体被学会的观察句到关于物体的明确的谈论，认识过程中存在着一些不可避免的跃进，这跃进无法实现从后一级认识向前一级的还原，更无法实现所有认识向经验观察的还原；另一方面，他仍要求努力将此跃进减少到最低程度，"减少到可为进一步的本体论领域所要求的程度"③。

至此，蒯因儿童语言习得的特征被确定为相对经验主义。相对经验主义立场既明确了经验的基础性地位，同时也给基于生理遗传形成的先天认知能力的运用预留了空间。

与蒯因形成鲜明对立的是，乔姆斯基坚持自己的理性主义立场，具体表现为天赋主义（nativism）和心智主义（mentalism）。自其学术生涯起步始，他就

---

①　QUINE, W. V. The Ways of Paradox and Other Essays [M]. Revised Edition. Cambridge, MA: Harvard University Press, 1976: 56.

②　蒯因. 蒯因著作集：第 4 卷[M]. 北京：中国人民大学出版社, 2007: 622.

③　蒯因. 蒯因著作集：第 4 卷[M]. 北京：中国人民大学出版社, 2007: 634.

坚定地站到了经验主义的对立面,自称要重拾 17 世纪天才们的伟大思想,复兴理性主义传统。1959 年对斯金纳的批判更强化了他反经验主义、反行为主义的立场。然而,乔姆斯基的学术研究又是从结构主义语言学和经验主义哲学的学术语境下开启的。他早年师从泽里格·哈里斯,后者不仅是著名的结构主义语言学家,同时还是"新布龙菲尔德主义"的代表人物,学术生涯致力于为语言学研究建立一套缜密的描述方法。在乔姆斯基第一篇发表的论文《句法分析的系统》首页的脚注中,他就明确表示自己的研究在语言学领域来源于导师哈里斯开发的结构分析方法,并特别提到参考了哈里斯的著作《结构语言学的研究方法》(*Methods in Structural Linguistics*,1951)。哈里斯对乔姆斯基的影响不仅包括形式化的描写方法,还包括与形式化方法密切相关的反语义态度。作为新布龙菲尔德主义者,哈里斯致力于将语言研究中对语义因素考虑最小化,这与乔姆斯基对语义的态度并无二致。

同样在论文《句法分析的系统》首页的脚注中,乔姆斯基还感谢了古德曼和蒯因,"在哲学和逻辑学领域,这些探索来源于古德曼的建构系统(constructional systems)以及古德曼和蒯因对唯名论句法结构(nominalistic syntax)的发展"[①]。作为美国分析哲学的代表人物,蒯因和古德曼虽对逻辑经验主义进行了深刻的批判,但他们的经验主义立场并未有任何改变,尤其是蒯因,其逻辑实用主义的根基正是行为主义意义观。身处经验主义盛行的学术语境中,采用着结构主义语言学研究方法,处于学术生涯初始阶段的乔姆斯基难免不受影响。

无论是结构主义语言学还是分析哲学,分析并描述语言都是核心任务。而作为最初始也是最基础的语言单位,语音理所当然成为了语言分析的起点。在结构主义语言学内部,布拉格学派(Prague School)亦可被称为布拉格音位学派,分析语音,尤其是确定音位之间构成语义差异的区别性特征是该学派关注的焦点,他们还强调音位系统与其他语言现象之间的相通性,并将音位研究成果推广到整个语言体系。以布龙菲尔德为代表的美国结构主义语言学派(American Structuralists)早期以调查、描述、保存印第安人的语言为目标,所以研究的对象主要是口语,如何分析口语语音,尤其是如何通过切分辨识最小的语言单位"音位"便构成了研究中的最基础性任务。

---

① CHOMSKY, N. Systems of Syntactic Analysis [J]. The Journal of Symbolic Logic. 1953 (9):242-256,242.

实际上，虽为行为主义者，布龙菲尔德在语音分析时并没有完全排除语义，他实际依赖语言的日常使用来判断两个话语形式是相同还是相异，这便让语音分析带有了"民间语音学"特征。但其后承者新布龙菲尔德主义者认为，这显然无法达到语音研究"客观性"的要求。鉴于音位在语言分析中的基础性地位，找到音位分解和分辨的客观方法，无论是对语言学研究还是对以语言分析为研究手段的分析哲学而言均至关重要。

基于语义来切分、辨别音位存在两个主要问题。第一，基础不稳固。语义是主观、模糊的，在语义自身都无法被客观、准确界定的情况下，将其视为音位划分的标准显然缺乏说服力。第二，陷入循环论证。音位作为初始建构材料位于语言系统的最低端，向上将会进入词汇、句法、语义等更高级阶段，科学的语言知识体系构建应该由下而上，逐层构筑，逐层证实，即语义应该基于语音、词汇、句法来确定而不是相反，所以依据语义来辨识音位显然不符合科学知识体系构建的要求，会进入既依据语音确定语义又依据语义来确定语音的循环论证模式。

20世纪50年代，在那样一个经验主义根基稳固、行为主义盛行的时代，放弃基于个人内省的意义转而诉诸基于外在观察的主体间行为来作为语言知识的来源和判断依据理所当然。以语音研究为例，基于行为主义立场，音位辨识的标准被确定为"如果两个音素彼此替换不影响母语使用者对替换后词语的'行为反应'，则这两个音素'音位上等同'"①。

乔姆斯基虽主要关注句法研究，但其早期对语音研究亦投入了不少精力。早在1951年，他就在导师哈里斯的指导下完成了硕士论文，论文标题为《现代希伯莱语的形态音位学》（1979年出版），论文采用了结构主义语言学的研究方法来描述现代希伯莱语的句法与音位结构，但同时也孕育了一些语言生成的初始想法。其后在哈佛做研究期间，他结识了莫里斯·哈里，后者成为乔姆斯基一生的朋友，不仅力邀他去麻省理工学院工作，还与他合作完成著名的《英语的语音范式》（*The Sound Pattern of English*，1968）。这本著作采用形式化的手段来描述英语词语语音的生成，尝试建立严谨、科学的英语音系理论和描写方法。"生成"概念强调的是语言结构自下而上的上升路径，它既要求上升路径中推导规则的科学性，同时更要求作为推导起点的初始语言单位必

---

① HEITNER, R. An Odd Couple: Chomsky and Quine on Reducing the Phoneme [J]. Language Sciences, 2005(27): 1-30, 11.

须绝对可靠,否则根基不稳,一切都是徒劳。在语言学研究中,这样的初始语言单位正是音位。

　　乔姆斯基自始至终坚持反语义立场,早在其成名之作也是其第一本出版著作《句法结构》中,他就认为依赖语义来分辨音位,无疑是将语音分析置于"语义理论最可疑的部分(the most dubious part of semantic theory)"。乔姆斯基认为:

　　幸运的是,我们不必追求那些牵强附会且煞费苦心的(语义)方案来辨识音位异同。实践中,每一个语言学家实际使用的是另一种简单得多也直接得多的非语义设计。设想一位语言学家希望辨别在某一英语变体中"metal"和"medal"是否包含不同音位,他不会调查这两个词的意义,因为这些意义信息与他的目的无关⋯⋯此时一位严谨的田野工作者很可能会使用配对测试(pair test),测试可以基于两位母语使用者,或者一位母语使用者和一个录音机。比如,他可以将感兴趣的话语样本随机排列,然后看母语使用者能否加以持续辨别。如果辨别结果始终如一,语言学家就可以进一步展开更加严格的测试,让受试对每一个词语进行多次重复,并在重复的过程中反复进行配对测试。如果测试结果一直证实差异性的存在,则语言学家可宣称"metal"和"medal"包含不同的音位特征。这种配对测试,连同其变体和相关细致设计,为我们辨识音位提供了一种完全与语义无涉的清晰的操作标准(operational criterion)。[1]

　　乔姆斯基在此描述的配对测试依据母语使用者的行为反应作为判定音位异同的依据,明显具有行为主义特征。他的这一立场在其另一本早期著作《语言理论的逻辑结构》(The Logical Structure of Linguistic Theory)中同样被表达,并且明确表示这种话语配对测试的方法来自哈里斯[2]。有趣的是,作为其《英语的语音范式》的合作者,哈里早在 1954 年就表述过相似的方法,并且同样将其来源追溯至哈里斯。这些一方面足见哈里斯结构主义方法的影响,不枉其作为结构主义语言学研究方法集大成者的地位;另一方面也反映出乔姆斯基对行为主义方法的采用并非偶然,而是有着深厚的时代背景。因此,乔姆斯基事实继承了其师长以及前辈语言学家、哲学家反语义主义立场和形式

---

　　[1]　CHOMSKY, N. Syntactic Structures[M]. The Hague: Mouton, 1957: 96-97.

　　[2]　CHOMSKY, N. The Logical Structure of Linguistics Theory[M]. Cambridge, MA: MIT Press, 1975[1955]: 34-35.

化方法。无怪乎卡茨(Katz)会认为，虽然乔姆斯基始终坚持先天主义和心智主义，但在坚定的反语义主义态度上应将其同时划归为经验主义者和行为主义者。①

乔姆斯基对于行为主义的依重不仅体现在音位辨识上，还体现在另一个更重要的方面——语言学研究的证据来源。乔姆斯基认为："在研究实践中，作为一门独立学科，语言学的特殊之处在于其研究证据，这些证据易于获取并且信息明确——在很大程度上，这些证据正是母语使用者对话语做出的判断。"②判断依据什么做出呢？要知道，在乔姆斯基的理论体系中，除了语言学家之外，对于普通语言使用者而言，语言能力的运用是无意识的，语言能力背后的语言知识是默示的(tacit)。乔姆斯基最坚定的支持者之一内尔·史密斯对此解释道："虽然语言知识是默示的，但这些知识的成果却既适用于公共检查也适用于个人反思——我们可观察他人的行为或者提供自己的直觉。"③

史密斯的"解释"还有待进一步解释。首先，"这些知识的成果"是什么？依据史密斯的表述，一方面，它要"适用于公共检查"，则必须具有主体间性，应该表现为客观发生的话语；另一方面，它要"适用于个人反思"，则必须主体意识可及，应该表现为个人意识思维的对象或内容。就前一点而言，它表现为"可观察"的他人的言语行为，这便带有了明显的行为主义特征；就后一点而言，史密斯的解释自相矛盾，因为"个人反思"需要意识思维主导，而"直觉"则是由无意识思维主导，一旦进入个人反思，也就意味着直觉的消亡。

鉴于史密斯随后表示，"需要强调的是，对直觉的依赖并不是对通行科学标准的放弃，'直觉'，简单地说，就是'判断'的另一个表达"，我们可以忽略史密斯表述中的矛盾，将语言学研究的证据确定为可观察的他人的言语行为和母语使用者的语言直觉。

语言直觉在乔姆斯基的生成语言学理论体系中占据核心位置。为了与外在公共语言(E-语言)针锋相对，乔姆斯基提出 I-语言概念，意指"内在语言"、"个体语言"和"内涵语言"，它是语言使用者内在语言官能所处的生理状态。为了避免混淆或误解，乔姆斯基特意引入"cognize"一词，专指语言使用者对

---

① KATZ, J. Chomsky on Meaning [J]. Language, 1980,56：1-41, 3.

② CHOMSKY, N. Knowledge of Language：Its Nature, Origin, and Use [M]. Westport, USA：Praeger Publishers, 1986：36.

③ SMITH, N. Chomsky：Ideas and Ideals[M].Cambridge：Cambridge Universtiy Press, 2004：26.

语言知识的掌握情况,说"Jones COGNIZES L",即是说"语言 L 是琼斯语言官能的当前状态"①。在乔姆斯基看来,语言直觉正是形成于这种内在的语言认知状态,它不可名状,但却真实存在。同样将语言能力视为一种生理机能的还有约翰·塞尔,塞尔认为语言能力的运用属于"深层无意识"(deep unconscious),是一种"非意识(non-conscous)的神经生物学过程"②。所以依据塞尔,语言直觉也就是依据人类生理基础形成的有关言语表达的本能反应。

　　因为语言知识的默示性和语言能力运用的无意识性,乔姆斯基所谓的"母语使用者对话语做出的判断"实际指的只能是母语使用者基于直觉对话语所做出的判断。"就某种意义而言,判断的最终标准依然只能是语言使用者对语言形式的直觉,因为唯有此才能告诉我们哪些行为测试才是我们所需要的。"③以语言直觉为判断依据,让乔姆斯基的语言学研究证据学说兼有行为主义和笛卡尔先验主义的特征。就前者而言,我们料想乔姆斯基会矢口否认,但诉诸母语使用者的直觉对言语行为做出判断正是要求:第一,有可供观察的言语行为出现;第二,主体对言语行为做出是否合语法判断。这一判断虽然由各主体自主做出,但判断结果却可以在主体间传递。这两点正是证据行为主义的两个主要特征,即判断对象的可观察性和判断结果的主体间性。因此,以语言直觉依据,乔姆斯基所描述的语言学研究证据的来源确定是行为主义无疑。就后者而言,乔姆斯基对语言直觉的理解明显是先验的,虽然他声称语言直觉基于作为生理器官的语言官能生成,但同时又认为语言官能"直接通达"语言直觉,语言经验在其中没有作用④,这即表明语言直觉亦是生理基础的直接成果,具有先天性。

　　应该说,就先验性特征而言,即关于语言直觉的来源和性质问题,这是一个科学问题,现有研究尚无法提供准确解释,只能等待科学的进一步分展。但无论最终解释如何,作为现阶段语言学研究的证据,它必须具有一定程度的确

　　① CHOMSKY, N. Reply to Rey[M]// L. M. Antomy and N. Hornstein. Chomsky and His Critics. Blackwell: Blackwell Publishing Ltd., 2003: 281.
　　② SEARLE, J. Mind: A Brief Introduction[M]. New York: Cambridge University Press, 2004: 168-171.
　　③ CHOMSKY, N. The Logical Structure of Linguistics Theory[M]. Cambridge, MA: MIT Press, 1975[1955]: 102.
　　④ DEVITT, M. Intuitions in linguistics[J]. British Journal for Philosophy of Science, 2006, 57: 481-513, 484.

定性，而这只能从对可观察言语行为的主体间判断来加以弥补。所以，无论乔姆斯基对于语言官能和语言直觉的先验设定是否正确，他在证据上对于行为主义的依赖难以否认。

以上分析可知，乔姆斯基虽反对行为主义，但在研究过程中他并没有、可能也无法完全摆脱对行为证据的依赖。行为作为证据的最大问题在于其自身难以克服的不确定性，即便通过主体间的互相验证可以有效减少个体行为随意性带来的误判，但对于将其作为认识的起点和证据而言，"主体间"还不足以支撑起知识的可靠基础。为了解决或者更准确地说解释这一问题，乔姆斯基和蒯因分别选择了完全不同的路径。乔姆斯基将对言语行为的直觉判断解释为语言能力的自然延伸，因此也就归属于人类生理遗传而来的语言官能。蒯因的解决办法是接受这种不确定性，承认认识的可靠基础并不存在，人类的知识从经验到理论作为一个整体是需要不断接受检验和修正的。但两人的解决方案均没有真正解决问题，只是延后了对问题的解答。乔姆斯基诉诸语言行为背后的生理基础，但并没有对生理基础进行科学研究；蒯因接受知识的不确定性，但无法消解我们对知识可靠性的本能追求。要真实解决问题，真正实现研究的自然化，只能求助于自然科学家，如斯金纳。

斯金纳是一位地道科学家的身份毋庸置疑。他是行为主义心理学的代表人物，当选了美国科学院院士（1950），荣获美国心理学会"杰出科学贡献奖"（1958）以及由美国总统亲自颁发的"国家科学奖"（1968）。在具体研究工作中，斯金纳通过自制实验装置对动物学习行为进行了实验研究，并基于此提出了著名的"操作性条件反射理论"，扩展了伊万·巴甫洛夫的条件性刺激理论，实现了行为主义研究从"刺激→反应"走向"刺激→强化"。

20世纪50年代，蒯因和斯金斯已经声名鹊起，乔姆斯基的研究事业才刚刚起步。受科学发展水平和实验条件的限制，对大脑内在机制的探索十分有限，所以对于心智现象的研究只能另谋它途。此时，虽然乔姆斯基和蒯因都自称采用了自然主义研究进路和方法，但实则两人都没有真正从事自然科学研究。乔姆斯基多假说和论断，蒯因多分析和描述，乔姆斯基是一位语言研究上的理想主义者，蒯因是一位认识论研究上的实用主义者。斯金纳不同于乔姆斯基和蒯因之处在于他对行为的探索完全建立在实验研究之上。

在《言语行为》中，斯金纳认为当时出现的新实验技术为开展人类言语行为研究带来了希望，当时动物认知实验研究已经广泛开展，研究结果证明这些认知行为在物种之间并没有明确差异。他将"言语行为"定义为"需要以他人为中介而得以强化的行为"，并认为"使得言语行为具有物种特殊性的基本程序和关系现在已经被很好理解"①。正确理解言语行为不在于使用一致的词汇表达，也不在于追求得到某些理论原则的证实。标准要更高，我们需要寻求的是因果解释。鉴于大脑内在机制无法获得，"我们对言语行为因果关系的理解依赖于我们能够对具体情形发生做出的预测，依赖于多大程度上我们能够通过改变行为发生的情境来生成或者控制该行为"②。于是，将言语完全视为一种行为，斯金纳开始基于具体观察、实例分析以及实验研究来寻找与此类行为相关的各类刺激和强化物，从而将言语行为研究纳入到行为主义心理学研究的整体框架中。

斯金纳在言语行为方面的研究思路是既然实验中通过操作性条件设定和训练可以强化实验动物的行为，从而可以对动物的行为做出精确预测，那么在人类的言语行为中也可以做到。乔姆斯基对斯金纳的批判正集中于此，在其著名的书评中他写道："斯金纳自信且反复地宣称言说者的贡献微不足道，对言语行为的预测只涉及几个外部因素，而这些因素是他通过对低等机体（lower organisms）的实验研究中获得的。"③而正确的做法是研究机体的"天生结构"和"遗传决定的成熟过程"。乔姆斯基的批评看似有力，但受到现有科学研究水平的限制，他只是采用形式化方法对语言的天生结构和遗传因素进行理想化猜测和有限描述。部分猜测内容因其与语言使用相距很远，甚至出现了难以验证的不可证伪问题。相比较而言，斯金纳的研究明显更符合科学研究的主要特征，一方面，他对行为外部因素的确定采用的是实验研究的方法，而不只是完全基于猜测或者演算；另一方面，从动物行为实验研究到人类言语语行为研究，由低级到高级，由易到难，这完全是科学研究中的一般做法。

因此，有必要对斯金纳的研究做出几点澄清。首先，事实上，斯金纳（以及蒯因）并没有否认内在机制的作用，他认为一个恰当的行为科学必须充分考虑机体内在发生的事情。④ 但承认内在机制的存在并不必然否认对外部因素的探索，两者都是研究人类心理的路径。其次，人们的内在机制基本相同，但每个人的外在行为却差异很大，因此我们的行为方式和动因不可能与外在因素

---

① SKINNER，B. Verbal Behavior[M]. New York：Appleton-Century Crofts，1957：2-3.

② SKINNER，B. Verbal Behavior[M]. New York：Appleton-Century Crofts，1957：3.

③ CHOMSKY，N. Review of Skinner[J]. Language，1957(35)：26-58，28.

④ SKINNER，B. Behaviorism at fifty[J]. Science，1963 (140)：951-958，953.

无关；退一步说，即便我们认为行为动因来自内在心理机制和状态，我们也还是要去分析这些机制和状态因人而异的形成原因，此时外部因素依然需要重点考虑。最后，斯金纳在其研究中讨论的是作为社会行为的语言，而不是作为信息或意义表达的语言，所以，他的研究对象正是行使社会功能的言语行为，研究的内容当然也就是具体语境下言语行为的反应、强化以及实践中对这些行为的预测和控制，而不是语句的生成和理解。澄清了这些误解，我们发现乔姆斯基的批判虽然有些道理，但并没有切中要害，也根本不可能推翻斯金纳行为主义学说本身的科学性和必要性。事实也是如此，斯金纳依然引领着其后30年的心理学研究，其行为主义方法的运用也成倍增长。不仅如此，斯金纳的操作性条件反射理论还在动物训练和人类学习中得到了比较广泛的运用。

综合来看，乔姆斯基、蒯因、斯金纳三人中，只有斯金纳才是科学实践者，他提出的行为主义研究方案虽无法解释所有的心智现象，但却是现有科学水平下的合理选择。

第二节　认识论的自然化之路

面对自然科学的蓬勃发展，鲜有哲学研究可以固守传统，独善其身。认识论研究更是如此。笛卡尔就曾告诫："不应该把太多精力用于沉思和形而上学问题上……不然，他们的心灵就离物理的和可见的事物太远，不适合研究这些事物了；然而，正是这些物理研究才是人们最渴望追求的。"①认识论研究以知识为研究对象，在哲学研究各分支中与自然科学的关系最为紧密，也承受着来自自然科学更大的冲击。面对冲击，无论立场如何，经验主义抑或理性主义，研究者都必须积极应对。

本节选取了蒯因和乔姆斯基的思想作为研究对象，分别代表经验主义和理性主义传统的当代形态，两人又都希望通过自然化改造来革新或者复兴认识论传统。蒯因与乔姆斯基渊源颇深：一方面，乔姆斯基在哈佛时曾师从蒯因和古德曼，并借鉴了后两者的建构唯名论立场和结构系统的简单性思想；另一方面，两人又堪称"一生的论敌"，论战持续且猛烈。论战之余，两人又曾相互

---

① DESCARTES. Conversation with Burman[M]. Translated into English by J. Cottingham. Oxford: Clarendon, 1976: 30.

推荐,乔姆斯基多次借鉴蒯因思想并表达了感激之情,而当蒯因被问到在他自己的批评者中谁最值得阅读时,他毫不犹豫地建议"是乔姆斯基的作品"①。本书以对比研究为基础,旨在讨论当下的认识论自然化之路是否可行。

以下先从三个方面对比蒯因与乔姆斯基的认识论思想:研究的出发点、路径和目标。

在认识论问题上,蒯因和乔姆斯基有着共同的出发点——笛卡尔的认识论思想。笛卡尔的认识论思想有两个鲜明的立场:基础主义和二元论。蒯因对这两点断然拒斥。有关基础主义,他指出"笛卡尔梦想科学的确定性有一种比科学方法本身更坚实的基础"②,这种追求视认识论为第一哲学,超出科学之外,是不能接受的。对于二元论,蒯因的态度同样明确,"我几乎不需要说,二元论是没有吸引力的"③。蒯因的认识论研究以颠覆和摆脱笛卡尔传统为目标。乔姆斯基的态度恰好相反,他极力为笛卡尔辩护,并自称是笛卡尔理性主义传统的当代"复兴者"。对于基础主义,乔姆斯基尝试基于"几百万年以来的进化或是深深植根于物理法则中的神经组织原则"来重新设定人类知识的确定来源,并且采用自然科学来为这一确定性背书。对待二元论,乔姆斯基认为,虽然现在看来笛卡尔的心智实体设定应被抛弃,但当初这一设定的提出却是其科学态度使然,相对于简单放弃对心智现象加以研究的经验主义者而言,笛卡尔的设定对 17 世纪的科学研究无疑具有更为重要的理论意义。

虽然一个旨在摆脱笛卡尔的认识论,一个旨在复兴笛卡尔的认识论,但是蒯因和乔姆斯基都选择了自然化的路径来对传统认识论加以改造。蒯因说道:"为了强调我脱离了笛卡尔梦想,我用神经感受器及其刺激,而不用感觉或感觉物。我称这种探索为自然化的认识论。"④他还进一步指出,"自然主义放弃第一哲学的目标。自然主义把自然科学看作一种对实在的探索,这种探索是可错的和可纠正的,但它不对任何超科学的裁判负责,也不需要在观察和假

① DENNETT, D. Darwin's Dangerous Idea: Evolution and the Meaning of Life [M]. London: Penguin Group, 1995: 18.

② 蒯因. 真之追求[M]//蒯因著作集:第 6 卷[M]. 涂纪亮,陈波,主编. 北京:中国人民大学出版社,2007:482.

③ 蒯因. 蒯因著作集:第 6 卷[M]. 涂纪亮,陈波,主编. 北京:中国人民大学出版社,2007:23.

④ 蒯因. 真之追求[M]//蒯因著作集:第 6 卷[M]. 涂纪亮,陈波,主编. 北京:中国人民大学出版社,2007:483.

设—演绎方法之外作任何辩护"①。简言之，在蒯因看来，自然主义之下，认识论归属于自然科学。

　　乔姆斯基则认为笛卡尔首先且主要是一位科学家。鉴于 17 世纪时哲学与科学本就没有分离，笛卡尔为科学知识寻找确定基础的努力本身既是哲学认识论研究，同时也是科学研究。虽然不可避免地存在着明显的时代局限，但笛卡尔的科学研究成果依然非常丰硕，其积极的科学探索精神更是值得后世学习。所以，乔姆斯基反复呼吁："17 世纪天才们的伟大思想现在被'忽视'了，重新引入这些伟大思想，复兴理性主义传统十分必要！"②复兴之路正是摒弃成见、偏见的科学发展之路。

　　出发点和路径之外，蒯因和乔姆斯基的研究目标也是一致的——解释知识的习得问题。蒯因在批判笛卡尔的同时说道："我依然在考虑一直是传统认识论核心的问题，即科学与其感觉数据的关系。"③乔姆斯基称这样的知识习得问题为"柏拉图的问题"。知识习得问题的难点在于如何解释"贫乏的输入和汹涌的输出之间的关系"。蒯因把知识习得"看作是一种预先承认的外在世界中血肉之躯内的输入—输出关系，一种作为外在世界中科学的部分而予以探究的关系"。认识活动过程中，无论是"作为一种物理的人类主体"，还是作为认识对象的客观世界，它们的存在都外在于人类的心智。鉴于输出只能源自作为认知主体的心智系统，所以输入与输出的反差亦构成了客体和主体的反差，知识习得问题的核心也就演变为作为主体所得的"科学理论"如何超越作为客体的"现成证据"问题了。对此问题蒯因尝试以儿童语言习得为例加以说明，但说服力有限。

　　相比较而言，在此问题上乔姆斯基的态度直截了当。他同样以语言知识习得为例，认为儿童天生具有普遍语法，普遍语法中包含了语言的原则性知识，同时这些原则与一系列待设定的参数相连，在语言经验的激发之下，参数逐一设置完成，语言便成功习得。所以，儿童能够形成汹涌语言输出的根本原因在于语言知识的生物天赋性。

　　认识论自然化研究必须以自然科学为基础，以上讨论中看起来相似的研

　　①　蒯因.理论和事物[M]//蒯因著作集：第 6 卷[M].涂纪亮，陈波，主编.北京：中国人民大学出版社，2007：73.

　　②　N. Chomsky, Cartesian Linguistics[M]. New York：Harper and Row, 1966：1.

　　③　蒯因.真之追求[M]//蒯因著作集：第 6 卷[M].涂纪亮，陈波，主编.北京：中国人民大学出版社，2007：483.

究出发点、路径和目标并不能掩盖蒯因和乔姆基在"科学"内涵认识上的明显差异。

　　蒯因对科学的理解是广义的，既包括硬科学（hard science），如物理、化学、天文学等，也包括软科学（softer science），如心理学、经济学一直到社会学、历史学等。硬、软科学共同构成了从经验观察到理论知识的连续统一体，这便是蒯因的知识整体论。既然人类知识是连续的统一体，那么"科学知识"和"日常知识"之间就没有本质区别，"科学不是常识的替代品，而是常识的延伸"①，科学知识是我们有关世界一般认识的继续和提升。在知识属性上无区分，在证据上亦无区别，蒯因认为："科学家和普通人都没有明确的证据标准，科学家仍然从其作为普通人时所拥有初始证据意识出发，只不过使用时更加细致，更加系统。"②科学知识和日常知识之间无本质差异，科学知识内部各学科之间也没有本质差异。各门学科之间的差异仅在于它们与经验证据之间的远近亲疏关系不同。但知识整体，"从地理和历史的最偶然的事件到原子物理学甚至纯数学和逻辑的最深刻的规则，是一个人工的织造物"③。这个织造物只是沿着边缘同经验紧密接触，边缘的接触同时会引起内部的调整。在统一的知识整体中，软科学明显离边缘更远，其中逻辑学、数学则处在最远端。蒯因认为，随着经验"检验点越来越稀少，以至达到这样的地步，检验点的缺乏与其成为例外，毋宁说成为规则"④。这也就意味着这些处于最远端的学科具有了最大的自我调整的空间，即使当新的"顽强的"经验出现时，它们也可以借助整个系统的修改来适应这一经验。

　　乔姆斯基与蒯因不同，在他对科学的理解中，相对于研究的内容和证据而言，他更注重研究的目标和方法。研究目标上，乔姆斯基强调科学研究不仅要正确描述研究对象，更要合理解释研究对象。在研究方法上，乔姆斯基自称采用了"方法论的自然主义"，其核心是"溯因推理"逻辑和"假说—验证"模式。基于目标和方法上的要求，乔姆斯基认为在科学发展的每一个阶段，研究者都

---

　　①　QUINE. The Ways of Paradox and other Essays[M]. New York：Random House，1966：216.

　　②　QUINE. The Ways of Paradox and other Essays[M]. New York：Random House，1966：220-221.

　　③　蒯因.从逻辑的观点看[M]//蒯因著作集：第6卷[M].涂纪亮，陈波，主编.北京：中国人民大学出版社，2007：47.

　　④　蒯因.从刺激到科学[M]//蒯因著作集：第6卷[M].涂纪亮，陈波，主编.北京：中国人民大学出版社，2007：590.

应该尽其所能地去构建当时"最佳的解释性理论假说"①。这一假说以观察事实为基础,但也必须做一定的理想化处理,如牛顿经典力学中对物体运动条件的理想化设置。假说的检验必须依据更多的经验事实来进行,但也不能完全依据经验证据,因为观察证据本身也可能是错误的。

综合来看,虽然蒯因和乔姆斯基在科学研究的对象、方法和证据上均有重合之处,但两人的区别也很明显,具体表现在以下几个方面。

第一,从研究范围来看,蒯因认定的范围更广,一切认识,只要足够细致、系统皆可成科学;乔姆斯基认定的范围更窄,主要指伽利略、牛顿为代表的传统自然科学领域及其发展。

第二,从研究证据来看,蒯因只认可经验作为证据的唯一可靠来源;乔姆斯基虽认可经验证据,但同时也认可"直觉"等其他证据来源,他还对经验证据的可靠性持谨慎态度。

第三,从研究方法来看,蒯因仅强调行为主义,未加具体化;乔姆斯基则支持自然科学研究中所采用的理想化、形式化方法以及"假说—验证"的研究路径。

第四,从研究目标来看,蒯因要建立仅边缘与经验相连的知识统一体,它是一个人工织造物;乔姆斯基则没有庞大的知识体系设想,他更注重推进单个学科的实质性发展。

上一章第三节中我们依据《斯坦福哲学百科全书》将自然主义划分为"本体论自然主义"和"方法论自然主义"②。在本体论立场上,蒯因区分了"何物实际存在"和"何物存在"两个问题,后一个也称为"本体论的承诺"。蒯因自称对人、石头、神经末梢之类外在事物的存在持有坚定的信念,这些属于"何物实际存在"的问题;同时也相信原子、电子以及类等的存在,虽然信念不那么坚定,这些属于"本体论的承诺"问题。概言之,蒯因认为"本体论问题是和自然科学问题同等的。"③以"类"为例,类是否存在这个问题,"就是是否要把取类

---

① CHOMSKY, N. On Nature and Language[M]. Cambridge: Cambridge University Press, 2002: 99.

② PAPINEAU, David. Naturalism [EB/OL]//EDWARD N. ZALTA. The Stanford Encyclopedia of Philosophy(Spring 2021 Edition). URL = https://plato. stanford. edu/archives/spr2021/entries/naturalism/, Introduction.

③ 蒯因. 从逻辑的观点看[M]//蒯因著作集:第6卷[M]. 涂纪亮,陈波,主编. 北京:中国人民大学出版社,2007:49.

为值的变元加以量化的问题",因此,"关于有没有类的争论好像更是一个方便
的概念系统的问题"①。有意思的是,相似的表述在乔姆斯基的论述中也可见
到。在解读笛卡尔的实体二元划分时,乔姆斯基就指出,应当摒弃笛卡尔心智
实体概念中的形而上内涵,将其视为科学研究过程中对心智现象和心智状态
的一种方便的解释性设定。② 并且,乔姆斯基认为可将"心智"与科学发展史
上的"引力""电子""化合价"等概念类比,这些概念指称的对象虽在提出之初
未被证实,但却方便、有效地解释了相关的自然现象,极大地推动了各自学科
的发展。蒯因和乔姆斯基均将本体论问题等同于科学问题,均认为科学发现
才是判定何物存在的最终依据。不仅如此,两人还均认为在科学做出最终判
定之前,研究者完全可以依据研究的需要,对研究对象的本体论问题做出方便
的承诺或者设定。不难发现,在本体论立场上,蒯因和乔姆斯基都持有实用主
义态度,承诺或者设定了物理学之外未被证实的实体的存在,明显与上述 ON
不相符合。

　　本体论之外,两人对科学方法的认识也与 MN 不相符合。有学者认为,
MN 蕴含了 ON③,因为自然科学研究方法只能被运用于自然实体,所以适用
MN 理所当然意味着 ON 成立。依此判断,蒯因和乔姆斯基在本体论上的实
用主义立场也就自动将他们的研究排除在了 MN 之外。然而,上一章中同样
提到了一种弱化的 MN 立场,即只认可科学方法的普遍权威性,不对研究对
象的实在性加以要求。弱化的 MN 看似与蒯因的自然化方法一致,实际上两
者之间仍有差异。蒯因彻底的经验主义立场要求所有知识只能来自"神经感
受器及其刺激",而从感官刺激到理论知识的上升之路唯有通过科学方法来实
现。如将此路径贯彻到底,科学方法的普遍权威性可以得到确认。但是,蒯因
的实用主义立场和知识整体论同时也认可知识体系内在具有自我调整的能
力,即便面对和现有认识相冲突的"顽强的经验",知识体系也可通过足够大幅
度的调整来化解冲突。这些做法当然不能完全归结为"科学"的方法,况且依
据这些做法,在蒯因理解的知识体系中远离经验的部分不乏"精制的神话或虚

　　① 蒯因.从逻辑的观点看[M]//蒯因著作集:第6卷.涂纪亮,陈波,主编.北京:中国人民大学出版社,2007:50.
　　② CHOMSKY, N. New Horizons in the Study of Language and Mind[M]. Beijing: Foreign Language Teaching and Research Press, 2002: 103.
　　③ 王晓阳.自然界没有奇迹吗?——自然主义与奇迹的兼容论[J].哲学研究,2020(5):120.

构"的存在。① 很显然，蒯因的自然化立场也和弱化的 MN 不相符合。

　　乔姆斯基采用自然化研究路径的目标远没有蒯因宏大，他认为科学方法仅适用于科学研究领域。他在语言学中采用科学方法是因为他坚信对内在语言能力的研究就是自然科学研究。但是在自然科学的研究领域之外，包括在哲学的其他分支领域中，他并不认为科学方法具有普遍的适用性，更不要说普遍的权威性。MN 同时要求哲学和自然科学都致力于通过后天经验归纳的方式构建有关自然世界的综合知识。② 乔姆斯基在语言学中的研究实践与这一要求差异很大。首先，在研究对象上，内在语言能力并非已被证实的自然实体；其次，在研究证据上，相对于语言经验，乔姆斯基更重视语言直觉；再次，在研究方法上，乔姆斯基并不重视经验归纳，而是重视皮尔士的溯因推理以便形成理论假说，并且对假说进行演绎以寻求经验检验；最后，在知识来源和形态上，乔姆斯基承认经由遗传而来的先天知识的存在。这些差异的存在使得乔姆斯基的自然化立场与 MN 以及弱化的 MN 都不相符合。

　　那么，在都不符合自然主义立场的情况下，蒯因和乔姆斯基进行了什么样的认识论自然化研究？

　　蒯因曾说："卡尔纳普及维也纳学派的其他逻辑实证主义者，已经让'形而上学'这个术语具备了一种贬义的使用，它意指没有意义。下一个被这样对待的术语是'认识论'。"③这不禁会让人担忧蒯因的研究意在挽救认识论，还是消解认识论。在蒯因的术语"自然化的认识论（epistemology naturalized）"中，从语法角度分析，分词"naturalized"作为后置定语仍是修饰语，"epistemology"才是短语的中心，因此蒯因的本意还是要维护认识论思想的。

　　认识论是对知识本质和辩护（nature and justification）的研究，尤其关注知识的特征、来源、限度和辩护。④ 蒯因的自然化改造当然也必须关注这几个方面。在知识的特征上，蒯因认为人类知识是一个人工织造的连续统一体；在

　　① 蒯因. 从逻辑的观点看［M］//蒯因著作集：第 6 卷［M］. 涂纪亮，陈波，主编. 北京：中国人民大学出版社，2007：49.

　　② PAPINEAU, DAVID. Naturalism ［EB/OL］//EDWARD N. ZALTA. The Stanford Encyclopedia of Philosophy(Spring 2021 Edition). forthcoming URL ＝ https：//plato. stanford. edu/archives/spr2021/entries/naturalism/, Section 2. 1.

　　③ 蒯因. 蒯因著作集：第 2 卷［M］. 涂纪亮，陈波，主编. 北京：中国人民大学出版社，2007：409.

　　④ ROBERT AUDI. The Cambridge Dictionary of Philosophy［M］. 2nd Edition. Cambridge：Cambridge University Press, 1999：273.

知识来源上,蒯因坚持极端的经验主义立场;在知识限度上,蒯因认为知识是发展的、可错的;在知识辩护上,蒯因的立场可以被描述为一种带有基础主义倾向的融贯论立场①,即一方面,他坚持一切知识均来自经验;另一方面,他又坚持我们的信念和知识是作为一个整体面对感觉经验的法庭的。通过这些改造,蒯因的目标是论证人类知识作为整体的异构同质性,其中科学知识没有特殊性,哲学知识也没有。

那么,接下来的问题在于,如果认识论与科学知识没有本质差异,其意义何在? 基于传统视角,认识论的意义明显不在于其知识性,而在于为知识辩护时形成的规范性。蒯因对此并不否认,"认识论内部的规范性领域,在皈依自然主义之后,仍然幸存下来"②。关于自然化改造之后认识论的规范性问题,蒯因 1986 年将其描述为,"对我而言,规范认识论是工程学的一个分支,它是一项探求真理的技术,或者使用更加谨慎的认识论术语来说,是一种预测的技术"③。其后在 1995 年出版的《从刺激到科学》中,他又认为,"它(规范性)所关注的是猜测的艺术,或形成假说的艺术",但目前还缺乏有关规范性的"一般性刻度",因此"毫无希望获得一个机械的程序,以发现最适宜的假说"④。"技术"和"艺术"的最大区别在于前者具有确定性和可操作性,对于规范性要求而言,前者的约束性要远远大于后者。

我们不妨简要分析一下蒯因论述中从"技术"到"艺术"转变的原因。蒯因早期就已经提出自然化改造之后的认识论应该归属于心理学,那么有关人类神经末梢的刺激—反应关系问题在研究中就会表现为科学研究的条件、手段、设计等技术问题,此处的规范性也正是研究方法和技术上的规范性。科学研究过程至少包括假说的提出和经验/实验检验两个环节。第二个环节实践性明确,技术性更强。相比较而言,第一个环节涉及的从经验到理论假说的上升之路才一直是认识论研究关注的焦点,认识论的规范性多系于此,争议也产生

---

①　苏珊·哈克将基础主义(foundationalism)和融贯论(coherentism)相融合创立了新词基础融贯论(foundherentism)来表达这一立场。参见哈克.证据与探究[M].陈波,等译.北京:中国人民大学出版社,2004.

②　蒯因.从刺激到科学[M]//蒯因著作集:第 6 卷[M].涂纪亮,陈波,主编.北京:中国人民大学出版社,2007:590.

③　QUINE, W. V. Reply to White[M]//LEWIS HAHN, PAUL SCHILPP. The Philosophy of W. V. Quine. La Salle: Open Court, 1986: 664-665.

④　蒯因.从刺激到科学[M]//蒯因著作集:第 6 卷[M].涂纪亮,陈波,主编.北京:中国人民大学出版社,2007:590.

于此。蒯因将从经验到理论假说的上升过程描述为"预测"或者"猜测"的过程，并认为这是一种"启发式的研究"①，那么其中技术性要求必然会被弱化，使用"艺术"来加以描述会更加恰当。"创造好的假说是一门想象的艺术，而不是一门科学。它是科学艺术。"②此处使用"科学艺术"更像是蒯因的一种自我慰藉，无助于改变假说形成过程中规范性缺乏的困境。

我们认为，从"技术"到"艺术"正是对认识论规范性的消解。蒯因认为，"自然化的认识论最显著的规范实际上与传统认识论的规范一致，它不过是经验主义的格言：心灵中没有任何东西是以前感觉中没有的"。③ 传统认识论中的绝对经验论立场原本可被视为规范性要求，但在蒯因的知识整体论之下，其约束效力大大降低。蒯因还曾希望求助于逻辑手段来增加其约束力，但归纳和演绎均不足以支持新认识的生成，即便是皮尔士专为解释新假说形成而提出的溯因推理，最终也只能求助于人类天赋的"猜测本能"。规范化道路走不通，蒯因只能转向"预测""猜测"，允许在作为自然科学一部分的认识论内部存在着"想象的艺术"。表面看来，这是扩展了科学研究的空间，而实质上，这是暴露了蒯因认识论思想的内在矛盾。蒯因对认识论的改造解决不了传统认识论的核心问题：如果选择"技术"并贯彻到底，那么改造后的认识论就会完全变成自然科学，其规范性等同于科学研究中的技术规范性；如果选择"艺术"并贯彻到底，那么新认识的生成过程依然难以得到辩护，自然化的改造又有何益？无论选择哪一条路，蒯因的努力都只会造成"完全的认识论取消主义（epistemological eliminationism）"④。

对比而言，乔姆斯基对待认识论的立场更加明确、干脆，他承认传统认识论曾经的存在价值，但又坚持认为，至少就笛卡尔的思想而言，传统认识论研究本就是科学研究的一部分。就认识论关注的知识特征、来源、限度和辩护问题，乔姆斯基的立场是：在知识的特征上，他认为不同学科、领域之间存在差异，科学知识不是人类知识的全部；在知识来源上，他认可经验的基础性作用，

---

① 蒯因.真之追求[M]//蒯因著作集：第6卷.涂纪亮，陈波，主编.北京：中国人民大学出版社，2007：483.

② 蒯因.从刺激到科学[M]//蒯因著作集：第6卷.涂纪亮，陈波，主编.北京：中国人民大学出版社，2007：590.

③ 蒯因.真之追求[M]//蒯因著作集：第6卷.涂纪亮，陈波，主编.北京：中国人民大学出版社，2007：483.

④ PUTMAN H. Why Reason Can't Be Naturalized[J]. Synthese，1982(52)：19.

但同时以语言为例,认为知识原则也可能来自遗传而来的生理机能;在知识的限度上,他区分了"问题"和"谜",前者可以最终被解决以形成知识,后者则超出了人类的认识范围,可能永远无法被破解;在知识的辩护上,他仅为科学知识辩护,标准在于是否采用了科学方法。相较于蒯因,乔姆斯基自然化改造之后的立场可称为"改良的基础主义"。所谓"基础主义"指他坚持知识原则在来源和属性上的天赋性和确定性,所谓"改良"指他将这种天赋性和确定性的依据解释为生物进化和遗传。改良之后,笛卡尔的理性基础主义就成了乔姆斯基的科学基础主义。在乔姆斯基的论述中,"理性"就是指"科学",他要复兴的传统理性主义就是指其中蕴含的科学传统。

不同于蒯因,乔姆斯基自然化改造的目标不在"改变",而在于"澄清"和"复兴":"澄清"对笛卡尔尤其是对其身心二元划分的误解,"复兴"因误解和批判而被掩盖的理性主义科学精神。"笛卡尔属于这样的一代人,他们不是思考了其他科学家成功的工作之后得出方法来的,他们的方法毋宁是非常实用的东西,设计出来是为了指导自己的科学实践的。还不应该忘记的是,笛卡尔是在其科学工作中不断取得成果的。"[①]这也正是乔姆斯基对笛卡尔的定位,哲学家笛卡尔并不是一个凌驾于科学家笛卡尔之上的身份。在那个年代,哲学与科学并没有分离,笛卡尔从事的研究也并没有科学与哲学之分,谓之"笛卡尔的认识论思想"是后世学者解读的结果,就其自身而言,它们不过是笛卡尔科学探索的直接成果以及成果的延伸。乔姆斯基主张复兴笛卡尔思想,也是为了抵制笛卡尔之后人们对知识探索过程所做出的人为规定,比如经验主义者强行规定人类的全部认识只能来自经验。在乔姆斯基看来,这样的规定先入为主,只会损害科学研究本身。相同的道理,当前研究中,蒯因等人在心智研究中拒绝采用行为主义之外的认知科学方法也属于先入为主的规定,同样无益于相关科学研究的开展。

所以,乔姆斯基要做的是引入后代不断发展的科学成果,更新对笛卡尔认识论思想的理解,恢复其理性主义科学精神和部分研究方法。这样的自然化改造本身就不是以承认认识论传统的独立存在为基础的,其改造的成果如果获得认可,只可能会加速推动认识论作为独立哲学学科的消亡。

作为本部分讨论的最终结论,我们要先解释本节之前论述中留下的两个

---

① 斯蒂芬·高克罗格.笛卡尔:方法论[M]//G.H.R.帕金森,主编.文艺复兴和17世纪理性主义.田平,等译.北京:中国人民大学出版社,2009:205.

疑问：第一，为什么蒯因和乔姆斯基的立场与自然主义不相符合？第二，为什么蒯因和乔姆斯基对认识论进行的自然化改造无法挽救传统认识论？

如前所述，自然主义尚无清晰的定义，仅代表了研究者希望拉近哲学与科学距离的态度和倾向，但自然主义者却试图使用规范性的手段来达成这种希望，所以无论是 ON 还是 MN 都表现出了明确的规范性要求。简单而言，自然主义的规定性就是"一切要符合科学规范"。然而，科学研究，从对象、方法到结果都没有明确的规范性。自然科学的一个重要特征很可能如波普尔所述：科学知识不能被证实，只能被证伪。换句话说，自然科学本身尚缺乏统一性和确定性，又何来规范性。在此情况下，自然主义所要坚持的"科学规范"不过是自然科学研究中一些基于共识或者约定形成的研究范式，这些范式总是阶段性的，等待着被新科学革命推翻的。所以，自然主义并不是自然科学本身，甚至自然主义还会和自然科学研究中的实践性、开放性特征相违背。蒯因与乔姆斯基在研究中都表现出了强烈的科学立场，蒯因将认识论视为心理学的一章，乔姆斯基为语言等心智现象寻找生物基础不懈努力，这些本身就是自然科学研究的一部分，那么也就带有了自然科学研究的假说性、可证伪性和开放性特征，这就造成了他们的立场和自然主义规范性要求之间的冲突。蒯因与乔姆斯基不会接纳自然主义的种种规范性束缚，当然也就与之不相符合。

在笛卡尔的年代，宗教信仰盛行，人们对于万事万理确定本源的信念异常坚定，同时，由于当时自然科学基础薄弱，人们普遍缺乏对于自然科学知识的信任。笛卡尔的做法是：一方面，以信仰来背书，坚定知识来源上的天赋性和确定性；另一方面，以自己的科学研究实践为依据，努力提升研究方法上的规范性。时至 20 世纪中叶，宗教与科学的位置已互换，科学在很大程度上取代了宗教信仰，获得了人们的普遍信任。此时的自然科学研究已经从规范的接受者变成了输出者，人类知识皆以是否符合科学要求为判定和取舍的标准。认识论的自然化研究正是哲学研究者主动接受自然科学标准的表现。曾经在笛卡尔的知识体系中，形而上学是树根，物理学是树干，各具体学科是树枝，树根为树干和树枝提供给养并为之辩护。自然化的认识论呈现的却是一个反向的过程，不是认识论为具体科学提供辩护，而是认识论从具体科学中寻求辩护。这也就意味着，认识论作为根基的作用已不复存在。那么，认识论还有何价值？所以，任何以自然科学为依据来对认识论进行的改造，或许都只会形成蒯因和乔姆斯基的结果：要么如蒯因一样，无奈之下将认识论描述为"科学的艺术"；要么如乔姆斯基一样，自始至终坚持认为认识论最初就是科学研究的一部分。本书认为乔姆斯基的立场更加可取，认识论从没有与科学探索相分离，在科学尚不发达之时需要它来提供某种确定性，从而规范科学事业的开展，而在当前科学研究的目标、对象、路径和方法日益明确之时，认识论研究的退化甚至消解不可避免。所以，蒯因和乔姆斯基的自然化改造均无法挽救作为独立学科的认识论研究。

回答了上述两个问题，本章的结论如下：自然科学的实践性、假说性和开放性特征原本就与认识论的规范性要求不相符合，所以，在自然科学加速发展之际，任何以规范自然科学为导向的认识论自然化改造均无必要。

第六章　乔姆斯基核心概念批判

第三至第五章系统反思了乔姆斯基的哲学立场,本章将聚焦他最核心的三个概念:表征、递归性、简单性,希望将反思引向深入。

第一节　语言表征反思

乔姆斯基坚持认为表征与计算是语言能力的内在运行方式,并且最终从生物学角度将其解释为合并操作与递归运算机制。在其对语言的生物基础的描述中,合并操作源自大约 5 万～10 万年前的一次基因突变,由此生成了合并操作的能力,表达上(语音、词汇等)的组合成为了可能。进一步地,以合并为基础,递归运算机制形成,促成了更大范围和规模上的句式组合,语言表达具有了无限的创造性。

乔姆斯基对语言运行方式的设想借鉴于福多的"思维语言(the language of thought)"理论。思维语言中包含着原子性成分"心素符号"和这些成分的组合规则。心素符号类比自然语言中的词语,福多认为无论是心素符号还是词语他们都指称或者指示世界上的事物、事件或事态等,这即被称之为"表征";组合规则类比自然语言中的句法,其组合方式称为"运算"。福多提出思维语言以替代自然语言是因为他希望从理论构建的角度来实现解释的精练化,但他仍然认为无论是思维语言还是自然语言,两者的基础都是表征与运算机制,都可以直接在大脑的基础上得到实现。乔姆斯基正是借鉴了福多的这一思想,并从两个层面推进了这一思考:第一,在句法层面对句法的表征形态和运算机制进行了细致描述,提出了诸多的句法原则和生成规则;第二,在生物层面对语言的生理基础进行了猜测,提出了部分语言的进化设想和生理机制。

本节要讨论的正是"表征"概念使用的合理性问题。我们认为在包括语言学、认知科学、心智哲学等学科领域的研究中,"表征"概念明显被"滥用"了。

从"实体表征"到"心理表征",再到"语言表征","表征"概念不断走向抽象化,表征的对象也从可见、可测到几乎一无所知。虽然表征作为一种研究设定对推进相关领域研究的开展的确是合理的和必要的,但它也仅是一种猜想和设定,或者是在当前认识有限的情况下对心智内在状态、结构和加工方式的一种模拟,不应该被视为生理基础,乔姆斯基以此来进行的语言生物基础论证缺乏必要依据。

《现代汉语词典》(第 6 版)对"表征"的解释为"显示出来的现象,表现出来的特征"。例句如"心理疾病的外在表征"。英语中"representation"的释义更加丰富,《牛津英语词典》[①]2021 年 3 月对该词条的最新修订中提供了 10 种不同的解释,从代表(on behalf of, standing for)、表现(representing)到描述(portrayal)、刻画(depiction),再到解释(putting forward an account of)等,被"表征"的对象也从具体人和事物发展到抽象的情形、状态。同时,词典还提供了该词在数学、哲学、法律等领域的专业解释。我们依据《牛津英语词典》中的解释,聚焦语言和认知领域讨论的需要,划分出"表征"概念延异的三种形态。

第一种形态:"实体表征"。"实体表征"是对该词的主要使用方式,在日常语言和自然科学研究中均是如此。以中国知网为例,我们基于"篇名"对"表征"进行检索,共找到各类文献 63318 篇,其中自然科学类占据绝对主体。点击文献数量排名第一的"化工单元操作"类(5082 篇),简要浏览,列表中前几篇论文的摘要均包含"对化合物的结构进行表征"或者类似表达。就此类使用而言,"表征"指的是对化合物及其结构进行描述的方式,"表征的对象"是实存的化合物,"表征的结果"是具体符号,后者虽是人为设定之物,但一经设定,它们便具有了确定性——指称对象明确、符号系统稳定。

"实体表征"还有另一种表现形式,即我们身体的各个感觉器官对外在事物的感知。仅以视觉为例,"实体表征"过程正是视觉刺激表征研究先驱大卫·马尔(David Marr)描述的"看见过程"中的第一步:视网膜接收视觉刺激并将其发送给大脑视觉区的过程。在这一过程中,无论是作为"表征对象"的外在事物还是作为"表征结果"的神经刺激均是实体性的、确定的。

第二种形态:"心理表征"。以第一种形态为基础,当实体表征实现之后,它们将会被脑神经系统接管并加工[②],最终形成内在的心理表征。仍以视觉

---

① Oxford English Dictionary[EB/OL]. www.oed.com.
② 徐盛桓.语言研究的心智哲学视角[J].河南大学学报,2011(4):1-12,11.

加工为例，马尔认为大脑会结合观察视角和双眼线索等对初步的视觉略图进行详细勾勒，最终建立该外在事物的三维模型。[①] 但基于现有技术手段，我们除了可以测得少量脑电活动之外，再难以捕捉其他任何脑部线索，因此所谓的"三维模型"仅仅是研究者的设想。如果说实体表征还可以观察甚至测定，那么心理表征则只能是猜想，其中不乏必要的虚构。使用"心理表征"一词来描述这类我们仍然不明所以的研究对象，"表征"概念的内涵得以扩展。

第三种形态："语言表征"。第二种形态的表征具有内在化、个体化的特点，要想实现这些表征内容的外在化和社会化，我们需进入表征的第三种形态——"语言表征"。因为我们尚不了解心理表征的形态和结构，所以我们也无从知晓心理表征和语言表征之间的具体关联。同时，鉴于物理学、生物学、神经科学等学科研究对心理表征和语言表征均明显力不从心，我们仅能借用民间心理学（folk psychology）的描述方式认为，心理表征一方面实现了"语义理解"，另一方面基于"表达意图"指令神经系统生成语言表达。[②] 此处"指令"的内容便是"语言表征"，它们和感觉—运动系统对接就可以外化生成语音或者文字表达。此处的语言表征并不是具体的言语，而只是言语表达前其在大脑中的心理存在形式。研究者试图通过将心理表征的内容具体化为语义内容。但从本体论的角度来思考，如果连心理表征都还只是一种设想，那么由心理表征衍生出的语言表征就更加难以实体化了。

在认知科学、心智哲学等领域，"表征"概念为解释心理难题而生，但其自身亦是一个难题。派维欧（A. Paivio）曾指出，心理表征问题可能是所有科学研究中最难解决的问题。[③] 现有解决这一难题的努力聚焦于两个主要问题：(1)依据什么来证明一些实体或状态是其他一些事物的表征？(2)这样的表征在认知系统内具有什么样的结构或形式？[④]

早期心理主义者认为表征就是外在事物在脑中的表象，"X 的一个表象表征 X 恰恰是因为有意识的心理表征（或者说表象）看起来像 X"[⑤]。举例来说，

①　罗伯特·斯腾伯格.认知心理学[M].杨炳钧,译.北京:中国轻工业出版社,2006:106.

②　HUTTO D. Folk Psychological Narratives: The Sociocultural Basis of Understanding Reasons[M]. Cambridge MA: MIT Press, 2008.

③　PAIVIO A. Mental Representations: A Dual Coding Approach[M]. New York: Oxford University Press, 1986:Vii.

④　杨盛春,贾林祥.心理表征哲学及其联结主义诠释[J].心智与计算,2007(2):188-194,189.

⑤　泽农·派利夏恩.计算与认知[M].任晓明,王左立,译.北京:中国人民大学出版社,2007:41.

鸭子的表象之所以表征实物鸭子是因为它看起来像鸭子而不是像兔子。这种解释至少存在三个问题：第一，"看起来像"是一个十分含糊的表述。"像"到什么程度才算是表征？如何解释一些"看起来像"但"实际上不是"的情形？第二，抽象概念（如"哲学"）和虚构概念（如神话人物）没有对应的外在实物，它们如何产生？第三，"看起来像"无法适用于语言表征，因为一个词语很难"看起来像"它所表征的对象（少数象形字除外）。

　　行为主义者基于刺激反应模式认为表征构成了现实事件和头脑状态之间的作用链条。对此可以分两个方面来理解：一方面，当现实事件发生时，它会引发主体神经系统的反应，生成相应头脑状态，此即为表征；另一方面，当相应头脑状态（表征）被激活时，它可能会引发主体的现实行为。行为主义解释的问题也很明显：首先，很多头脑状态均不是由外在刺激直接生成。以语言表达为例，人类的言语行为并不总是需要外在刺激才能发生，我们完全可以自发言说；其次，相应头脑状态被激活后，更多的情况下主体不会实施相应行为，我们每天的所思要比所为多得多；最后也是最大的问题在于，行为主义解释模式解释范围有限，它试图将所有头脑状态（表征）均纳入到与行为的因果关联之中，但显然我们头脑状态要远比此丰富。

　　功能主义者将表征视为连接输入与输出的头脑内在状态的一部分，其作用类似于转换器，一方面将外在感知输入转换为头脑可加工的神经元信号，另一方面将作为头脑加工结果的神经元信号转换为感知信号输出。功能主义解释注重整体性，任何功能主体均是一个有机整体，组成部分各司其职，共同促成有机体功能的实现。但功能主义解释的不足也在于此，因为太注重整体性，以至于对各部分的关注不够。功能主义不会关心表征的具体形态到底是什么，因为同一种功能完全有多重实现的可能。功能主义也不太会关心表征如何发挥作用，因为只要功能实现，系统内在加工方式怎么样无关紧要。对于语言来说，功能主义不仅无法充分解释语言使用，其对内在结构和状态的漠视也让句法、语义研究无法开展。

　　面对解释上的重重困难，当前阶段对"表征"概念的使用更多还是因为不得已而为之。派利夏恩认为："如果在系统行为的特定描述下，一个物理学或神经学纯粹功能性的说明涵盖了所有相关的概念从而起到了解释作用，那么，诉诸表征就无关紧要了。"[①]但实际的情况是，物理学或神经学等无法涵盖所

---

　　①　泽农·派利夏恩.计算与认知[M].任晓明,王左立,译.北京:中国人民大学出版社,2007:27.

有相关的解释，所以必须要引入"表征"概念，以便将难以名状的心理状态"部分实体化"，从而将大脑状态和实际行为之间的因果作用解释链条补充完整。

头脑内的状态难以观察和测定，但一些病理发现或许可以在一定程度上为我们提供研究的窗口。卡普格拉斯幻觉症（Capgras delusion）和面孔失认症（prosopagnosia）均指病人的面孔识别障碍，前者表现为病人可以认出某个人，但对这个人的身份表示怀疑，认为他/她只是冒名顶替者而不是本人，后者表现为病人失去辨认家人、朋友甚至自己面孔的能力，但却可以通过其他感官或者认知模式来辨认。

卡普格拉斯幻觉症患者可以识别出熟悉的面孔，这说明他们的视觉系统应该没有明显问题，他们对"熟悉的面孔"表示怀疑，背后的原因很可能是这些面孔虽熟悉，但却无法与患者记忆系统中的信息相匹配，所以无法认同。鉴于问题出现在心理层面而不是视觉层面，对于造成卡普格拉斯幻觉症的具体生理、心理原因当前还无法测定。面孔失认症的问题与卡普格拉斯幻觉症相反，患者视觉系统出现损伤，无法正常识别面孔，但心理认识系统运行正常（记忆系统、认知加工系统等），所以出现虽不能通过面孔识别但却可以通过其他感官加以识别的情况。神经解剖学研究结果部分证实了面孔失认证与视觉皮层两侧损伤的相关性（安东尼奥·达马西奥，2007）。

两种病症之间的差异恰好将我们对面孔的识别过程划分为两个阶段：视觉加工阶段和心理加工阶段，这两个阶段彼此独立、前后相继。我们设定视觉加工结果为 A，心理加工结果为 B。就卡普格拉斯幻觉症患者而言，可能是 B 出了问题，A 完好；而面孔失认症患者则是 A 出了问题，B 完好。但如果将面孔识别任务视为一个整体，最终导致任务失败的却是 A 与 B 之间的不匹配问题。已知 A 以视网膜成像为主体，可部分观察、测定，具有实体性质，那么要实现与 A 的匹配，B 只能是以下两种情况之一：第一，B 也具有一定的实体性质且与 A 存在相似性，第二，B 是对某个与 A 具有相似性的实体的提炼或者表达，其最终形态表现为当前技术手段无法测定的另一种心理状态。作为视网膜成像，A 被视为对外在事物的"表征"无可厚非，而 B 如果是第一种情况，作为与 A 相似的某个实体，它理应被同等视为对外在事物的"表征"；B 如果是第二种情况，作为对某个与 A 具有相似性的实体的提炼或者表达，它应该被视为对实体 A 的"表征"。所以无论是 A 还是 B，我们使用"表征"概念来加以描述均是合理的。

依据我们在本节前文中对表征所做的三个形态的划分，上述两种病症涉及前两个形态——实体表征和心理表征。来自神经生物学的研究发现可以为第三个形态表征——语言表征——的合理性提供一些佐证。

　　神经生物学家赫伯(D. Hebb)认为当不同的神经元同时参与认知加工活动时,它们之间的连接会被加强,并最终构成"细胞群集(cell assembly)",细胞群集是所有高级认知活动的基础。[①] 依据这一理论设想,神经生物学家马丁等人采用 EEG(electroencephalography,脑电图)和 MEG(magnetoencephalography,脑磁图)技术,基于大脑在处理不同词语时的电生理与磁活动差异,绘制了"词汇网络"皮层活动脑区成像,如图 6-1 所示。[②]

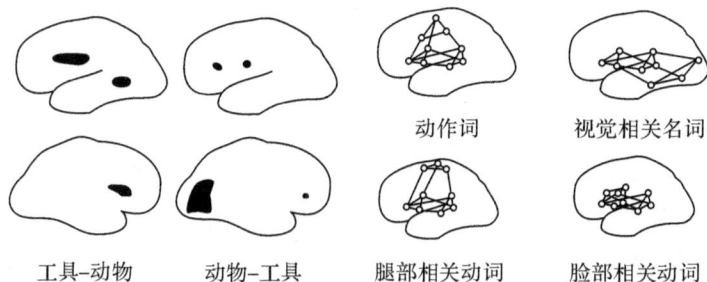

動作词　　视觉相关名词

工具-动物　　动物-工具　　腿部相关动词　　脸部相关动词

图 6-1　基于离散神经元群集描述的"词汇网络"脑区成像

　　马丁等人的研究发现,对动物与工具图片做不出声命名时对脑区的激活存在差异,动物图片命名时激活的主要是枕叶与颞下回,工具图片命名时激活的主要是前运动区和颞中回(图左半部分)。进一步实验研究发现被试辨别高视觉联想名词时激活的主要是枕区,而辨别高动作联想动词时激活的主要是中央额区,采用事件相关电位(event-related potential,ERP)和高频皮层反应的生理成像技术,他们对两类词汇神经元群集在皮层上的分布进行了描绘(图6-1右上部分)。进一步地,他们还分别对腿部动作词汇和脸部动作词汇加以实验研究,并描绘了它们的神经元群集在皮层上的分布情况(图图 6-1 右下部分)

　　虽然图 6-1 中不乏研究者人为的添加,但总体而言,依据脑电和脑磁绘制的神经元群集分布图具有较高的可信度,客观地反映了词汇加工时神经元和脑电活动的部分状态和特征,因此,我们认为图 6-1 是脑内词汇或者词汇语义

---

　　① 蔡厚德,赵坤. 语言表征的神经生物学理论[J]. 心理科学,2007(2):504-507,504.

　　② 蔡厚德,赵坤. 语言表征的神经生物学理论[J]. 心理科学,2007(2):505.

网络的"显示"或者"表现",使用"表征"概念来加以描述具有一定的合理性。

以上分析证实"表征"概念的使用是合理的,合理性在于其不仅符合我们的认识常识,同时和现有认知科学对心理现象的描述存在相符之处。"表征"概念的使用还是必要的,必要性则在于它是现有科学研究水平之下解释心智现象必不可少的一个环节。

休谟有关因果关系论述的一个重要"遗产"就是否定必然性联系的存在,在其看来,所谓因果只不过是普遍性的规律而已。尚且不论这一解释是否适用于自然界,单就心智现象而言它明显有问题,因为心智现象的主观性特征可以打破休谟对"普遍性规律"的设定。举例来说,我现在坐在椅子上写这篇论文,但我可以立即让自己站起来;或者也可以在自己有想站起来活动一下的想法时要求自己再坐一会儿。此时,是否站起来具有很强的随机性,取决于我的即时心智状态,而不是某种"普遍性规律"。心智状态的最主要特征之一是"主观性",或者说是行为意向。类似于这样从主观心智状态到客观外界事物或事态的因果关联我们每天都可以轻易且确切地感受到,它也明显区别于你把我从椅子上拉起来这样的从客观到客观的事件关联。那么,如何解释这一现象及其包含的因果关联呢?

① 站起来的想法——→站起来的动作

② 站起来的想法——→运动生理机能激活——→站起来的动作

③ 站起来的想法——→神经元激发——→运动生理机能激活——→站起来的动作

解释①不充分。这一解释同时也明显违反"物理领域因果闭合原则",难以进入现有科学的解释体系。解释②细化了因果关联作用链条,补充了生物机能作为中间环节,解释③进一步补充了神经元,因为神经元与心智状态的关系更加密切。然而,上述因果关联中最关键的环节仍然没有获得任何的解释,即如何实现从主观想法到客观事物或者事态的关联。从解释①到解释③,看似解释在推进,实则已经陷入了"无限后退";研究者总是在寻找与心智状态更接近的物理解释,但是却始终无法找到实现主客观转化的关键环节。现有科学研究成果对此帮助非常有限。

基于医学、神经科学、认知科学等学科现有研究成果,研究者们已经开发出了多种大脑测试技术手段,以下仅以其中最为常用的功能性磁共振成像(fMRI)和事件相关电位为例进行简要分析。

fMRI(functional magnetic resonance imaging)是一项兴起于 20 世纪 90

年代的无损伤脑成像技术。其基本原理在于,当神经元活动时,其血液流量和容积增加,局部的氧合血红蛋白含量随之增加,从而导致作为顺磁性物质的去氧血红蛋白含量减少并低于非活动区,利用磁振造影可以对相应变化进行测量,形成神经元活动成像。fMRI 的优点在于时间分辨率达到 1 秒,空间分辨率也可达到毫米水平,均高于其他技术。ERP 同样是一种无损伤脑成像技术,但与 fMRI 原理不同。大脑工作时,神经细胞会不断生成脑电,具体可分为自发电位和诱发电位两种形式,前者指在没有特定刺激时大脑生成的电位及其变化,后者指大脑在受到特定刺激时生成的电位及其变化。自发电位没有明显规律可循,因此,当特定刺激重复发生时,其所形成的电位经叠加后可被测得,后续再经过外在技术手段进一步放大即可生成脑部神经活动成像。ERP 对神经元活动的空间分辨率不及 fMRI 准确,但鉴于它是对神经元活动本身的检测,而不是对神经元活动代谢产物的测量,所以时间分辨率明显高于后者。

概言之,fMRI 和 ERP 均实现了对大脑神经元活动某种程度的观测,这种观测无疑将我们对大脑内在心智状态的认识进一步推进到了神经元细胞的内在物质构成(血红蛋白)和外在物质反应(放电)阶段。但是,至关重要的主客观转换问题仍没有得到回答,我们仍无从得知神经元细胞血红蛋白数量上的变化和神经细胞中离子运动产生的电流如何促成我们的主观心智状态,如何形成我们的知、情、意。可以设想,如果不出现革命性转变,基于当前的研究思路,观测技术上的改进只能不断推动对心智解释的进一步"后退":我们对于心智状态生理部分的了解愈加细致,但对其主观部分依然一无所知。

一无所知并不能构成否认主观心智状态存在的理由,同时无法否认的还有主观心智状态必须基于客观生理基础生成这一事实。

"表征"作为一个人为设定的概念,恰好可以在解释上弥补主客观心智状态之间的鸿沟。具体描述如图 6-2。

图 6-2 描述了心智—身体因果关系解释模型。模型共分为四部分,其中

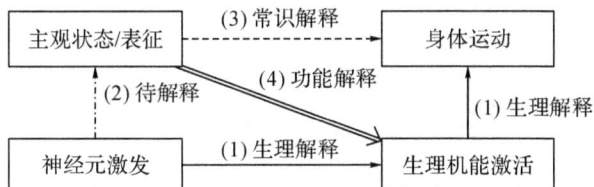

图 6-2 心智—身体因果关系解释模型

单线箭头构成的三部分具体如下。

（1）生理解释部分：从神经元激发到生理机能激活再到身体运动，三个项目之间由实线箭头连接，表示它们之间存在生理作用因果链条。

（2）待解释部分：从神经元激发到主观心智状态之间由虚实相间箭头连接，表示因果作用链条理应客观存在，但目前科学无法解释。

（3）常识解释部分：从主观状态到身体运动由虚线箭头连接，表示因果作用链条仅限于常识解释需要，客观性有待验证。

图 6-2 中的"生理解释部分"是目前唯一可以获得科学研究成果支持的部分，也符合科学解释的一项基本要求——物理因果闭合性原则。但因为它没有将我们可以切实感受到的心智主观状态纳入解释范围，所以这一解释不完整。这一不足看似只能由"待解释部分"来弥补，即通过将心智主观状态解释为神经元活动的产物而将其纳入物理因果作用链条。然而这一努力目前看来仍难以成功，现有科学研究成果无法解释从大脑神经元到心智主观状态的转换。因此，仅基于"生理解释部分"和"待解释部分"对心智—身体因果关系的解释是失败的。

要想避免解释失败，避免主客观转换解释上的无限后退，我们必须要引入一个可进入物理/生物因果作用链条的类实体概念，这便是"表征"。表征是一个人为设定的概念，作为对心智状态的描述手段，它一方面具有了类似客体的"外形"，表现为各种图像、符号；另一方面又具有了主观性的"内涵"，表现为主体知、情、意的具体内容。图 6-2 中将"主观状态"和"表征"并列，前者指心智状态中不可观测的部分，但主体可以感受得到，后者指前者的呈现方式。基于这一区分，心智—身体因果作用链条可以分两条路径来加以解释。

第一条解释路径：如前述①所示，因为我们感觉不到神经元激发和生理机能激活的过程，仅能感觉到自己的主观心智状态和自己的身体活动，所以会将两者直接联系起来，认为主观状态促成了身体活动，并视之为因果作用链条。这就是图 6-2 中的常识解释。

第二条解释路径：如以下④所示，不可见的主观想法转换为可见的心智表征并激发神经元开启心智加工过程，心智加工过程也不可见，所以需要采用表征运算的方式来加以描述，运算生成生理指令，后者激活生理机能，最终促成具体身体运动。这亦是图 6-2 中的（4）功能解释。

④ 站起来的想法——想法的心智表征——神经元激发——神经元加工/表征的运算——生理指令——生理机能激活——站起来的动作

第二条解释路径会引起很多的争议,争议的焦点是表征的性质问题。对这一争议焦点我们仅能做如下一点澄清:"表征"仅是一个功能性概念,而不存在任何本体论上的问题①,鉴于自然科学提供的帮助有限,它只是为了解释心智现象而采用的"非正式"表达。② 由此我们对心智—身体因果关系解释模型的第四部分说明如下:

(4)功能解释部分:表征构成了解释的中介,通过将主观心智状态描述为具体表征符号,将神经元加工过程描述为表征符号的运算过程,将神经元加工结果描述为生理指令,可以实现从心智状态到身体活动因果解释上的融贯。这一路径在图 6-2 中使用双线箭头表示。

回过头来,我们会发现之前多次提到的研究技术上的革新虽然解释不了主客观心智状态之间的转换,但它们改进了观测手段,从而提高了表征描述的准确性,并最终提高了表征对心智现象的解释力。近些年来,语言学研究中开始广泛运用这些新的技术,不仅有效扩展了对语言自身的认识,同时也有力推动了认知科学的整体发展。

以上分析论证了"表征"概念使用上的合理性和必要性,但同时也表明在当前阶段表征实体化、客观化的困难所在,因此将其视为研究设定更为合理。实际上,这也一直是乔姆斯基的态度,他甚至将包括表征在内的所有心智现象都视为一种研究设定,认为在科学发展不足以解释心智问题之前,保留设定有助于推动研究的进展。但在研究过程中,为了推动对心智问题的认识,设定本身会被不断扩展,其形式和内涵均会被依据研究的需要不断具体化,以至于不断被实体化。在乔姆斯基的研究中,他对"表征"概念的使用主要出现了以下几个倾向。

首先,乔姆斯基混淆了"表征"和"表征符号"。

"表征"是一个为解释心智状态以及心智—身体因果关系而设定的概念,"表征符号"是对表征内容的外在描述;"表征"是对主观心智状态存在形式的一种非正式猜想,表征符号是对主观心智状态内涵的一种符号化呈现。举例来说,当我有"站起来"的想法时,基于当前的科学技术水平,我们至多也就只能观测到微弱的神经元活动,但我却可以切实感受到这一想法,所以为了解释

① 塞尔.意向性:论心灵哲学[M].刘叶涛,译.上海:上海世纪出版集团,2007:12.
② CHOMSKY N. Reply to Rey[M]//ANTONY L M, Hornstein N. Chomsky and His Critics. Cambridge MA: Blackwell Publishing Ltd, 2003: 279.

的需要，研究者设定主观心智状态具有某种呈现形式，这种呈现形式谓之为"表征"，它代表内在的、主观的、内涵的心智状态。① 随后，为了方便对"表征"加以具体描述，研究者可以选择不同的符号系统，就此例而言，在心理表征层次上，表征符号可以是脑电图或者脑磁图，在语言表征层次上，表征符号可以是汉语也可以是英语。

语言学研究中混淆了"表征"和"表征符号"，表现为对"语言表征"和"语言符号"不加区分，其结果就是我们会将语言符号视为"表征"本身，从而要求语言符号与其表征对象——语言的心智状态——完全一致。这一要求本身并非完全不合理，但是鉴于当前的科学研究成果还无法有效解释心智状态，要求便会转化为对语言符号意义确定性的片面追求，即要求表征符号与表征对象对应。这正是造成传统"意义指称论"的主要原因。

在乔姆斯基的研究中，这种一致性要求表现在句法层面，要求句法表征与运算方式在深层次上与语言加工的心理过程一致。基于这一要求，乔姆斯基需要解释的就不是具体语言，而是人类语言的普遍形态和普遍的心理运算规则。为此，他首先构建了一些句法原则，早期表现为短语结构规则和转换规则，在后续 60 多年的时间内，因为语言及其使用的复杂性，他不断调整自己的句法原则系统和运算规则，但终究也未能获得任何满意的结果，他所构建的原则和规则也几乎全被放弃。我们认为，追求句法表征与内在心理运算机制的一致性正是乔姆斯基处于当前困境的主要原因。如上所述，表征的设定有助于弥补心身之间因果作用链条上的缺失，但要解释这样的因果作用链条，表征显得无能为力，需要借助心理学、认知科学、脑科学等具体自然科学的不断发展。乔姆斯基的努力更多停留在了表征层面，他尝试的是使用对句法符号的描述来解释内在心智过程，他也曾借鉴了不少认知科学的研究成果，但他仅将这些成果应用于改进对句法表征及运算方式的描述，未能将语言认知加工过程中的其他因素，尤其是记忆、注意等涉及心智加工的因果关联因素，纳入到句法的解释范围，从而使得他的句法理论缺少了因果作用链条，解释力也大大减弱。

其次，与混淆"表征"和"表征符号"相关的另一个问题是乔姆斯基过于追求"表征"概念解释上的确定性。如前所述，"表征"是对作为表征对象的大脑内在机制或状态的一种猜想，只是一种研究设定，它本身只是一个中介概念。

---

　　① CHOMSKY N. Knowledge of Languages: Its Nature, Origin, and Use[M]. Westport: Greenwood Publishing Group, 1986: 21.

在当前阶段,我们至多可以模仿塞尔的定义,将"表征"解释为是对主观心智状态满足条件的呈现。[①] 在对主观心智状态认识有限的情况下,我们完全应该允许对表征解释的多样性,鼓励表征符号使用的多样化。

在乔姆斯基的讨论中,鉴于他对语言能力和语言官能确定性的坚持,他也会追求语言能力、语言官能在表征形式上的确定性,从而在坚持自己理论形态的同时,排斥其他相关研究及其理论成果。乔姆斯基语言理论的核心是句法自主,即句法独立于语音、语义、语用。语音属于语言的外在呈现,姑且不论;乔姆斯基将语义排除在外是因为他认为语义属于大脑中的概念—意旨系统,不是语言的专属因素;他将语用排除在外是因为他觉得语用太过复杂,难以在现有研究条件下得到澄清。因此,以句法为核心、以形式化为手段,乔姆斯基期待实现的是语言研究上的理想化,从而抓住语言能力的内核,实现对语言能力表征上的确定性。

乔姆斯基主导的语言学研究流派被称为形式语言学,在此之外,另一个主要的流派被称之为功能语言学派,后者不仅关注语言的结构,还将语言结构与语言功能相联系,关注语言的意义及意义在交际过程中的实现。以意义和功能为基础,功能语言学派对语言能力的认识存在更多不确定性,并且因为语言的功能实现本就多样且多元,也难以形成确定的结构表征描述。

我们认为形式主义和功能主义对更加完整的"表征"能力都很重要。图 6-3简要描述了两者之间的关系。

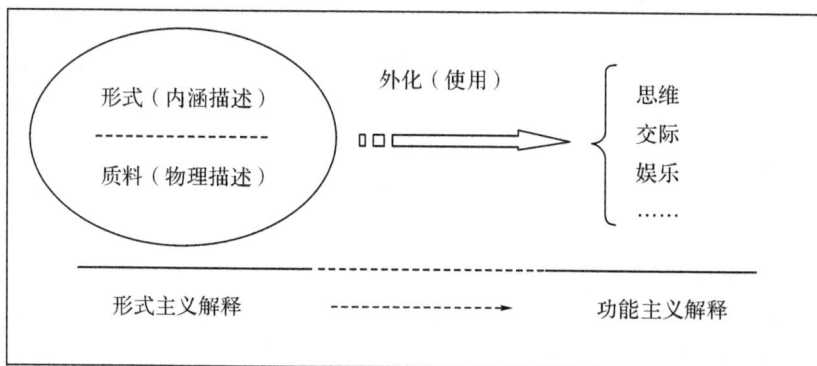

图 6-3　语言的表征

---

① 塞尔.意向性:论心灵哲学[M].刘叶涛,译.上海:上海世纪出版集团,2007:11-12.

在图 6-3 中,我们将对语言本质的解释划分为两个层次——形式与质料,在自然化的研究视角下,"形式"与"质料"应该尽可能统一。这也是乔姆斯基所追求的确定性所在。但在现有科学研究水平之下,形式对质料的表征无法做到准确、客观。为了推动对语言本质的认识,就需要更多的认识手段和表征方式,此时功能主义语言学研究便显得非常重要。功能主义语言学研究虽无法提供对语言本质的精确描述,但却也极大地扩展了我们对语言的认识,不失为句法形式表征之外的一个非常有价值的补充。乔姆斯基对其他语言学流派应该持有更加开放的态度。

最后,继追求语言表征的符号化和确定性之后,乔姆斯基在后期的研究中进一步追求语言表征的"实体化"。这构成了他在语言表征问题上的最大问题。

完整的表征关系应该是"表征符号—表征—表征对象",其中,表征符号可以实体化,表征可以依据现有检测手段进行合理设定,但表征对象还只是作为我们研究对象的某种不明大脑机制或心智状态,三者依次表现出从具体到抽象的属性。鉴于表征对象存在于大脑之中,是神经元等生物系统的产物,所以它自身也应该在某种程度上具有生物属性。但是,同样的问题是,当前的自然科学发展水平不足以为解释表征对象提供足够的支撑。

1995 年最简方案提出以后,乔姆斯基就开始追求语言能力的生物解释,并在 2000 年以后逐步将自己的生成语言学改称为"生物语言学",书中对此已有过多次讨论。至今为止,乔姆斯基已经将语言专属因素描述为合并操作和递归运算机制,它们除了保持了形式化特征之外,还具有了明确的生物基础,即语言官能经由进化而来(基因突变)并通过生物遗传进行代际传递。依据乔姆斯基描述,语言官能将不仅是形式化的,还是实体的。但是,豪斯认为"我们有关语言基因的理解非常贫乏,近期几乎看不到可以将基因与语言加工相关联的希望"[①]。豪斯同时也是乔姆斯基 2002 年《科学》(Science)杂志论文的合作者,在此论文中,豪斯、乔姆斯基和弗奇一起提出了著名的递归运算机制语言专属学说。论文发表 10 多年以后,豪斯显然没有乔姆斯基乐观,没有将语言的生物学研究推进到进化、遗传等相关的基因层面。

---

① HAUSER M D, Yang C, BERWICK R C, et al. The Mystery of Language Evolution[J]. Frontiers in Psychology, 2014, (5):1-12, 1.

第二节　递归性批判

　　本文将乔姆斯基对递归性的论述分为前后相继的三个阶段：句法递归阶段、认知递归阶段、生物递归阶段，并展开有针对性的质疑和反思。这三个阶段划分的依据是乔姆斯基在各不同时期的关注焦点，具体为：第一阶段关注的是研究本体——人类语言，第二阶段关注的是研究目标——解释人类心智，第三阶段关注的是研究证据——语言的生物基础。划分是相对的，各阶段之间存在一定的重合，同时它们之间并非后者不断替代前者的关系。

　　我们认为，生物递归作为研究证据缺乏有效支撑，并且受句法自主等根深蒂固立场的影响其对现有认知实验结果的解读也值得怀疑；句法递归作为研究本体在语言实践中应用有限，语言"有限手段的无限运用"特征需多元实现；认知递归作为研究目标具有普遍性，它在实践中呈现为一种潜在能力的连续体，并表现出二元递归、多元递归和复合递归等多种形态。基于这些反思，本书认为语言系统与概念系统是单向分离的，句法可能是丰富概念系统向线性语音表达妥协以适应交际所需的产物。

　　句法递归阶段主要指乔姆斯基早期（20 世纪五六十年代）在句法研究中对数学、逻辑递归概念的借鉴以及在自己的句法理论建构过程中的运用。这一阶段他对句法递归的认识经历了两次转变的过程，过程中他对将递归运算归入短语结构规则还是转换规则犹豫不决。乔姆斯基早期对句法递归的讨论主要可见于《语言学理论的逻辑结构》。托马林认为乔姆斯基在书中讨论了两类递归性：(1)语法线性排列规则的连续使用，(2)语法包含着自身具有递归性的规则。依据第一类递归性，线性语法由一系列的转换陈述 $S_1, S_2, \cdots, S_i$ 构成[①]，其中部分转换陈述是必须的，更多则是选择性的，依次运用这些转换陈述就可以实现句法推导，生成 $S_1, \cdots S_n, S_1, \cdots S_n, S_1, \cdots S_n, \cdots$ 式的线性表达，实现句子的无限生成。乔姆斯基更加强调的是第二类递归性。此类递归与乔姆斯基的短语结构规则（或者称改写规则 rewriting rule）直接关

---

　　① 　此处的"转换"原文为"conversion"，而不是"transformation"，它属于句法的生成规则，而不是转换规则。

联,可简单描述为(1),表示同一类成分同时出现在了规则的两端。举例如(2)。①

(1)X→YX

(2)NP→ NP1⌒who⌒VP

　　VP→V⌒NP2

乔姆斯基对递归认识的第一次转变出现在《语言学理论的逻辑结构》的第9、10章。这两章主要讨论转换规则,讨论中乔姆斯基转而认为短语结构规则作为语法的核心只应该负责生成句法结构的基础部分,所以更加合理的解释是将递归运算置于转换规则之中。这同时意味着上述第一类递归性不复存在,递归性仅被视为转换规则的一部分。

然而,在《句法理论的若干问题》(*Aspects of Theory of Syntax*)中,乔姆斯基(1965:128-135)对递归性的态度出现了反复,又将递归运算重新归入短语结构规则,简单描述为以下(3)和(4)。② 规则允许句子内部再嵌入句子,从而生成如"The man who persuaded John to be examined by a specialist was fired"之类的复杂句。这一规则的运用构成了语言"离散无限性"属性。

(3) S→N VP

(4) VP→V S

我们将以下两个论点的提出视为乔姆斯基对递归的认识进入认知阶段的标志:第一,天赋语言观,第二,递归被视为I-语言的一部分。这两个论点密切相关。天赋语言观的提出源自于语言习得中"刺激贫乏"现象的存在,乔姆斯基认为儿童所处语言环境不足以提供语言习得所需的所有语言知识,所以应该存在基于生物遗传而来的语言习得装置,即"语言官能"。"语言官能"的核心便是I-语言,指人类内在的语言知识。I-语言不仅要解释人类语言的习得问题,同时还必须要"解释有限手段的无限运用以实现经验上的恰当性",这就要求"将递归运算归入句法成分"③。显然,作为I-语言一部分的递归运算也是天赋的(生物遗传)。彼时,乔姆斯基关注的已经不仅是有句法结构及其

---

① CHOMSKY, N. The Logical Structure of Linguistics Theory[M]. Cambridge, MA: MIT Press, 1975:171-172.

② CHOMSKY, N. Aspects of Theory of Syntax[M]. Cambridge, MA: MIT Press, 1965:128-135.

③ CHOMSKY, N. Language and Mind [M]. 3rd Edtition. Cambridge: Cambridge University Press, 2006:138.

生成问题,同时更是有关语言知识习得和使用的人类认知能力问题。正因为此,我们将乔姆斯基这一阶段对递归性的认识称为认知递归阶段。

在这一阶段,乔姆斯基的句法理论经历了多次变革,从标准理论一路发展到最简方案,但他对递归机制归属问题(localization)的认识与句法递归阶段后期的观点相比没有发生明显变化。① 但不变中亦包含着重要的变化,随着乔姆斯基对语言官能、I-语言认识的不断调整,他对递归机制的描述也发生了比较大的变化。至最简方案,D-结构和S-结构被取消,除了需满足发声感知系统、概念意旨系统所施加的界面条件之外,真正属于语言的仅有词库和运算系统,并且运算系统中仅包括合并操作。这就需要对递归运算加以重新解释。最简方案中的句法单位被称为"句法实体(syntactic object/SO)",其构成分为以下两种②(Chomsky,1995:243):

(5)词汇项目(Lexical items/LIs)

(6)K ={ γ {α, β}},α, β 是句法实体,γ 是 K 的标注

(5)表示所有的词汇项目都是句法实体,同时它们还可以基于(6)的原则合并生成更大的句法实体。在新生成的更大的句法实体中,γ 标注决定了新句法实体的属性,这解释了句法的级层性特征,同时,生成新句法实体的合并操作可持续进行,这便解释了句法的递归性特征。

第三个阶段生物递归阶段以豪斯、乔姆斯基和弗奇(以下简称 HCF)2002年《科学》杂志论文的发表为标志,论文划分了广义的语言官能 FLB 与是狭义的语言官能(FLN)。FLB 包含感觉—运动系统、概念—意旨系统和递归计算机制,FLN 可能仅包含递归运算机制。同年,乔姆斯基还出版了《论自然与语言》(*On Nature and Language*,2002)。自此,生成语言学正式进入"生物语言学"阶段,也对生成语言学研究提出了新的要求:第一,探寻语言的生物学基础;第二,采用完全自然科学的研究方法。基于这些新的要求,乔姆斯基不断强化了对递归性的生物学解释,之后他还提出了以合并操作和递归运算为基础的人类语言进化设想,并认为合并和递归为人类带来了巨大的认知优势。

生物递归作为乔姆斯基最新的研究成果当然是我们接下来要讨论的焦点。鉴于现有脑科学、认知科学研究尚未发现有任何具体能力可以通过基因

---

① 在这阶段的主要著作中,除了《规则与表征》(*Rules and Representations*,1980)第3章较为具体地讨论了递归问题之外,对其他对递归性问题基本都是一笔带过。

② CHOMSKY, N. The minimalist Program [M]. Cambridge, MA: MIT Press, 1995:243.

遗传在大脑回路中得以实现的证据,目前关于语言进化的讨论基本都是猜测,HCF 的论文也是如此。HCF 的猜测中预设了语言官能和句法自主概念,所以才有了 FLB 和 FLN 之分,才会将递归运算机制视为 FLN 的核心甚至唯一因素。HCF 在论文中提出三种假说:(1)人类的 FLB 与动物的交际系统完全同源;(2)FLB 完全为人类独有;(3)仅 FLN 为人类独有。^① HCF 引用多学科的证据表明,部分动物具有对人类语音的辨别和模仿能力,同时灵长类动物具有丰富的概念表现形式,这些说明它们和人类共享感觉运动系统和概念意旨系统,但动物们的概念能力和其表达内容完全不匹配,也无法通过观察和实验找到动物可以生成离散无限性表达的证据。因此 HCF 选择了上述假说(3),认为假说(3)中包含的递归运算机制生成了离散无限性的语言表达,为人类独有。

我们要质疑 HCF 的结论需先弄清他们对递归的解释。作为 FLN 唯一内容的递归运算机制的作用在于"依据有限元素生成潜在的离散无限性的表达序列"^②。"离散"指句子由独立单元构成,如不存在 6.5 个词的句子;"无限性"指独立单元的组合存在无限可能,因此人类语言中的句子长度没有限度。后一点是讨论人类语言和动物交际系统差异的焦点。

我们质疑的是生物递归的判定标准问题。这一质疑包含相互关联的两问:只有生成递归性表达才算是掌握了这一运算能力吗? 能够辨识递归性表达算不算?

基于现有观察和实验结果,动物的确不具有生成递归表达的能力,但它们却可以部分辨识和理解人类的递归表达。萨维奇•鲁姆博夫(Savage-Rumbaugh)等人(1998)的研究具有代表性。^③ 实验中经过训练,倭黑猩猩 Kanzi 不仅可以理解很多的词语,还可以理解句子,如"Would you put some grapes into the swimming pool""You can have some cereal if you give Austin (a chimpanzee) your monster mask to play with"。在听到后一句时,Kanzi 会先找到自己的面具,把它给 Austin,然而再指着 Austin 的麦片。Kanzi 显

---

① HAUSER, M. D., N. CHOMSKY, T. FITCH. The Faculty of Language: What Is It, Who Has It, and How Did It Evolve? [J]. Science, 2002, 298 (22): 1569-1579: 1572-1573.

② HAUSER, M. D., N. CHOMSKY T. FITCH. Faculty of Language: What Is It, Who Has It, and How Did It Evolve? [J]. Science, 2002, 298 (22): 1569-1579: 1571.

③ SAVAGE-RUMBAUGH, S., S. G. SHANKER, T. J. TAYLOR. Apes, Language, and the Human Mind[M]. New York: Oxford University Press, 1998.

然具有了理解递归句子的能力，即便这一能力很可能是有限的。在理解人类语言表达之外，我们会观察到更多动物认知能力中包含着合并与递归特征的例证。切尼和赛发斯(Cheney & Seyfarth)通过实验研究证实，生活于东南非洲的长尾黑颚猴对亲疏关系的理解相当复杂。它们不仅能理解自己和群落中其他成员之间的关系，主要包括亲属关系和统治关系，即"X 是我的亲属""X 是我的首领"，还能理解群落中其他成员之间的关系，即"X 和 Y 是亲属""X 是 Y 的首领"。更令研究者惊讶的是，它们还能够进行较为复杂的推理。研究者发现 A 和 B 打架，其原因最有可能是 C 和 D 起了冲突，而 A 是 C 亲属，B 是 D 的亲属。形成这一推理的过程明显包含了合并操作与递归运算。

以上实验结果和 HCF 的观察并不完全相悖，在论文中 HCF 提到"大量研究表明非人类哺乳动物和鸟类具有丰富的概念表征"[①]，部分动物还具有获得并使用大量抽象概念的能力，甚至可以理解几何关系和数字。概念表征，尤其是几何关系和数字中必然包含着一定的合并操作和递归运算，我们完全可以据此认为这些动物至少具有有限的递归能力。相比而言，受认知能力的限制，人类认知系统的递归运算何尝不也是有限的，"无限性"仅存在于逻辑上和理论上。因此很有趣的是，本节对乔姆斯基以及 HCF 生物递归论点的质疑并不是因为发现了新的事实，而是因为对相同事实形成了不同理解。我们和 HCF 差异的焦点在于对递归机制的判定标准不同，HCF 认为生成递归性表达才是生物体拥有递归运算能力的判定依据，仅能识别和理解递归结构不能算；而我们认为如果某动物能够部分理解递归性表达，或者如果它可能进行具有递归特征的认知加工，那么我们就可以认为它具有了有限的合并和递归能力。HCF 对判定标准的设定明显受到了生成语言学句法自主立场的影响。

以上对生物递归的质疑针对的是乔姆斯基的研究证据，以下回到其研究本体——人类语言。早在生成语言学的形成阶段，[②]乔姆斯基就已经开始关注递归性，他认为"如果语法中没有递归步骤，它将会过度复杂……如果它包含递归设计，则将可以产出无限多的句子"[③]。可见递归性实现了语言结构的

　　① HAUSER, M.D., N. CHOMSKY, T. FITCH. The Faculty of Language: What Is It, Who Has It, and How Did It Evolve? [J]. Science, 2002, 298 (22): 1569-1579, 1575.

　　② 一般认为 1957 年《句法结构》的出版标志着 Chomsky 生成语言学理论的正式提出，此处的"形成阶段"即 1957 年之前。

　　③ 转引自 TOMALIN M. Reconsidering Recursion in Syntactic Theory[J]. Lingua, 2007, 117: 1784-1800, 1785.

两个重要要求：能产性（productivity）和简单性（simplicity）。能产性是所有语言理论存在的基础，简单性则是某个语言理论从众多可能理论的竞争中脱颖而出的依据。后者正是乔姆斯基为语言学理论设置的目标之一。

乔姆斯基对结构系统简单性的追求明显受到了古德曼的影响。[①] 在最初的思考中，他也如早期的古德曼一样，曾试图通过减少初始元素和关系的数量来达到系统的简单性。初始元素和关系在卡尔纳普、古德曼等的逻辑结构系统中指的是逻辑外因素（extralogical elements，即基本经验）和基本逻辑关系，在语言结构体系中则是词汇项目和基本算法。减少初始元素和关系的方法适用于构建理论体系，这正是卡尔纳普《世界的逻辑结构》（1928）、古德曼与蒯因"建构唯名论"以及结构主义语言学研究中采用的方法。这些研究的共性是基于（语言）经验，以归纳为主要逻辑手段构建严密的结构体系。乔姆斯基初期也采用了这一方法，但他很快意识到这样的方法对语言学研究并不可行。经过一段时间的思考，乔姆斯基认为语言学研究的目标应该从结构主义语言学使用的"发现程序"降低为"评价程序"。评价程序的核心在于判断和选择，其中简单性是主要判断标准。评价程序的主要操作是改写规则，改写规则的提出表明乔姆斯基已经放弃了以减少初始元素为目标的表面简单性，开始转向古德曼后期追求的"理论内在的简单性"。

以改写规则为主要操作的句法递归运算内在表现为"中心—嵌入"（center-embedding）式的结构特征，如（7）所示。但抛开递归运算在逻辑上和理论上的无限性，实践中句法递归的运用却非常有限。形式如（7）的句子在英语并不多见，因为这类句子虽然句法正确、语义无误、递归明显，但理解起来并不轻松，并不符合人类生物经济性的总体要求。卡尔森（F. Karlsson）对 7 种欧洲主要语言（英语、德语、芬兰语、法语、拉丁语、瑞典语、丹麦语）的语料库研究发现递归嵌入式结构的使用率并不高。[②] 以英语为例，对"Brown Corpus of English"语料库的检索发现，英语书面语中没有发现一例像句（7）的三重嵌入结构，将检索范围扩大至整个西方文学并使用手动标注，也仅找到 13 例三重

---

① Goodman 从 20 世纪 40 年代起就长期关注简单性（simplicity）的研究，其对简单性的认识可分为两个阶段，早期认为逻辑系统的简单性表现为减少初始元素和算法，后期认识到那只是表面的经济性（apparent economy），而逻辑研究真正要实现的是真实的经济性（real economy），即理论内在的简单性（theory-internal simplicity）。

② KARLSSON, F. Constraints on Multiple Center-embedding of Clauses [J]. Journal of Linguistics, 2007, 43: 365-392.

嵌入;同时,对相关口语语料库的检索仅发现三例二重嵌入结构。基于这些检索结果,卡尔森将书面语言嵌入结构的最大值设定为3,口语嵌入结构的最大值设定为2。可见句法结构虽然理论上可以无限扩展,但其实际递归能力是有限的。

(7){The rat [the cat (the dog chased) killed] ate the malt}. (Chomsky, 1965:286-287)

需要特别解释以下两点:第一,我们质疑的不是句法递归生成无限表达的潜在能力,而是其实践能力;第二,质疑句法递归实践能力的有限性并不等同于质疑语言表达能力的无限性,因为句法只是语言表达的表现形式之一,语言表达丰富性完全可以通过句法之外的多重方式实现。

语言表达的丰富性还可以表现在语言使用上,这里我们同样可以观察到以合并和嵌入为基本特征的"语用递归性"。语用递归性是人类交际系统的核心部分。[1]

应该说绝大部分使用中的话语都是以递归为基本特征的,只是构成递归的不仅有句法结构,还包括构成该话语语境的信息结构。在这样的信息结构中,任一句表达均可以构成语用递归的一部分。比如以下一段话剧《雷雨》中的对话(繁:周繁漪,萍:周萍)。对话整体是一个嵌入结构,被标注出的问题与回答的内部嵌入了另一个问题,其回答构成了整体问答的一部分,体现了递归运算的基本特征。

```
┌ 繁:(向萍)他上哪去了?                    (问题)
│   ┌ 萍:(莫明其妙)谁?
│   └ 繁:你父亲。
└ 萍:他有事情,见客,一会儿就回来。          (回答)
```

语言使用中递归性当然还可以复杂得多。以下同是一段选自《雷雨》的对话(贵:罗贵,四:罗四凤)。会话中罗贵向女儿罗四凤借钱可谓一波多折,先是提到大少爷的"赏钱"引出借钱的要求,再通过"还账"解释借钱的理由,并进一步通过保证"一句瞎话也没有"来强化这一理由,最后不得不搬出四凤和大少爷的私下恋情来"逼迫"她借钱。如此等等,前后表达的嵌套关系非常明显,但整段对话的中心一直很明确——借钱,所以完全符合乔姆斯基对于"中心—嵌

---

① LEVINSON, S. C. Recursion in Pragmatics[J]. Language, 2013, 89(1):149-162.

入"式递归运算模式的要求。

> 贵：四凤，你别忙，我跟你商量点事。
> 四：什么？
>> 贵：你听啊，昨天不是老爷的生日么？大少爷也赏给我四块钱。
>> 四：好极了，我要是大少爷，我一个子也不给您。
>>> 贵：你这话对极了！四块钱，够干什么的，还了点账，就干了。
>>> 四：那回头你跟哥哥要吧。
> 贵：四凤，别——你爸爸什么时候借钱不还账？现在你手上方便，随便匀给我七块八块好么？
>> 四：我没有钱。您真是还账了么？
>> 贵：我跟我的亲生女儿说瞎话是王八蛋！
>>> 四：您别骗我，说了实在的，我也好替您想想法。
>>> 贵：真的？——说起来这不怪我。昨天那几个零钱，大账还不够，小账剩点零，所以我就要了两把，也许赢了钱，不都还了么？谁知运气不好，连喝带赌，还倒欠了十来块。
>>>> 四：这是真的？
>>>> 贵：这可一句瞎话也没有。
>>>> ……
>>>> 四：你心里又要说什么？
>>>> 贵：我说，大少爷常跟我提过你，大少爷他说？——
>>>>> 四：大少爷！大少爷！您疯了！？——我走了，太太就要叫我呢。
>>>>> 贵：别走，我问你一句，前天！我看见大少爷买衣料
>>>> ……
> 四：好吧，那么您说吧，究竟要多少钱用。
> 贵：不多，三十块钱就成了。
> ……

　　语用递归性的存在正是对句法递归运用不足的弥补。在语言使用实践中，句法递归无法真正实现乔姆斯基所追求的语言学理论的简单性。当乔姆斯基坚持句法自主时，他同时将语言运算的全部压力置于句法运算之上，此时由递归运算带来的理论上的"有限手段的无限运用"会同时造成句法结构上的臃肿，造成形如(7)这样脱离语言实践的表达。

　　语言表达只能线性排列，加之人类记忆等认知加工能力的限制，作为终端表现的语音和句法不可能实现无限递归，在有限递归的范围内结构过于复杂

同样也不符合生物经济性要求和人类交际的实际所需。所以，概念信息的复杂性和语言表达的丰富性是通过句法、语义和语用等多重手段来共同实现的，甚至不乏语言外因素的参与（如身体语言、图画等）。相应地，递归运算也会表现在句法、语义、语用等各语言层面，多层面递归运算的叠加不仅会极大拓展语言表达的丰富性，同时也会有效降低单一层面的运算压力，实现语言加工系统整体内在的简单性。

除语言中存在递归机制之外，认知递归的运用还具有普遍性、多样性和复杂性。

首先，以二元合并为基础的递归运算普遍存在。形如上述（6）所示，合并操作虽然可以生成"n元句法成分"，但"一般而言，合并形成的单位绝大部分是，可能总是，二元的"①。所谓"二元"，简言之，即"两两合并"，举例来说，我们可以合并元素 Z 和元素 W 生成集合{Z W}，进一步合并操作需要将这一新生成的集合作为一个整体，比如"设 X 为集合{Z W}"，然后合并元素 A 和集合 X 生成集合{A X}。我们不妨将此类以元素个体（包括合并后生成的新集合个体）两两合并、层层嵌入构成的递归运算称为"二元递归运算"（图 7-1）。人类的语言使用受到发音和书写方式的制约只能进行线性加工，如果排斥语用因素而仅考虑句法，则各词汇项目只能依次合并，表现为明确的二元特征。至"强最简理论"（the strong minimalist thesis）阶段，乔姆斯基依然认为，合并"只提供一个集合信息：X 与 Y 的'合并'产生了集合{X Y}"，它"既不会修饰 X 或 Y，也不强加给它们任何安排"②。

以二元合并为基础的认知递归运算在人类的认知系统中普遍存在。我们看东西时，以人体为例，手指相对于手是部分，手相对于上肢是部分，上肢相对于整体身体也是部分。视觉认知中部分与整体的关系充分体现了递归性。我们下棋时，每一步移动都以自己和对方之前的移动为前提，也包含着对未来几步各种可能的预设，所以所有移动之间都是彼此嵌套的，都是递归的。再比如我们日常的泡茶行为，从烧水、取茶叶到最终泡茶，每一个动作又可以进一步

---

① CHOMSKY, N. Three Factors in Language Design[J]. Linguistic Inquiry, 2005, 36: 1-22.
② 诺姆·乔姆斯基.语言结构体系及其对进化的重要性[J].司富珍，译.语言科学，2018(3)：225-234，230。

分解，随后两两合并，同样包含着递归运算。[①] 如果此处将讨论进一步推及数学能力、逻辑能力、图形加工能力等，相信我们会得到更多支持。

其次，人类认知系统中的合并操作和递归运算并非只有"二元"一种形式，它们还可以多元、多维进行，呈现出多样性和复杂性。

图 7-2 为"谢尔宾斯基三角形（Sierpinski triangle）"[②]。图中三角形之间的"嵌套"关系非常明显，递归特征突出。但不同于二元递归运算的是，图中的三角形之间不再是线性排列关系，每一个三角形被切分之后都形成 4 个小三角形，它并不是两两合并的关系，而是 4 个一起构成了一个递归运算单元；同时和它们构成递归的也并不是它们被切分之前的大三角形，而是这个大三角形参与构成的更大一级的三角形。我们可以称这种合并操作和递归运算为"多元递归运算"（图 7-2）。多元递归运算在人类的认知系统中同样普遍存在。

递归运算还可以更加复杂。图 7-3 中，第一排包含 5 个"x"，它们之间的关系并不必然是{x｛x｛x｛x｛x｝｝｝｝}，倒更有可能是｛x x x x x｝，组合后的新结构再与 5 个"o"以及另外 5 个"x"组成另一个新结构体。随后，这个新结构与其他相同的结构进一步组合，构成递归运算。[③] 我们还可以设想对排列中的符号做大小、形态、颜色上的改变，如统一将每 5 个"x"和"o"组合中的第 1、3 两个加粗、将第 2、4 两个改为红色，此时同样可以实现结构上的递归。我们可以称此类包含多元且多维形态的合并操作和递归运算为"复合递归运算"。

"多元递归运算"和"复合递归运算"的存在充分说明递归运算并非语言独有，同时更说明句法中的以二元合并为基础的递归运算方式只是递归运算的表现方式之一，且远不是最复杂的表现方式。

---

① HUMPHRIES, W., E. FORDE, M. RIDDOCH. The Planning and Execution of Everyday Actions[M]//BRENDA RAPP. The Handbook of Cognitive Neuropsychology：What Deficits Reveal About the Human Mind. Philadelphia：Psychology Press,2001，565-589.

② 谢尔宾斯基三角形是由波兰数学家谢尔宾斯基在 1915 年提出。具体切分方法为：先取一个三角形，沿三边中点连线，将其切分为四个三角形，对中间的大三角形之外的三个小三角形依此步骤重复操作。

③ JACKENDOFF, R. What Is the Human Language Faculty? Two Views[J]. Language, 2011，87(3)：586-624，593.

图 7-1　二元递归运算　　　　图 7-2　多元递归运算　　　　图 7-3　复合递归运算

基于以上对乔姆斯基生物递归、句法递归和认知递归的反思，我们完全有理由进一步质疑乔姆斯基等人的如下论点：只有语言可以提供层级性结构的概念复杂体，它可以摆脱具体情境的限制让人类以独有的方式进行理解和思考，因此，我们至少可以说，语言是使我们拥有独特认知能力的核心因素，它对我们人类强大认知能力的形成至关重要。①

我们质疑乔姆斯基等人语言进化观的焦点在于语言与概念的关系。乔姆斯基及其支持者认为，以合并和递归为基础的语言官能的形成为概念复杂体的形成提供了基础。我们观点正好相反，我们认为正是概念复杂体的存在才促成了语言，尤其是句法递归的形成。以下两类例子可以佐证我们的观点。第一类，概念复杂体可以通过非语言的形式呈现。实践中无语言思维活动以及"无以言表"等现象并不鲜见。第二类，概念复杂体可以通过非递归的语言表达方式呈现。一个典型的例证来自丹尼尔·L. 埃弗里特（Daniel L. Everett）对巴西亚马逊丛林的 Pirahã 部落的研究。② 依据埃弗里特的记录，Pirahã 语言中没有递归结构，如当地人讲述一次杀死美洲豹的经历时使用了如下表达："It came to die. It came to die. It had thick fur.""It intended thus to die. He did not move. It is really tough."（Everett 的英译文）表达中只有单句叠加，没有复杂结构，也没有递归。伊文斯（N. Evans）对澳大利亚土著语言的研究也发现，当地语言中虽然存在嵌入和从属结构，但生成能力十分有

① McGilvray，J. Introduction[M]// J. MCGILVRAY. The Cambridge，MA. Companion to Chomsky. Cambridge：Cambridge University Press，2017，1-26，p10.

② 参见 EVERETT, D. L. Cultural Constraints on Grammar and Cognition in Pirahã[J]. Current Anthropology, 2005, 46：621-646. 和 EVERETT, D. L. Don't Sleep, There Are Snakes [M]. New York：Pantheon, 2008.

限,无法构成多层嵌入结构,更无法生成无限递归表达。[1]

以上两类例证可以初步说明,语言系统与概念系统是单向分离的,即概念可以与语言分离,而语言无法与概念分离。虽然我们可以刻意创造出形如"Colorless green ideas sleep furiously"这样无意义但语法正确的句子,但那始终只是语言研究者的编造,与语言实际使用无关。

语言与概念的单向分离关系还进一步体现在语言使用的创造性上。"有限手段的无限使用"并不必然构成语言使用的创造性。虽然我每天都在说着不同的话,但是几乎所有的表达语句都遵守着现有的语法规则,所以,单纯从句法角度来看,我并没有任何创新。可是我使用了不同的词汇项目,由此我构建了许多新的概念组合,所以从概念的角度来说,我的表达的确包含着一定程度的创造性。一旦概念创新的需求在语言现有表达方式上无法得到满足时,语言使用上的创新也就势在必行了。语言实践中,为了表达丰富的概念信息,没有语法规则是绝对不可以被打破的。人们常常会为了概念表达的需要创造一些全新的表达方式,成语、谚语、俚语、网络流行语等都属于此类,通过这些表达将复杂的概念内容进行封装、固定,既大大简化了表达的句法结构,又实现了丰富的表达效果。此外,在文学创作中,通过运用修辞手法等方式临时自创句法结构来表达全新概念内容也十分常见。

从信息理解与传递的效率来看,语音和文字并不占优势。"百闻不如一见",很多时候视觉的传递效果会更好,视觉信息中以"中心—嵌入"为特征的层级性、递归性结构可以被一眼看穿,语言无法做到,这也就是为什么我们常常需要"图解"话语或者文本的原因,同时也可以解释为什么在描述句法结构时我们依然推崇"树形图"。究其原因,相对于语言只能线性排列而言,视觉图像受线性排列的束缚更低,表达形式更加丰富,像似性更高。[2] 以声音为主要媒介的语言之所以在人类的交际行为中占据优势主要是因为声音相对于手势语等交际方式需付出的体力更小,同时声音更是可以突破视觉空间的限制并且解放人类的双手。

这同时也就表明,无论是辅助思维,还是传递信息,语言均没有独特之处,甚至也没有绝对优势。以句法结构为主的语言递归运算只是认知递归性的表

---

[1]　EVANS, N. A Grammar of Kayardild[M]. Berlin: Mouton de Gruyter, 1995.

[2]　CORBALLIS, M. C. The Recursive Mind: The Origins of Human Language, Thought, and Civilization[M]. New Jersey: Princeton University Press, 2014: 65-66.

现形式之一，而且肯定算不上是最复杂的一类。如果这一推论正确，那么也就没有必要认为语言是人类基因突变的结果。有理由相信在以声音为媒介的语言出现之前，人类就已经存在思考和交际行为了。随着人类认知能力的提高以及认知行为的多元化和复杂化，声音作为一种更经济的交际手段开始被发现，并因为上述的优势而逐渐被广泛运用，直至成为人类交际的最主要手段。已有研究证实，对黑猩猩等灵长类动物而言，相对于它们有限的声音表达，它们的行为传递了更多的信息；更重要的是，这些有限的声音表达完全是天赋的，而交际行为则多需要后天习得。因此，这些黑猩猩等的行为交际系统可能保留了部分人类交际系统的"原始雏形"①。同时，已有较多研究对儿童语言习得过程中的"刺激贫乏"现象提出了质疑②，现有语言习得研究也已经对儿童语言习得的过程进行了非常细致的描述，从中我们完全可以看到明显的词汇和语法特征被习得的痕迹，其中成人的"教"和"纠正"也并非如生成语言学所描述的那般毫无用处。真正不需要"教"的是语言中包含的思维方式，它们首先反映了人类通用的认知能力，如范畴、类型、主客关系等，③句法也因此形成。同时人类通用认知能力的存在也解释了不同语言的基本句法形态具有相似性的主要原因。

句法的基本结构源自思维，句法规则源自对表达丰富性和准确性的追求，句法的发展是对不同时期新的表达内容和表达方式的适应，所以就句法本身而言，它并不是天赋的。在人类漫长的进化过程中，声音获得进化优势并被用来作为交际手段时，它一方面联系着概念系统——这是它的使命，另一方面联系着发音器官——这是它达成使命的手段。最初的概念表达一定是非常简单的，句法结构也会非常简单，早期的发音系统完全可以应付。但随着人类认知水平不断提升和概念内容不断丰富，简单的语音已经难以胜任表达的需求，于是语音的组合出现，为了进一步提升表达的丰富性和准确性，语音组合的规则

---

① CORBALLIS, M. C. The Recursive Mind：The Origins of Human Language, Thought, and Civilization[M]. New Jersey：Princeton University Press，2014，57.

② 参见：GATHERCOLE, V. C. M. & E. HOFF. Input and the Acquisition of Language：Three Questions[M]// E. HOFF, M. SHATZ. Blackwell Handbook of Language Development. Malden，MA：Blackwell Publishing，2007：107-127. 李曙光，郝颖：论斯金纳行为主义与乔姆斯基心智主义范式的冲突与互补——基于自闭症儿童语言干预效用的考量[J].南京师范大学学报，2015(5)：111-120.

③ SAFFRAN, J. E. D. THIESSEN. Domain-general Learning Capacities[M]//E. HOFF, M. SHATZ. Blackwell Handbook of Language Development. Oxford：Blackwell Publishing，2007：68-86.

也就应运而生,这便是句法规则的原型。所以,句法非但不是天赋的,它可能只是概念系统通过声音进行外化和交流的产物,同时因为声音的线性特征,人们必须对概念的表达方式加以约定,这便是最初的句法规则。但概念的丰富性和表达的灵活性会时不时对既有规则构成冲击,这使得语言实践总是会突破句法规则,既造成不符合句法规则的表达时常出现,也在客观上推动了规则的发展。所以综合来看,句法应该是丰富概念系统向线性语音表达妥协以适应交际所需的产物,它在语言实践和人为加工过程中不断成型,并随着新的表达需要而持续发展。

作为结语,我们需要进一步说明的是,本书质疑的并不必然是乔姆斯基的如下论点:合并操作是在一个狭小窗口期基因突变的结果。① 我们相信在人和其他动物之间应该存在着某种质的差异,但这应该不是合并操作和递归运算。合并操作与递归运算是基础认知能力,它表现在从动物到人类的认知活动的方方面面,从部分动物仅能够进行辨识和理解,到人类在语言(主要是语音和句法)中的有限运用,再到人类概念系统中表现出的无限可能,它们呈现的是一个潜在能力的连续体,是从 1 至 n 乃至无限的相对性,而不是 0 和 1 的绝对性。我们不能将无限递归的潜在性当作判断递归运算存在的必要条件。在递归运算能力连续体中,语言仅是其中的一个环节,既不是最基础的,也不是最复杂的。

第三节　简单性批判

追求方法、过程和结果的简化本就是人类认识活动中的本能倾向。古代中国和古希腊的哲学家们就曾希望将世界的本源解释为水、火、气甚至是数和原子这样的简单初始元素,近代以来伟大的科学家如哥白尼、伽利略、牛顿、爱因斯坦等也都反复强调简单性原则对各自理论构建的关键作用。但是,简单性原则作为人类认识活动的内在要求和技术手段应该有其局限性,简单性原则不应成为研究的束缚,更不应成为认识研究对象时的主观限制。

有关简单性原则内涵和历史发展的讨论已经很多,无需赘述,简单性原则

---

① CHOMSKY, N. What Kind of Creatures Are We? [M]. New York: Columbia University Press, 2016: 6.

对认识活动的重要性也毋庸置疑。基于现有论述,我们将哲学研究以及科学研究中涉及的简单性原则的主要特征概括如下。

(1)评价性而非描述性。简单性原则是对不同理论、科学假说进行评价并在它们之间做出取舍的一个重要标准。爱因斯坦认为人类的认识受到两个原则的制约:理论与经验的一致性和逻辑简单性,但鉴于"基本概念和公理距离直接可观察的东西愈来愈远",并且"人们常常,甚至总是可以用人为的补充假设来使理论同事实相适应"①,所以当面对不止一个与经验相一致的理论时,简单性成为评价理论优劣的主要依据。

(2)相对性而非绝对性。无论是从历时角度看发展还是从共时角度看竞争,认识和具体科学理论中的简单性都是相对而言的,体现了人类认识能力和认识对象之间互动变化的结果。举例来说,哥白尼的日心说相对于托勒密的天体系统要简单,但其解释力相对于随后开普勒提出的行星运动三大定律,尤其是行星运算椭圆轨道定律来说却又显得更为复杂。

(3)理想性而非真理性。认识过程中,简单理论的得来并非因为研究对象本身如此,而是因为研究者采用了理想化的研究方法。即便奥卡姆也在提出"如无必要、勿增实体"要求的同时明确区分了理论的简单性和自然的简单性,并认为简单性只适用于理论构建,自然界本身是复杂的。对复杂的自然界加以理想化设定和抽象化处理才会形成简单的理论性认识,这早已是科学研究中的常态。

简要小结:简单性是以理论评价为目标、以理想化为手段的认识追求。在我们对世界的了解还非常有限的情况之下,简单性原则体现了人类期待深入认识世界的愿望。在研究实践中,它正转化为以数学、逻辑等为代表的形式化演算手段,表现为研究者对研究过程和结果的技术操控。

乔姆斯基的简单性想法有两个来源,技术上来自古德曼、蒯因和卡尔纳普,信念上来源于伽利略、牛顿等科学大家。② 乔姆斯基1955年完成的第一本专著《语言学理论的逻辑结构》明显是对卡尔纳普《世界的逻辑结构》和古德曼《表象的结构》的直接借鉴,它们都是希望通过逻辑等技术手段的运用来构

---

① 爱因斯坦.爱因斯坦文集:第一卷[M].许良英,等译.北京:商务印书馆,1976:10.

② 就这一来源问题,乔姆斯基在其第一篇论文"Systems of Syntactic Analysis"(*The Journal of Symbolic Logic*, 1953, September, p. 242-256),第一本专著 *The Logical Structure of Linguistic Theory*(Cambridge, MA: MIT Press,1975[1955]),和生成语言学的奠基之作 *Syntactic Structures*(Netherlands: Mouton&Co, The Hague, 1957)中均有明确表述。

建有关语言、概念或者世界的简单清晰的认识。乔姆斯基 1995 年在其后期重要著作《最简方案》中对自己一直以来的简单性追求总结如下:理论内在的简单性是普遍语法的一部分,是决定语言经验和 I-语言关系的程序的一部分,其地位类似一个物理常量。在早期研究中,这一内在概念以评价程序的方式出现⋯⋯到了原则与参数框架则要解决解释充分性问题⋯⋯现在相似的问题再次浮现,这次表现为不同推导方式中的经济性考量,以便将那些不符合理论内在简单性的推导排除在外⋯⋯此时,进一步的问题产生了,即"最简方案"问题。[①]

以上引文中,乔姆斯基将自己对简单性的追求划分为三个阶段:评价程序、原则与参数框架、最简方案。第一个阶段"评价程序"重方法和技术。"评价程序"与结构主义语言学的语法"发现程序"相对,后者要求基于语料构建语法,但乔姆斯基认为这只会"陷入更加详尽、更加复杂的迷宫"[②]。评价程序的要求要低很多,只要求对给定的两个语法做出评价,乔姆斯基认为语法的简单性是评价和最终做出选择的关键因素。第二个阶段"原则与参数框架"关注的是儿童语言习得的问题。乔姆斯基设定人类的语言包含一些固定不变的原则,每个原则与一些参数相连,通过参数的不同设定最终生成不同的具体语言。

这两个阶段分别体现了简单性原则的方法论要求和认识论要求,我们可称它们为方法简单性和认识论性。方法简单性就是视简单性为一种实用且可操作的研究方法。例如伽利略将"量化"手段引入科学研究,将事物之间的关系简化为量的关系,这便是方法简单性的具体化。泛言之,基于数学和逻辑方法进行的科学研究都包含一定的方法简单性追求。在评价程序阶段,乔姆斯基关注的是具体语法形态描述的方法问题,技术要求明确。乔姆斯基采用的主要技术手段是"改写",希望将每一个更大的句法单元改写为更小的次一级的构成单元,比如把句子改写为名词短语和动词短语。改写规则通过层级性的结构描述有效实现了复杂语法结构向简单语法结构的还原。简单性原则中同样包含着认识论诉求,集中表现为研究者对理论解释系统性和普遍性的追求。以卡尔纳普、古德曼等为代表的逻辑经验主义者希望通过简化的逻辑算子和算法从直接经验构建起系统、普遍的知识体系,这便是认识简单性的表

---

① CHOMSKY, N. The minimalist Program[M]. Cambridge, MA: MIT Press, 1995: 8-9.

② CHOMSKY, N. Syntactic Structures[M]. The Hague: Mouton & Co, 1957: 52.

现。在原则与参数框架阶段,乔姆斯基称儿童语言习得问题为"柏拉图的问题",充分体现了研究的认识论本质。通过对语言中原则和参数的区分,乔姆斯基自认为充分解答了语言习得问题,也实现了对认识论问题的有效简化。

但是,乔姆斯基的简单性追求远不止于此。他认为:"自从伽利略以来,现代科学一直被他的原则指导,即自然是简单的,科学家的任务正是要表明这一点。"①乔姆斯基将伽利略的原则具体化为"语言有多么完美?"即语言官能在多大程度上可以被视为对外部制约因素(语音和意义)提出的问题的完美解决方案。换句话说,基于自然界是完美的、简单的这一认识框架,"在人类的生物系统中,语言官能可以被限定在多小的范围之内"②。最简方案对作为自然实体的语言官能的关注表明,乔姆斯基已经超越了古德曼、蒯因以及卡尔纳普的立场,他已将简单性追求从研究方法和认识方式扩展到了研究对象本身,做出了简单性原则的本体论转向。

事实上,追求本体性认识自始至终都是乔姆斯基语言研究的目标。乔姆斯基在 20 世纪 60 年代就明确区分了"语言能力"和"语言使用",前者指语言使用者的内在能力,是人类的生理机能,后者仅指语言使用者的外在语言表现。语言学研究的目标是解释语言能力。③ 这和索绪尔做出的"语言"和"言语"区分不同。在索绪尔的区分中,"语言"指的是所有使用者共享的抽象、稳定的语言系统,"言语"指个体使用的具体话语。索绪尔的"语言"是知识系统,可人为抽象提取;乔姆斯基的"语言能力"却是自然实体,只能通过科学手段探索发现。因此,乔姆斯基的研究目标不是要人为建构一个抽象的知识体系以描述世界,他是要发现研究对象的客观结构和本质属性以解释世界。

然而,在认识实践中,简单性要求具有明确的技术化倾向,其中方法简单性是技术要求,认识简单性是技术目标。卡尔纳普及后续的逻辑经验主义者建立的人工语言(或称"理想语言")便是以逻辑为基础的技术再造,充分体现了哲学家们希望通过技术手段掌控概念、意义及哲学分析的期待和努力。相对而言,本体简单性更多是一种科学设想,最多也就是一种科学信念,因为研

① CHOMSKY, N. The Minimalist Program: 20th Anniversary Edition[M]. Cambridge, MA: MIT Press, 2015: vii.

② CHOMSKY, N. Approaching UG from Below [M]// U. SAUERLAND, H. GARTNER. Interfaces + Recursion = Language. New York: Mouton de Gruyter, 2007: 4.

③ 参见 CHOMSKY, N. Aspects of Theory of Syntax[M]. Cambridge, MA: MIT Press. 1965.第一章。

究对象本身不会因人为的设定和操纵而改变。

在乔姆斯基的研究中，从评价程序到最简方案，他的简单性追求之路充斥着各种可见的放弃：放弃了归纳方法，放弃了经验的基础作用，放弃了语义与语用，直至为了力证语言的完美性而放弃了所有"非原则性"语言因素。最简方案之后，乔姆斯基宣称生成语言学研究已经过渡到了"生物语言学"阶段①，并对语言专属因素的构成和来源解释如下：(1)语言专属因素仅包括递归运算机制，合并是其唯一操作；(2)合并操作和递归机制由基因突变而来并代代相传。② 这一认识从本体论层面对作为人类生物认识器官的语言官能做出了最简化描述。上一节中我们已经对乔姆斯基的这两点解释做出了反驳。如果反驳成立，对乔姆斯基而言，这意味着语言将不再拥有任何专属因素，他对于语言的本体简单性设定也就出现了严重危机。

为了形成对语言的本体性认识，乔姆斯基自称采用了"伽利略—牛顿风格"，即"假说—验证"研究路径，其核心正是理想化研究策略。但乔姆斯基过度运用了理想化研究策略，具体表现为以下两点。

第一，方法驱动，无限后退。最简方案之后，乔姆斯基剥离非原则性语言因素的步伐进一步加快，他提出语言的习得是以下三个因素相互作用的结果：(1)个体经验；(2)作为进化结果的普遍语法本身；(3)生物系统的普遍属性，包括认知加工方式、记忆等。③ 基于这一划分，继语言经验之后，生物系统的普遍属性也被排除在了普遍语法之外，语言研究被限定在更加纯净的理想化情境下进行。从表面上看，乔姆斯基剥离的仅是语言官能中的非原则性因素，但在对象认识有限的情况下，他实际上剥离的是那些被证明不可被抽象化、形式化描述的因素。乔姆斯基的做法明显有方法驱动的嫌疑，也就是说，对研究对象及其本质属性的界定并不完全是依据对象本身和现有科学发现来确定的，而是依据研究方法的实施需要来确定的，当研究方法无法适用之时，乔姆斯基

---

① 乔姆斯基.如何看待今天的生物语言学方案[J].司富珍，译.语言科学，2010(2)：113-123.

② 主要参见：HAUSER, M. D., N. CHOMSKY, T. FITCH. "The Faculty of Language: What Is It, Who Has It, and How Did It Evolve?"[J]. Science, 2002, 298 (22): 1569-1579. Chomsky, N. 2016. What Kind of Creatures Are We? [M]. New York: Columbia University Press. BERWICH, R., N. CHOMSKY. Why Only Us: Language and evolution[M]. Cambridge, MA: MIT Press, 2016.

③ N. CHOMSKY. Beyond Explanatory Adequacy[M]// A. BELLITTI. Stucture and Beyond: the Cartography of Syntactic Structures. Oxford: Oxford University Press, 2004:104-105.

就会对研究对象加以理想化限定，以适应研究方法的实施，而不是相反。方法驱动的研究有可能会造成在研究对象本体认识上的无限后退。

在追求语言本体简单性的过程中，乔姆斯基也的确是一再受挫，不断后退。首先，生成语言学早期坚持的各项语言原则，包括各类语言表征层次如"S-结构""D-结构""逻辑式""语音式"等，都已证实不可行而被一一放弃。乔姆斯基转而提出递归运算机制作为语言专属因素。其次，如前所述，现有研究已经证实，合并操作和递归运算机制并非语言专属。乔姆斯基于是又修订了自己的认识，提出人类基因突变生成的合并操作和递归运算机制"使人类可以生成包含词汇项目的无限序列的语言表达，并且因此促成了人类思维能力的爆发"。依据此观点，合并与递归首先发生于语言，而语言的出现为人类带来了巨大的认知优势，这等于承认了合并操作和递归机制在人类认识系统中的共享性。再次，乔姆斯基有关语言能力源自于基因突变的论点同样面临着巨大挑战。神经认知科学家证实近期几乎看不到可以将基因与语言加工相关联的希望。对此乔姆斯基似乎已有心理准备，他将人类的认识分为"问题"和"谜"，前者可被解决，后者则突破了人类的认识局限，人类永远无法解释，只有与人类生理构造不同的"火星人"才能解决。

第二，信念驱使，不可证伪。虽然简单化原则之下，乔姆斯基对语言本体的认识不断后退，但他仍然坚信应该把复杂的人类成就归功于几百万年以来的进化或是深深植根于物理法则中的神经组织原则。这一认识本身并无破绽，鉴于人类和其他已知生物在智力成就上存在着本质差异，所以乔姆斯基的说法对所有人类专属认识能力均适用。事实上，类似乔姆斯基提出普遍语法，很多哲学家也提出过相似的设定。乔姆斯基的不同之处在于他对"天赋因素"做了过度理想化处理。虽然对理想化设定的探索实践一再受挫，但乔姆斯基"一定有语言专属因素存在"的信念似乎无可动摇。即便某个已提出的因素被否定，永远还会有下一个；即便提不出下一个，一定还是存在某物的；即便最终无法找出任何因素，也不过是遇到了认识之"谜"，不影响某物存在本身。乔姆斯基这种"不是因素 A 还会有因素 B、不是因素 B 还会有其他"的论点无法被证伪，其科学性当然备受质疑。

简单性本是认识的方法和路径，当它被设定为具体研究对象的本体属性，甚至被用来限制对象被研究和理解的形态时，就显然已经背离科学研究本身了。从这一角度来看，乔姆斯基不仅没有借鉴逻辑经验主义者以逻辑和人工语言来构建世界过程中失败的前车之鉴，反而将简单性原则进一步拓展至研究对象本身。正是这一对简单性原则的扩展造成了研究的危机。乔姆斯基简单性追求中的本体论危机是理想化研究策略过度运用的结果，这也在客观上提醒我们自然本身是复杂的。理论研究中研究者应该积极深化方法简单性，拓展认识简单性，同时也应该对本体复杂性心怀敬畏。

第七章　我们是什么样的生物

　　"人类存在认识局限"或者"我们不能完全理解世界"等观点在常识认识中获得广泛认可,但如果仅是泛泛谈论,这些观点有可能会引导人们遁入"神秘主义"之门,让我们感叹自然之工,并安于现状。丹尼尔·丹内特斥责宣扬此类观点的研究者"在逃避作为学者的责任"①。

　　乔姆斯基显然不属于会"逃避责任"的学者,但他早在 1975 年就提出了"问题"和"谜"之分,并一直坚持至今,从未动摇。在 2016 出版的《我们是什么样的生物》(*What Kind of Creatures Are We?*)中,乔姆斯基对自己的思想进行了系统总结。该书是哥伦比亚哲学主题系列著作中的一本,全书篇幅不大,但涉及理论语言学、认知科学、科学哲学、科学史、进化生物学、形而上学、知识论、语言哲学、心智哲学、道德哲学、政治哲学等主题,内容非常丰富,是对乔姆斯基多年研究和思考的全景式呈现。

　　乔姆斯基深知问题"我们是什么样的生物?"很难获得令人满意的回答,但认为对以下三个具体问题的回答可以为此提供更加清楚的认识:语言是什么?人类理解的局限何在? 共同善是什么? 这三个问题构成了本书的前三章。以此为基础,乔姆斯基在最后一章讨论了"自然之谜:隐藏得有多深"。

　　第一:语言是什么?

　　乔姆斯基语言研究的核心论点是:(1)语言是人类的生物属性,隶属于大脑,是大脑/心智中的一个器官;(2)语言的本质特征可以使用威廉·冯·洪堡的论断来加以概括——有限手段的无限运用;(3)语言是进化的结果,语言能力源自人类进化过程中某个狭小窗口期的基因突变。

　　乔姆斯基称自己的研究对象是"I-语言","I"表示"内在语言""个体语言"与"内涵语言"。I-语言的核心是普遍语法,表现在儿童语言习得过程中即为"语言习得装置"。这些名称的实指是一致的,都是人类遗传而来的天赋语言能力。依据此天赋能力,儿童语言习得过程实质与视力等能力的发展无异,实

---

① DENNETT C. Consciousness Explained [M]. Boston: Little, Brown and Co, 1991: 37.

为"生长"过程。

语言能力的本质属性(Basic Property)是"每一种语言均提供无限序列的层级结构表达,这些表达序列在感觉运动接口被读取以实现外化,在概念意旨接口被读取以实现心智加工"[1]。因此语言能力的基础是运算机制(computational mechanism)。运算机制的核心是合并和递归。乔姆斯基认为合并主是要二元合并。以二元合并为唯一操作,元素个体(包括合并后生成的新集合个体)两两合并、层层嵌入的运算方式即为递归运算。[2]

鉴于合并操作在语言运算过程中的绝对核心地位,语言能力的进化也就是大脑系统中合并操作能力的进化。乔姆斯基认为,人类专属能力的获得可能是突发的、新近的事件,合并操作不是源自缓慢的进化历程,而是"在一个狭小窗口期基因突变的结果",大约发生在5万~10万年前。不仅如此,乔姆斯基还进一步认为语言的进化为人类带来的巨大的认知优势,促成了人类思维能力的爆发。语言为人类带来的巨大的认知优势还包括促成了规划能力、关键评估能力、构思和幻想能力、探索能力等的形成。

第二:人类认识的局限何在?

乔姆斯基的基本立场是人类认识能力虽强于其他已知生物,但依然受到自身本质属性的制约,即我们都具有生物局限。我们生而具有某种内在结构,这让我们具有了独特的语言能力。但生物属性具有两面性,一方面赋予了我们某项能力,另一方面也让我们在其他能力方面受限。拥有某些能力即意味着失去了另外一些能力。乔姆斯基借鉴皮尔士的溯因推理指出,生物限制让人类认识系统的内在结构可以生成的"可接受假说"非常有限,从而更快速、准确地认识对象,但同时这些内在结构也限制了其他理解的可能性。由此,乔姆斯基一直坚持"问题"和"谜"之分。

乔姆斯基回顾了人类知识探索的历史,从伽利略、笛卡尔、洛克、牛顿、休谟到康德,再到皮尔士、罗素、蒯因以及当代部分哲学家、科学家等,他们的认识中都包含着对自然的敬畏和对认知之谜存在可能的设定。从目前来看,对包括语言能力在内的心智现象的认识有可能是认知之谜的一部分。但这并不

---

[1]　论文引用来自 *What Kind of Creatures Are We?*（New York: Columbia University Press, 2016.)电子版,原书中无页码,注释和索引均采用了超链接的方式标注。论文中引用该书之处只标注出所在章,如"ch. 1"表示第1章。

[2]　CHOMSKY, N. Three Factors in Language Design[J]. Linguistic Inquiry, 2005, 36: 1-22, 16.

意味着我们可以就此止步不前，否则就犯了"方法论的二元论"的错误，即认为心智不是物质世界的一部分，无法使用自然科学方法加以研究。在研究心智现象时，我们仍然要坚持自然科学的方法，坚持以"假说—验证"为主要环节的"伽利略—牛顿风格"式研究路径，尽我们所能推动人类认识的进展。

本节最后，乔姆斯基认为，对于人类认知之谜的存在，我们非但不应因此哀叹，反而要心怀感激。如果没有生物基础的限制，我们的认知能力将无所适从，"如果没有基因遗传对生物体的生长和发展所施加的限制的话，该生物体就会像变形虫一样，仅能反映多变的外在环境随时可能施加的各种变故"。(ch. 2)

第三：共同善是什么？

本章从人类个体转向人类社会。乔姆斯基表示，人不仅是个体，更是社会存在，必须依赖于一定的社会、文化和制度条件才能生存，所以我们就需要去探索什么样的社会构成会有利于人类权益和福祉的取得，有助于人们抱负的实现。这就是乔姆斯基讨论的"共同善(Common Good)"。鉴于乔姆斯基认定人类具有多项天赋能力，所以最佳的社会构成一定是能够促成人类能力充分发挥的社会机制。

在乔姆斯基看来，虽然人类个体的能力受到生物限制，但个体依然具有创造性，个体的发展依然具有"最为丰富的多样性(the richest diversity)"。现行的资本主义制度强调个体利益，因而妨碍了个体能力的发挥。乔姆斯基着重批判了资本主义民主的伪善。"以收入/财富排序，后70%的人对政策毫无影响，排序不断上升，影响力慢慢增强，处于排序顶端的人很大程度上决定了政策，由此导致的制度不叫'民主统治(democracy)'，而叫'富豪统治(plutocracy)'，或者可以更加委婉地称之为'新民主(neo-democracy)'。'新民主'和'新自由主义(neo-liberalism)'一致，依据后者，仅有一部分人享有自由，完全意义上的安全也只有社会精英才能真正享有。"(ch. 3)

乔姆斯基引用杜威的话表示，"当前权力依赖于生产、交换、宣传、运输和交际等，谁拥有这些谁就控制了国家生活。在这一切都被公众真正掌控之前，政治只不过是大企业投射在社会上的阴影"(ch. 3)。他同时借用杜威的话表明自己的社会理想，即"在一个自由和民主的社会中，'工人应该是自己产业命运的主人'，而不是雇主租赁的工具，也不受政府权威的支配。"(ch. 3)在此理想之下，教育应该仅提供一个方向，让孩子自由发展，锻炼和提升自己的创造力与想象力，体验发现的乐趣。在论述过程中，乔姆斯基还多次引用马克思的观点来支持自己的主张。但他最终走向了无政府主义,他认为无政府主义融合了社会主义的理想和启蒙运动中的自由原则,强调协作劳动和自愿组合,强调生产者对生产资料的占有会最终扫清资本主义市场经济体制给人类个体发展造成的所有障碍。乔姆斯基主张社会对个体的发展不应施加任何的限制,这显然不太现实。

第四:自然之谜:隐藏得有多深?

在本章中,乔姆斯基采用全景历史回放的方式呈现了众多哲学家、科学家对“自然之谜”的理解。首先,依据笛卡尔的机械力学,接触才能产生力的作用是基本认识。笛卡尔认为身体正是一台精密的机器,但心灵却是身体的另一个实体。牛顿提出的万有引力打破了机械力学的基本认识。但牛顿打破的只是笛卡尔二元论中的身体机器,没有解释机器中的心灵。乔姆斯基称此为“解释鸿沟(explanatory gap)”。面对此鸿沟,洛克的建议是“上帝是否就没有让物质思考,这并非我们所能知道的”(ch. 4)。洛克的意思是,只要上帝认为合适,他完全有可能让物质具有意识、理解和思维。其后,休谟认为“运动可能是思考和理解形成的原因”。洛克和休谟都希望消除解释鸿沟,消除心灵的神秘性,将心灵活动看作大脑的机能,正如消化是胃的机能一样。达尔文的态度更加简洁明了,“为什么思维,作为大脑的分泌物,就比引力更加令人感到惊奇?不过都是物质的属性”(ch. 4)。但这些态度并不能真正解释心智现象,即便牛顿解释了更多的运动现象,他也无法解释万有引力的来源。自然之谜仍然存在,这不禁让我们开始猜测人类认知能力的局限何在。

自然之谜当然无法阻止我们探索的步伐,但牛顿等人的研究实践表明,科学研究不是要去寻求最终的解释,而是要构建我们所能构建的最佳理论解释。至伯特兰·罗素,他在《物的分析》(Analysis of Matter)中使用“可理解的(intelligible)”时多次加上了引号,以表明对“可理解性”追求本身具有的荒谬性。量子力学的奠基者之一保罗·狄拉克认为物理学不再寻求提供有关世界如何运行的描述,而只要求能够提供可以自洽地看待世界基本规则的视角。时至今日,我们对大脑及其神经系统的研究仍然没有实质性进展,有关“自由意志”等问题依然超出经验科学可研究的范围。这些都是科学研究中的“艰难问题(hard questions)”。乔姆斯基认为,一直以来,在哲学和科学的研究中,艰难问题从没有被解决。

但作为具有反思能力的生物,我们会一直追求对经验现象更加深入的理解,追求的结果就形成了谜、魔法、哲学或者科学。基于人类的反思性和探索性本质,当我们形成了对某个领域的理论性认识之后,我们总是希望将其与其他领域相统一。身心统一问题即为此类,研究者总是希望将对心智的认识与以物理学为代表的自然科学相统一,于是出现了"哲学自然化""认识论的自然化"等研究。研究者希望通过像化学与物理学在量子物理学阶段实现的学科统一一样,找到心智与物质统一的路径。但乔姆斯基认为,身心统一如果实现,可能不仅需要对心智做出新的解释,作为基础学科的"身(物质)"的认识也应该被修正或者扩展。实际上,对"身"或者"物质"的认识原本就是不断发展的过程,曾经我们也认为场、引力等不是物质或者其属性。指不定未来某一天随着基础学科的突破,心智也会被纳入到物质解释的范围,从而实现心智与身体在科学解释上的统一。

简要总结一下乔姆斯基在《我们是什么样的生物》一书中提出的三个问题及其回答。

问题一:语言是什么?

回答一:语言是人类遗传而来的生物机能,隶属于心智,创造性是其主要特征。

问题二:人类认识的局限何在?

回答二:人类认识的局限源自人类生理的局限,存在人类可能永远无法解开的认识之谜。

问题三:自然之谜:隐藏得有多深?

回答三:身心之间的解释鸿沟一直存在,但对身心统一的追求不会停止。

针对乔姆斯基的回答,下文先反思三个相关的核心概念:语言的创造性、认识之谜、身心统一。三个概念密切相关,互为基础。

乔姆斯基对语言创造性的定义就是"有限手段的无限运用"。在 2016 年,乔姆斯基接受采访时进一步解释道:"语言是无限的,不受外在刺激限制的,它不由内在状态决定,虽然受到内在状态的明确影响。它适用于语境但却不是基于语境生成,事实上明显不是由语境生成的……语言这些属性的集合被称为语言使用的创造性方面。笛卡尔曾辩称……这是对世界其他方面的测试,测试其无法使用机械论来加以解释的其他属性。"[①]

以上引文中包含着这样两组对立关系:

① 转引自 LEVINE JOSEPH. The Mind-Body Relation: Problem, Mystery, or What? [M] // ALLOTT, N., LOHNDAL, T., REY G. A Companion to Chomsky. Wiley Blackwell, 2021: 507.

对立关系一,语言是人类的生物机制,但不由内在生理状态决定。

对立关系二,语言使用不受语境限制,但可以恰当适用于语境。

关系一涉及的是语言的本体性基础,关系二体现的是语言的认识论特征。关系一揭示了对语言本体论解释上的缺失。乔姆斯基多次将语言称为人的认知器官,但它显然不是生理器官本身,同时乔姆斯基也反对取消论、同一论、功能主义、物理主义、附随论以及生物学的自然主义等等对心智现象的解释,虽然这些解释几乎穷尽了现在研究者所有想到的可能。那么,包括语言在内,心智是什么呢? 乔姆斯基主张不做最终回答,认为这是当前的科学研究所不及之处。所以关系一在乔姆斯基看来仅是观察事实。依此思路,关系二也同样是观察事实,语言的使用具有了"恰当性(appropriateness)"和"非决定性(indeterminacy)"两个特征。这后一个观察事实背后的机制又是什么? 我们可以使用身心之间存在解释鸿沟来搪塞对第一个对立关系的解释,但这一做法并不适用于关系二。关系二的核心正是创造性,一种内在的、自发的创造性,即便乔姆斯基最终将语言创造性的深层机制解释为句法上的合并操作和递归运算,他也解释不了"恰当性"与"非决定性"之间的对立。"恰当性"理应是规则运算的结果,比如对语法规则、言谈方式的遵守。"自发的恰当性"如果不是偶然所致,那么也只能如同人类的"自由意志"一样神秘莫测了。

当然,上述两组对立在宏观上仍有获得解释的可能,这也是乔姆斯基一直强调的——我们进化而来的生理机能。我们能够生存下来,根本原因在于,经历了漫长的演化历程,我们人类成功适用了周围的环境。所以,为什么我们的语言具有创造性,可以达到既"恰当"又"非语境决定",那正是因为它就是进化的结果,就是人类的生存所需。所有的心智现象均可以做此解释。至于心智与生理之间的内在作用机制,它应该存在,但目前尚不为我们所知,可能也永远不为我们人类所知。

永远不为我们所知的就是认识之谜。为何要设定认识之谜的存在? 上面的宏观解释同样适用此处回答:这也是因为我们进化而来的生理机能所致。进化而来的生理机能一方面让我们适应了外在环境,得以生存下来,但另一方面,对某些自然条件的适应意味着对另一些条件的放弃,如水生动物就难以适应陆地生活,食物链顶端动物的繁衍能力相对较弱,如此等等。所以,依据乔姆斯基等人的观点,正是进化而来的生理结构让我们有了形成科学认识的可能,但这些生理结构也同时赋予了我们认识的局限。

有关认识局限,仍有几点需要澄清,涉及局限的起因、作用、范围等。

从自然进化与选择的角度来看,所有生物的终极目标是生存和繁衍,这要求的一定是适应自然,而非超越自然。对于每一个物种来说,他们所面对的只可能是自然的局部,即该物种的生存环境。我们不妨称其为该物种的"普通世界(ordinary world)"。正确"感知"各自的普通世界并基于此形成必要的、良性的互动既是生存所需,也是自然选择的结果。当然不可能要求某种生物去感知其普通世界的全部信息,但至少要求感知的部分必须与自然本身一致,这样才能保证与自然相适应。博尔特(J. Boulter)在研究了视觉之后表明,"只有当生物体的感知系统生成了在结构上和周边环境更加接近的视觉感知效果时,该生物体才能被自然选择。"①依此思路,我们可以解释上述三点:第一,认识局限的起因是生物进化;第二,认识局限的作用是适应自然以便得以生存、繁衍;第三,认识局限的范围是生物体各自的普通世界(甚至是普通世界中的某些层面)。

那么,超出了某种生物认识局限的部分就是认识之谜了。以人为视角,我们在观察其他动物时,可称之为这些动物认识之谜的例子举不胜举。乔姆斯基最喜欢采用的一个例子是老鼠走迷宫。② 观察发现对绝大多数迷宫而言,老鼠成功走出的能力均不亚于甚至高于人类,但如果我们对迷宫进行一些数学设计,比如在每一个素数路口处左转,此时老鼠的表现明显不如人类。数学能力当然可以被称为老鼠的认识之谜。再比如,鹿蝇可以迅速发现奔跑的鹿并开始叮咬,但当出现的不是鹿而是货车时,它们也会迅速追上去叮咬。我们也可以认为更加清楚的视觉辨别能力是鹿蝇的认识之谜。反观人类,乔姆斯基多次提出了火星人视角,即如果存在火星人,当他们来到地球时,或许他们可以轻易发现我们认识上的局限,正如我们看待某些动物一样。

对应于各自的普通世界,生物体通过进化而来的有限感知器官获得的认识我们可称之为"常识认识(commonsense perception)"。常识认识主要反映了生物体的生存所需。语言及其创造性使用作为进化的结果,也应该是人类生存所需的一部分。就此来看,将其纳入人类进化而来的天赋认识能力并不为过。但是,基于进化论和常识认识的视角,"创造性的、构建主义的和计划性的(视觉)系统,即该系统可以生成自然界原本没有的结构,这样的系统没有意

---

① BOULTER J. Metaphysical Realism As A Pre-condition of Visual Perception [J]. Biol. Philos, 2004, 19(2): 243-261, p.255.

② 最近的讨论可参见 Chomsky, 2000: 107.

义。与生物体相关的知识结构一定是来源于外在世界,因为这才是该生物体生活和发展所处的环境,而不可能来自一个生物体自己设计的世界中"①。这里便出现了一个矛盾:自然进化并不鼓励生物的创造性,但人类的语言和思维又确实具有创造性。该如何解释这一矛盾?

依据乔姆斯基的解释,语言和心智的创造性是直接进化的结果,很可能是源自5万~10万年前在一个狭小窗口期出现的基因突变。如果真像乔姆斯基所说,那么语言等能力的进化显然是自然进化过程中的一个特例,因为拥有了创造性思维能力的人类不再满足于简单地表征和服从自然,而是开始构建和创造非自然的生活环境。这样的进化所得,是否也是自然的"本意"?

或者我们也可以从另一个角度来看待语言及心智的创造性,即它们不是无限的,而是有限的,既受到生物体自身内在生理因素的制约,也受到外在自然环境的制约。就内在制约因素而言,创造性难以突破生理基础所赋予的可能! 就外在制约因素而言,自然界会与人类的创造进行互动并对创造结果进行反馈,不利于自然的创造会受到警示甚至被自然报复。

回到乔姆斯基所述的语言的创造性本身,也就是前述的两组对立关系。我们发现,乔姆斯基所表述的语言创造性与我们刚刚讨论的有限创造性之间存在明显差异。两组对立关系的要点是语言的创造性使用不受人类的生理基础和外在语境的决定,但后两者正是自然选择之下对语言创造性加以限制的直接因素。乔姆斯基在研究中将语言的发展类比视力的发展,认为都是在外在语言/视觉经验的激发之下,生理认知能力的自发"生长"。遵循这一类比,人类视力所受到的限制,包括生理基础和外在环境,我们已经有所知晓,但语言能力受到的限制我们似乎仍一无所知。这也应该正是乔姆斯基所谓认识之谜的原因所在吧!

在普通世界之内,我们的认识也是有所局限的。如前所述,这种局限具有双面性:一方面限定生物体可认识的范围和程序,另一方面帮助其感知必要的生存所需。以下重在讨论后一个方面。

普通世界对生活于其中的生物体而言依然广大且复杂,进化而来的生物局限起到了限定认识对象、过程和结果的作用,最终让生物体在面对纷繁的世界时可以"轻易"获得自己生存所需的信息。动物捕食过程中的信息获取能力

---

① BOULTER J. Metaphysical Realism As A Pre-ondition of Visual Perception[J]. Biol. Philos, 2004, 19(2): 243-261, 255.

就是最为典型的代表,如青蛙对面前移动的事物可以做出更好的分辨,但对静止的事物却"视而不见";老鼠不仅可以轻易嗅出食物和食物源所在,还可以嗅出危险。我们更愿意相信青蛙和老鼠的认知行为都是其各自的天赋生理因素直接促成的,并没有经历主体有意识的内在推理或者演算过程。乔姆斯基将此种思路推演至人类,他认为面对复杂的外部世界和丰富的外在信息,人类具有快速捕捉、提取、加工所需信息的本能。假设为了生存所需,我们必须要认识世界的某些方面,如普通世界的三维图像、清晰的声音等,这些认识能力人类儿童只需正常的生长、发育就可以实现。语言也是如此,只需正常的语言环境儿童就可以轻易获得。不仅如此,人类具有反思性,我们总是尝试扩展自己的认识,更准确地解释世界。到目前为止,我们推进认识的成果是显著的。乔姆斯基认为这也是人类天赋的认识能力所致,并称此种能力为科学构建能力(science-forming faculty,简称 SFF)。

皮尔士认为人类具有"猜测本能",并称基于猜测本能进行的认识过程为"溯因推理"。皮尔士提出猜测本能限定了可接受假说的数量,人们不必苦苦地挣扎于杂乱繁多的现象世界去逐一验证每一个可能的猜测、假说,从而大大提高了人类的认识效率。所以猜测本能正是 SFF。同样,乔姆斯基认为在语言习得过程中,面对复杂且不乏错误的现实语料,儿童依据天赋的语言本能就可以快速构建出自己母语的语法规则,成功习得母语,这同样也算是 SFF。但 SFF 与儿童的语言习得能力仍有不同,"科学构建能力会受到自然的束缚,因为它也可能解释不了某些自然现象,然而语言习得却不会如此(人类语言总是可以习得的)"[①]。为了解释这一不同,我们可以为 SFF 划定一条界限,可以生成恰当解释的部分就在 SFF 之内,解释不了的就是 SFF 之外。显然在 SFF 之内的能力都是人类生存所需的基本能力,语言能力可轻易地被习得的特征使其确定被归属于这一类,可算是 SFF 的一部分。

这里便涉及如何区分 SFF 之内和之外的问题了,同时也正是乔姆斯基所说的问题/谜之间的界线问题。讨论界线问题之前,先需要明确一点,那就是界线不是自然的界线,也不是人类生活于其中的普通世界的界线,而是人类认识的界线。在包括科学在内的人类认识实践中,我们只能构建有关世界的可理解的理论(intelligible theory),而不是直接构建可理解的世界本身

① COLLINS, J. Chomsky's Problem/Mystery Distinction? [M] // ALLOTT, N., Lohndal, Rey G. A Companion to Chomsky. Hoboken, NJ: Wiley Blackwell, 2021: 559.

(intelligible world)。基于这样的思路，自然的本来面目确实类似康德描述的"物自体"。

作为人类认识的界线，SFF 的永远只是一个模糊甚至虚无的边界，接近它意味着打破它，证明它的存在本身即意味着它不存在。首先，如果皮尔士和乔姆斯基的判断正确的话，SFF 包含的应该都是人类生存所需的能力。就当前人类的生存状态来说，人类是否已经完成了普通世界对我们提出的生存要求呢？我们仍然面临着疾病、战争等灾难，这是否也就意味着从适者生存的角度来看，我们仍有进化的空间？其次，人类的生物能力当然存在界线，如我们只能听到频率在 20～20000 赫兹之间的声音，只能看见波长大约在 400～700nm 之间的光。但人类通过自己创造的认识工具提升了自己认识的能力，扩展了认识的范围。如果这些提升和扩展也算在内的话，那么 SFF 的边界正是被不断向后推移，目前还看不到其极限所在。再次，对 SFF 的思考本身属于元认识的范围，即这种思考是对人类认识能力本身的思考。元认识能力超出人类本能认识能力的范围，也缺乏独立于人类之外的判断标准，所以极有可能如乔姆斯基所说，只有火星人才能对此做出判定。

讨论认识论和人类的认识局限总绕不过"身心"问题。此问题前文中已经讨论过，乔姆斯基的基本观点是：第一，身心之间存在解释鸿沟；第二，身心之间的统一不仅需要推进对"心"的认识，也需要不断扩展对"身"的认识；第三，身—心统一问题的解决依赖于科学的发展。

以上所述观点我们基本认同。同时我们不妨简要梳理一下乔姆斯基对心智的研究方法。乔姆斯基设定语言是心灵的窗口，研究语言问题可以为解决心灵之谜提供一把钥匙。虽然当前科学无法解释语言的物质基础问题，但是可以基于有关语言的观察事实对语言的本质、结构和特征做出大量猜测，再经由更多观察事实来加以检验。乔姆斯基称这种"观察—假说—验证"的研究方法为"伽利略—牛顿风格"，并认为这是科学研究中普遍使用的方法。依此做法，乔姆斯基观察了语言使用，尤其是观察了儿童语言习得，并经过多年的思考和修订，最终形成了有关语言内在运算机制、语言进化以及语言天赋的猜测。

那么，这些猜测解释了身—心问题吗？未必！我们知道现在有关语言内在机制的解释还未涉及大脑内的神经机制问题，乔姆斯基的解释更多只是对语言相关加工环节的流程图式描述，对语句内在结构的解释也只是语言相关而不是生理相关。在此之外，乔姆斯基有关语言进化和语言天赋因素的猜测依然只是猜测本身，支持这些猜测的只是一些尚存争议的"观察事实"。缺少了生理层面上从大脑到语言的解释，语言的运行机制依然没有得到真正解释，身—心之间的解释鸿沟依然存在。

我们不妨简要回顾一下乔姆斯基提到的伽利略、牛顿，看他们是如何推进解释的科学性的。伽利略是近代实验科学的奠基人，他是第一个在力学中引入实验研究的人，在天文学上的他制作并运用了望远镜，从而扩展了科学观察和检验的可能空间。以传说中的著名的比萨斜塔实验为例，伽利略解释物体下落时考虑到了空气阻力、重量等与下落速度密切相关的因果因素。在进一步的力学研究中，他们对质量、速度、加速度、阻力等都做出了详尽的描述，让与物体运动构成因果关联的因素得到了更加细致的说明。牛顿更是如此，牛顿三大定律已经不仅是对物体运动规律做出的描述，而且是对其运动状态背后的因果作用机制做出的明确解释，牛顿还给出了数学计算表达式，依据其表达式，我们甚至可以对物体运动做出准确的预测。

回头再看一下乔姆斯基的语言与心智研究。乔姆斯基的语言理论是源于他对语言现象的观察。比如他对句法运算规则的描述是基于他对现实使用中语句的观察、分析和提炼。再比如备受争议的天赋语言观是基于他对儿童语言习得过程中的刺激贫乏现象的观察和思考。与伽利略和牛顿的研究方法相比，乔姆斯基的做法在观察和猜测两个方面与他们相似，但缺少了对现象背后因果作用机制的解释。乔姆斯基的做法是"观察—猜测—再观察—修订猜测"，而真正的"伽利略—牛顿"风格则是"观察—猜测—实验检验—因果解释"，两者的差异还是很明显的。缺少了实验检验和因果作用机制的解释可能永远只能是猜测。这当然从另一个侧面反映出语言等心智现象研究的艰难之处，但同时也反映出乔姆斯基所坚持的方法并非他所宣称的标准的科学方法。

乔姆斯基在解释身—心问题时多次采用了火星人假设，他设想人类无法看破的心智之谜在火星人看来可能并不难解释。火星人的解释当然是乔姆斯基所期待的身—心统一问题，即身体与心智在新的科学层面得到统一的解释。我们不妨依据乔姆斯基的思路再推进一步，设想火星人会怎么解释人类的心智之谜。实际上，我们无法设想。我们可以看到部分生物的心智之谜，比如老鼠不懂我们的数学。但是，恰如"子非鱼，安知鱼之乐？"所云，我们也不知道老鼠到底知道了什么，所以我们所谓的认识能力在老鼠看来根本就无必要存在。不仅如此，即便我们希望向老鼠说明它们的认识局限时，它们也听不懂，可能也不接受。依据进化论，我们与老鼠同源。同源尚且如此，我们与"火星人"在认识结构、能力、方式上的差异更加难以设想,因此火星人类比只不过是一个托辞,只会给原本就艰难的心智解释问题增加一丝神秘色彩。在身—心统一问题上,我们还是要回归人类视角,回归经典科学的研究方法,努力构建身—心之间的因果作用机制。虽不可得,也应该按这个方向心向往之。

参考文献

AARSLEFF, H. The History of Linguistics and Professor Chomsky[J]. Language, 1970, 46(3): 570-585.

AARSLEFF, H. Cartesian Linguistics: History or Fantasy? [J]. Language Sciences, 1971(26): 1-12.

ANTTILA, R. Revelation as Linguistic Revolution [C]// ADMA M, MAKKAI V. Makkai. The First LACUS Forum. Washington: Hornbeam Press, 1975: 168-180.

ARDOR, J. The Master and His Performances: An Interview with Noam Chomsky[J]. Intercult. Pragmat, 2004(1): 93-111.

BALDWIN, R. Two Types of Naturalism In British Academy [C]// Proceedings of the British Academy 80. Oxford: Oxford University Press, 1993.

BERWICH, R., N. Chomsky. Why Only Us: Language and Evolution [M]. Cambridge, MA: MIT Press, 2016.

BERWICH, R. A feeling for the Phenotype [M]//J. Mcgilvray. The Cambridge Companion to Chomsky. Cambridge: Cambridge University Press, 2017: 87-109.

BLOCK, N. Introduction: What is Functionalism? [M]//Readings in the Philosophy of Psychology (Volume 1) [M]. Cambridge: Harward University Press, 1980.

BOULTER J. Metaphysical Realism As a Pre-condition of Visual Perception [J]. Biol. Philos, 2004, 19(2): 243-261

BRACKEN, H. Chomsky's Variations on a Theme by Descartes[J]. Journal of the History of Philosophy, 1970(8): 180-192.

BOECHX, C. Linguistic Minimalism: Origins, Concepts, Methods and Aims[M]. New York: Oxford University Press, 2006.

BUNNIN, N. , YU JIYUAN. Blackwell Dictionary of Western Philosophy [Z]. Malden, MA: Blackwell Publishing, 2004.

CARNAP, R. The Logical Structure of the World: Pseudoproblems in Philosophy[M]. Trans. by R. GEORGE. London: Routledge & Kegan Paul, 1967(1928).

CHENEY, D. , R. SEYFARTH. How Monkeys See the World [M]. Chicago: University of Chicago Press, 1990.

CHOMSKY, N. Systems of Syntactic Analysis[J]. The Journal of Symbolic Logic, 1953(9): 242-256.

CHOMSKY, N. Logical Syntax and Semantics: Their Linguistic Relevance [J]. Language, 1955(31): 36-45.

CHOMSKY, N. Syntactic Structures[M]. Netherlands: Mouton&Co, The Hague, 1957.

CHOMSKY, N. On Certain Formal Properties of Grammars [J]. Information and Control, 1959(2): 137-167.

CHOMSKY, N. Review of B. F. Skinner's Verbal Behavior[J]. Language, 1959 (35): 26-58.

CHOMSKY, N. Aspects of Theory of Syntax[M]. Cambridge, MA: MIT Press, 1965.

CHOMSKY, N. Cartesian Linguistics[M]. New York: Harper & Row, 1966.

CHOMSKY, N. Language and Mind (3rd Edition) [M]. New York: Cambridge University Press, 1968/2006.

CHOMSKY, N. Studies on Semantics in Generative Grammar[M]. The Hague: Mouton, 1972.

CHOMSKY, N. Reflections on Language[M]. New York: Pantheon,1975.

CHOMSKY, N. The Logical Structure of Linguistics Theory [M]. Cambridge, MA: MIT Press, 1975[1955].

CHOMSKY, N. Essays on Form and Interpretation[M]. New York: North Holland, 1977.

CHOMSKY, N. Language and Responsibility [M]. New York: Pantheon, 1977.

CHOMSKY, N. Chomsky's Classic Works: Language and Responsibility and Reflections on Language[M]. New York: The New Press, 1977/2007.

CHOMSKY, N. Morphophonemics of Modern Hebrew[M]. New York: Garland, 1979 (1951).

CHOMSKY, N. Rules and Representation [M]. Oxford: Blackwell, 1980.

CHOMSKY, N. Lectures on Government and Binding[M]. Dordrecht: Foris, 1981.

CHOMSKY, N. Knowledge of Language: Its Nature, Origin, and Use [M]. New York: Praeger, 1986.

CHOMSKY, N. Language and Problems of Knowledge: The Managua Lectures[M]. Cambridge: MIT Press, 1988.

CHOMSKY, N. The Golden Age is in us: Noam Chomsky Interviewed by Alexander Cockburn[J]. Grand Street, 1994, Fall: 170-176.

CHOMSKY, N. The minimalist Program [M]. Cambridge, MA: MIT Press, 1995.

CHOMSKY, N. Minimalist Inquiries: The Framework[M]. Cambridge, Mass. : MIT Press, 1998.

CHOMSKY, N. Derivation by Phase[M]//M. KENSTOWICZ (ed.), Ken Hale: A life in Language. Cambridge, MA: MIT Press, 2001: 1-52.

CHOMSKY, N. On Nature and Language[M]. Cambridge: Cambridge University Press, 2002.

CHOMSKY, N. New Horizons in the Study of Language and Mind[M]. Beijing: Foreign Language Teaching and Research Press, 2002.

CHOMSKY, N. Beyond Explanatory Adequacy[M]//A. BELLITTI (ed.) Structure and Beyond: The Cartography of Syntactic Structures. Oxford: Oxford University Press, 2004: 104-131.

CHOMSKY, N. Three Factors in Language Design[J]. Linguistic Inquiry. 2005(36): 1-22.

CHOMSKY, N. Language and Mind[M]. Third Edtition. Cambridge: Cambridge University Press, 2006[1968].

CHOMSKY, N. Approaching UG from Below [M]//Uli Sauerland and Hans-Martin Gartner. Interface + Recursion = Language? New York:

Mouton de Gruyter，2007：1-29.

CHOMSKY，N. The Minimalist Program[M]. Beijing：Foreign Language Teaching and Research Press，2008.

CHOMSKY，N. Cartesian Linguistics：A Chapter in the History of Rationalist Thought[M]. Cambridge：Cambridge University Press，2009.

CHOMSKY，N. Some simple evo devo theses：How True Might They be for Language？[M]//R. K. LARSON，V. Déprez，& H. Yamakido. The Evolution of Human Language. Cambridge：Cambridge University Press，2010：45-62.

CHOMSKY，N. The Science of Language：Interviews with James McGilvray [M]. New York：Cambridge University Press，2011.

CHOMSKY，N. Problems of Projection [J]. Lingua，2013(130)：33-49.

CHOMSKY，N. The Minimalist Program：20th Anniversary Edition[M]. Cambridge，MA：MIT Press，2015.

CHOMSKY，N. What Kind of Creatures Are We？[M]. New York：Columbia University Press，2016.

CHOMSKY，N. Linguistics Then and Now：Some Personal Reflections，Annual Review of Linguistics[EB/OL]. [2020-10-21]. https：//www. annualreviews. org/doi/10. 1146/annurev-linguistics-081720-111352.

CHOMSKY，N.，M. FOUCAULT. The Chomsky-Foucault Debate：On Human Nature[M]. New York：The New Press，2006.

COLLINS，JOHN. Chomsky's Problem/Mystery Distinction？[M]//ALLOTT，N.，LOHNDAL，T. & REY G. A Companion to Chomsky. Wiley Blackwell，2021.

CORBALLIS，C. The Recursive Mind：The Origins of Human Language，Thought，and Civilization [M]. New Jersey：Princeton University Press，2014.

COTTINGHAM，J. Descartes：Metaphysics and the Philosophy of Mind [M]//PARKINSON G. H. R.，SHANKER S. G. Routledge History of Philosophy(Volume IV). New York：Routledge：1993：215-280.

DAVIDSON，D. The Structure and Content of Truth [J]. Journal of Philosophy，1990(87)：300.

DENNETT C. Consciousness Explained[M]. Boston: Little, Brown and Co, 1991,

DENNETT, D. Darwin's Dangerous Idea: Evolution and the Meaning of Life [M]. London: Penguin Group, 1995.

DEVITT, M. Intuitions in Linguistics [J]. British Journal for Philosophy of Science, 2006(57): 481-513

DENNETT, D. Darwin's Dangerous Idea: Evolution and the Meaning of Life [M]. London: Penguin Group, 1995.

DESCARTES. The Philosophical Works of Descartes[M]. Rendered into English by Elizabeth S. Haldane and G. R. Ross. Cambridge: Cambridge University Press, 1973, vol. 1.

DESCARTES. Conversation with Burman[M]. Translated into English by J. Oxford: Clarendon, 1976.

DEUTSCHER, G. On the Misuse of the Notion of "Abduction" in Linguistics[J]. Journal of Linguistics, 2002(38): 469-85.

DeEVITT, M. What "Intuitions" Are Linguistics Evidence? [J]. Erkenn, 2010(73): 251-264.

ENARD, W. , M. PRZEWORSKI, S. FISHER et. Molecular Evolution of FOXP2, A Gene Involved in Speech and Language[J]. Nature, 2002(418): 869-872.

EVANS, N. A Grammar of Kayardild [M]. Berlin: Mouton de Gruyter, 1995.

EVERETT, L. Cultural Constraints on Grammar and Cognition in Pirahā [J]. Current Anthropology, 2005(46): 621-646.

EVERETT, L. Don't Sleep, There Are Snakes[M]. New York: Pantheon, 2008.

FODOR, J. The Language of Thought[M]. New York: Crowell, 1975.

FODOR, J. The Modularity of Mind [M]. Cambridge, MA: MIT Press, 1983.

FODOR, J. Psychosemantics[M]. Cambridge, MA: MIT Press, 1987.

FØLLESDAL, D. Development in Quine's Behaviorism [M]//HARMAN G. , LEPORE, E. A Companion to W. V. O. Quine. West Sussex: John

Wiley & Sons, Inc. 2014: 263-278.

GATHERCOLE, V. C. M., E. HOFF. Input and the Acquisition of Language: Three Questions[M]//E. HOFF & M. SHATZ. Blackwell Hhandbook of Language Development. Malden, MA: Blackwell Publishing, 2007: 107-127.

GAZZANIGA, M. Neuroscience and the Correct Level of Explanation for Understanding Mind[J]. Trends in Cognitive Sciences, 2010(14): 291-292.

GILBERT Harman. Review of Chomsky: New Horizons in the Study of Language and Mind[J]. The Journal of Philosophy, 2001(3): 265-269.

GAUKROGER, S. Descartes: Methodology[M]//PARKINSON G. H. R. and SHANKER S. G. Routledge History of Philosophy(Volume Ⅳ). New York: Routledge, 1993: 184-246

GEORGE, A. Whence and Whither the Debate Between Quine and Chomsky? [J]. The Journal of Phylosophy, 1980(9): 489-499.

GOLDBERG, A. Constructions: A New Theoretical Approach to Language [J]. Trends in Cognitive Sciences, 2003(7): 219-224.

GOODMAN, N., W. V. O. Quine, Steps Towards a Constructive Nominalism[J]. The Journal of Symbolic Logic, 1947(12): 105-122.

GOODMAN, N. On the Simplicity of Ideas[J]. The Journal of Symbolic Logic, 1943(8): 107-108.

GRAY, B. Counter-Revolution in the Hierarchy [J]. Forum Linguisticum, 1976 (1): 38-50.

HALEY, C., R. LUNSFORD. Noam Chomsky[M]. New York: Twayne, 1994.

HAUSER, D., N. CHOMSKY, T. Fitch. The Faculty of Language: What Is It, Who Has It, And How Did It Evolve? [J]. Science, 2002, 298 (22): 1569-1579.

HAUSER, D., C. YANG, R. BERWICK, et al. The Mystery of Language Evolution[J]. Frontiers in Psychology, 2014(5): 1-12.

HAWKINS, J., S. BLAKESLEE. On Intelligence[M]. New York: Times Books, 2004.

HEITNER, M. An Odd Couple: Chomsky and Quine on Reducing the

Phoneme[J]. Language Sciences, 2005(27): 1-30.

HERGENHAHN, R. , T. HENLEY. An Introduction to the History of Psychology(7th edition) [M]. Belmont, CA: Wadsworth, 2013.

HOFFMANN, M. Problems with Peirce's Concept of Abduction [J]. Foundations of Science, 1999(4): 282-288.

HOYNINGEN-HUENE, P. Systematicity: The Nature of Science [J]. Philosophia, 2008, 36(2): 167-180.

HUMPHRIES, W. , E. Forde, M. Riddoch. The Planning and Execution of Everyday Actions[M]// BRENDA RAPP. The Handbook of Cognitive Neuropsychology: What Deficits Reveal About the Human Mind. Philadelphia: Psychology Press, 2001: 565-589.

HUTTO D. Folk Psychological Narratives: The Sociocultural Basis of Understanding Reasons[M]. Cambridge, MA: MIT Press, 2008.

JACKENDOFF, R. Language, Consciousness, Culture: Essays on Mental Structure[C]. Cambridge, MA: MIT Press, 2007.

JACKENDOFF, R. What Is the Human Language Faculty? Two Views[J]. Language, 2011, 87(3): 586-624.

KARLSSON, F. Constraints on Multiple Center-embedding of Clauses[J]. Journal of Linguistics, 2007(43): 365-392.

KATZ, J. Chomsky on Meaning [J]. Language, 1980(56): 1-41.

KZTZ, J. The Unfinished Chomsky an Revolution [J]. Mind &. Language, 1996, 11(3): 270-294.

KIM, J. Philosophy of Mind(3rd edition) [M]. New York: Westview Press, 2011.

KNAPP, J. Verbal Behavior: The Other Reviews[J]. The Analysis of Verbal Behavior, 1992(10): 87-95.

KOERNER, K. Towards a Historiography of Linguistics: 19th and 20th Century Paradigms [J]. Anthropological Linguistics, 1972(7): 147-280.

KOERNER, K. The Chomsky a "Revolution" and Its Historiography: A Few Critical Remarks [J]. Language &.Communication, 1983(2): 147-169.

LAI, C. , S. FISHER, JANE HURST, et. A Novel Forkhead-domain Gene Is Mutated in A Severe Speech and Language Disorder[J]. Nature, 2001

(413): 519-523.

LAKOFF, R. Review of Grammaire Générale et Raisonnée[J]. Language, 1969(45): 343-364.

LAKOFF, G. On Generative Semantics [M]//D. STEINBERG & L. JAKOBOVITS. Semantics: An Interdisciplinary Reade. Cambridge: Cambridge University Press, 1971: 323-396.

LAUDAN, L. Theories of Scientific Method from Plato to Mach: A Bibliographical Review[J]. History of Science, 1968, 7(1): 1-63.

LEAHEY, T. A History of Psychology: Main Currents in Psychological Thought(2nd ed.) [M]. Englewood Cliffs, NJ: Prentice Hall, 1987.

LEVINE Joseph, The Mind-Body Relation: Problem, Mystery, or What? [M]. ALLOTT, N., LOHNDAL, T., REY G. A Companion to Chomsky. Wiley Blackwell, 2021: 503-514.

LEVINSON, C. Recursion in Pragmatics[J]. Language, 2013, 89(1): 149-162.

LIN, FRANCIS Y. What If Really Wrong with Universal Grammar (Commentary on Behme)[J]. Language, 2015, 91(2): e27-30.

LIN, F. Y. A Refutation of Universal Grammar[J]. Lingua, 2017, http://dx.doi.org/10.1016/j.lingua.2017.04.003.

LYCAN, G. Chomsky on the Mind-body Problem[M]//L. M. Antomy and N. Hornstein. Chomsky and His Critics. Blackwell: Blackwell Publishing Ltd., 2003.

LYONS, JOHN. Chomsky[M]. Glasgow: Fontana/Collins, 1970.

MARCUS, G., S. Fisher. FOXP2 in Focus: What Can Genes Tell Us About Speech and Language? [J]. Trends in Cognitive Sciences, 2003(7): 257-262.

MARR, D. Vision[M]. San Francisco: Freeman,1982.

McGILVRAY, J. The Cambridge Companion to Chomsky[M]. Cambridge: Cambridge University Press, 2017.

MURRAY, O. Gatekeepers and the "Chomsky a Revolution"[J]. Journal of the History of Behavioral Science, 1980(16): 73-78.

NEWMEYER F. Has There Been a "Chomsky a Revolution" in Linguistics?

[J]. Language, 1986, 62(1): 1-18.

PAIVIO A. Mental Representations: A Dual Coding Approach[M]. New York: Oxford University Press, 1986.

PALMER, D. On Chomsky's Appraisal of Skinner's Verbal Behavior[J]. The Behavior Analyst, 2006(29): 253-267.

PAPINEAU, D. Naturalism [EB/OL]. The Stanford Encyclopedia of Philosophy(Spring 2021 Edition), Edward N. Zalta (ed.), forthcoming URL = < https: //plato. stanford. edu/archives/spr2021/entries/naturalism/>.

PinRer, S. , R. JACKENDOFF. The Faculty of Language: What's Special about it ? [J]. Cognition, 2005: 201-236.

POLAND, J. Chomsky's Challenge to Physicalism[M]//L. M. Antomy and N. Hornstein. Chomsky and His Critics. Blackwell: Blackwell Publishing Ltd. , 2003.

PUTMAN H. Why Reason Can't Be Naturalized[J]. Synthese, 1982(52): 1-19.

PUTNAM, H. Model Theory and the "Factuality" of Semantics [M]// ALEXANDER G. Reflections on Chomsky. Cambridge: Basil Blackwell, 1989: 213-232.

QUINE, W. V. The Ways of Paradox and Other Essays(Revised Edition) [M]. Cambridge: Harvard University Press, 1976.

QUINE. W. V. The Web of Belief [M]. New York: McGraw-Hill, Inc. , 1978.

Quine, W. V. Reply to White[A]. LEWIS H. , P. SCHILPP (eds). The Philosophy of W. V. Quine[C]. La Salle, Open Court. 1986: 664-665.

QUINE, W. V. Pursuit of Truth [M]. Cambridge, MA: Harvard University Press, 1990.

QUINE, W. V. Structure and Nature [J]. The Journal of Philosophy, 1992, 89(1): 6-9.

QUINE. The Ways of Paradox and Other Essays[M]. New York: Random House, 1966.

RITCHIE, J. Understanding Naturalism [M]. Stockfield: Acumen

Publishing Limited，2008.

ROBINS, R. H. A Short History of Linguistics[M]. London: Longman Group Ltd, 1967.

SAVAGE-RUMBAUGH, S. , S. SHANKER, T. TAYLOR. Apes, Language, and the Human Mind[M]. New York: Oxford University Press, 1998.

SAFFRAN, J. , E. THIESSEN. Domain-general Learning Capacities[M]// E. HOFF, M. SHATZ. Blackwell Handbook of Language Development. Oxford: Blackwell Publishing, 2007: 68-86.

SALZINGER, K. Skinner's Verbal Behavior [J]. International Journal of Psychology and Psychological Therapy, 2008(8): 287-294.

SAMPSON, G. The "Language Instinct" Debate: Revised Edition[M]. Continuum, London: Ibbotson, 2005.

SAVAGE-RUMBAUGH, S. , S. SHANKER, T. J. TAYLOR. Apes, Language, and the Human Mind[M]. New York: Oxford University Press, 1998.

SCHLINGER, H. The Long Good-bye: Why B. F. Skinner's Analysis of Verbal Behavior Is Alive and Well on the 50th Anniversary of It Publication [J]. The Psychological Record, 2008(58): 329-337.

SCHONEBERGER, T. A Departure from Cognitivism: Implications of Chomsky's Second Revolution in Linguistics [J]. The Analysis of Verbal Behavior, 2000(17): 57-73.

SCHULTZ, R. , S. SCHULTZ. A History of Modern Psychology (10th ed.)[M]. Belmont, CA: Wadswoth, 2013

SEARLE, J. Chomsky's Revolution in Linguistics [J]. The New York Review of Books, 1972(19): 16-24.

SEARLE, J. End of the Revolution [J]. The New York Review of Books, 2002(3): 33-36.

SEARLE, J. Mind: A Brief Introduction[M]. New York: Cambridge University Press, 2004.

SEUREN, P. A. M. Chomsky's Minimalism [M]. Oxford: Oxford University Press, 2004.

SKINNNER, B. Verbal Behavior [M]. New York: Appleton-Century-Crofts, 1957.

Skinner, B. Behaviorism at Fifty[J]. Science, 1963(140): 951-958.

SMITH, N. Chomsky's Revolution (Review of The Linguistics Wars by Randy Allen Harris)[J]. Nature, 1994, 367 (Feb. 10): 356.

SMITH, N. Chomsky: Ideas and Ideals [M]. Cambridge: Cambridge Universtiy Press, 2004.

SMITH, N., A. NICHOLAS. Chomsky: Ideas and Ideals [M]. Cambridge: Cambridge University Press, 2016.

TAKAHASHI, H., K. TAKAHASHI, F. C. LIU. FOXP Genes, Neural Development, Speech and Language Disorders [M]//K. MAIESE. Forkhead Transcription Factors: Vital Elements in Biology and Medicine. Landes Bioscience and Springer Science Business Media, 2009: 117-129.

TOMALIN, M. Goodman, Quine, and Chomsky: from a Grammatical Point of View[J]. Lingua, 2003(113): 1223-1253.

TOMALIN M. Linguistics and The Formal Sciences: The Origins of Generative Grammar[M]. Cambridge: Cambridge University Press, 2006.

TOMALIN M. Reconsidering Recursion in Syntactic Theory[J]. Lingua, 2007(117): 1784-1800.

IBBOTSON, P., M. Tomasello. Evidence Rebuts Chomsky's Theory of Language Learning[J]. Scientific Amerian, 2016. (September 7): 70-75.

VERNES, C., D. NEWBURY, B. ABRAHAMS. A Functional Genetic Link Between Distinct Developmental Language Disorders [J]. The New England Journal of Medicine, 2008(359): 2337-2345.

VIRUE'S-ORTEGA, J. The Case Against B. F. Skinner 45 Years Later: An Encounter with N. Chomsky[J]. The Behavior Analyst, 2009 (29): 243-251.

安托尼,克洛德.普遍唯理语法[M].张学斌,译.长沙:湖南教育出版社,2001.

爱因斯坦.爱因斯坦文集:第一卷[M].许良英,等译.北京:商务印书馆,1976.

阿佩尔.哲学的改造[M].孙周兴,陆兴华,译.上海:上海译文出版社,2005.

北大哲学系.16—18 世纪西欧各国哲学[M].北京:商务印书馆,1975.

蔡厚德,赵坤.语言表征的神经生物学理论[J].心理科学,2007(2):504-507.

陈国华,杨华.批判与沉默的背后——解读斯金纳的《言语行为》与乔姆斯基的书评[J].外语教学与研究,2013(1):117-129.

陈嘉映.语言哲学[M].北京:北京大学出版社,2003.

笛卡尔.第一哲学沉思集[M].庞景仁,译.北京:商务印书馆,1986.

邓晓芒.康德哲学诸问题[M].北京:生活·读书·新知三联书店,2006.

高克罗格.笛卡尔:方法论[M]//田平,等译.帕金森主编.文艺复兴和17世纪理性主义.北京:中国人民大学出版社,2009.

哈克.证据与探究[M].陈波,等译.北京:中国人民大学出版社,2004.

胡朋志.理性主义的复兴——乔姆斯基的语言哲学思想研究[M].合肥:安徽大学出版社,2014.

卡茨.意义的形而上学[M].苏德超,张离海,译.上海:上海译文出版社,2010.

康德.未来形而上学导论[M].庞景仁,译.北京:商务印书馆,2010.

康德.纯粹理性批判[M].邓晓芒,译.北京:人民出版社,2004.

科恩.科学中的革命[M].鲁旭东,等译.北京:商务印书馆.1999.

克拉夫特.维也纳学派[M].李步楼,等译.北京:商务印书馆,1998.

蒯因.蒯因著作集[M].涂纪亮,陈波,主编.北京:中国人民大学出版社,2007.

李烜.论皮尔士的溯因推理[J].逻辑学研究,2018(4):125-135.

李曙光,郝颖.论斯金纳行为主义与乔姆斯基心智主义范式的冲突与互补——基于自闭症儿童语言干预效用的考量[J].南京师范大学学报,2015(5):111-120.

罗素.逻辑与知识[M].苑莉均,译.北京:商务印书馆,1996.

李小兵.古德曼的现代唯名论[J].北京社会科学,1996(4):

马亮.卡尔纳普意义理论[M].北京:社会科学文献出版社,2006.

派利夏恩.计算与认知[M].任晓明,王左立,译.北京:中国人民大学出版社,2007.

帕金森.文艺复兴和17世纪理性主义[C].北京:中国人民大学出版社,2009.

平克.语言本能:探索人类语言进化的奥秘[M].汕头:汕头大学出版社,2004.

乔姆斯基.如何看待今天的生物语言学方案[J].司富珍,译.语言科学,2010(2):113-123.

乔姆斯基.语言结构体系及其对进化的重要性[J].司富珍,译.语言科学,2018(3):225-234.

斯腾伯格.认知心理学[M].杨炳钧,译.北京:中国轻工业出版社,2006.

塞尔.意向性:论心灵哲学[M].刘叶涛,译.上海:上海世纪出版集团,2007.

田平.自然化的心灵[M].长沙:湖南教育出版社.2000.

吴刚.生成语法研究[M].上海:上海外语教育出版社,2006.

王晓阳.自然界没有奇迹吗?——自然主义与奇迹的兼容论[J].哲学研究, 2020(5):

王宗炎.评斯金纳著《言语行为》(上)[J].国外语言学,1982(2):15-21.

徐盛桓.语言研究的心智哲学视角[J].河南大学学报,2011(4):1-12.

杨盛春,贾林祥.心理表征哲学及其联结主义诠释[J].心智与计算,2007(2): 188-194.

http://www.uea.ac.uk/~j108/chomsky.htm

Oxford English Dictionary,www.oed.com